KB259917

일상에서의 호흡명상

숨

래리 로젠버그 지음

미산 스님 · 권선아 옮김

한언

일상에서의 호흡명상 숨

2006년 4월 1일 1판 1쇄
2024년 3월 1일 1판 8쇄

지은이 | 래리 로젠버그
옮긴이 | 미산 스님 · 권선아
펴낸이 | 김철종

펴낸곳 | (주)한언
출판등록 | 1983년 9월 30일 제1-128호
주소 | 서울시 종로구 삼일대로 453(경운동) 2층
전화번호 | 02)701-6911   팩스번호 | 02)701-4449
전자우편 | haneon@haneon.com

ISBN 978-89-5596-323-6 (03220)

일상에서의 호흡명상

숨

To

과거에 집착하지도 미래를 걱정하지도 마세요.
당신이 그토록 찾아 헤매던 삶의 풍요로움은
지금 당신 앞에 있으니까요.

From

　이 책은 나의 수행 도반, 래리 로젠버그의 정신적 방황의 산물이다. 래리는 나의 참 좋은 도반이다. 나는 30년 이상 래리와 수행의 길을 가며 명상 경험을 함께 나누었으며, 그의 수행 여정도 각별한 관심을 가지고 지켜보았다. 그는 아무리 어렵고 힘든 상황에서도 뜻을 굽히지 않고 묵묵히 구도의 길을 걸어왔다. 그의 수행 목표는 어떤 수행법에서든지 지혜수행의 핵심을 깊이 있게 경험하고, 그 수행을 통해서 얻을 수 있는 가장 깊은 경지까지 도달하는 것이다. 그리하여 수행에서 체득한 지혜가 매일매일의 삶 속에서 구체적으로 나타나게 하는 것이다. 그는 감동적이고 예지에 찬 이 책을 통해서 명상수행의 가장 핵심적인 부분뿐 아니라, 아주 미세한 부분까지도 브루클린 출신 유태인 특유의 유머로 설명해놓고 있다. 그렇다고 빨리어 《호흡관법경(Ānāpānasati Sutta)》에 관한 그의 해설이 피상적이거나 가볍다는 말은 절대 아니다. 그의 설명은 전문 수행인으로서의 권위와 진지함, 그리고 열정으로 가득 차 있다.

　유태인들의 삶의 지혜가 담긴 토라(Torah)가 시대에 맞게 새롭게 재해석되었듯이《호흡관법경》역시 유구한 불교 역사를 통해서 끊임없이 재주석되었다. 래리 또한 자신의 수행 경험을 통해 이 경을 새롭게 이해하고 오늘날에 맞는 생동감 있는 언어로 해석하고 있다.

《호흡관법경》은 불교 명상의 실제적인 방법뿐 아니라 붓다의 근본 가르침에 입각한 명상 이론 체계를 전체적으로 조망한다. 그러나 아무리 위대한 고전이라도 그것이 주석될 때는 주석자의 독특한 관점과 자신만의 색깔이 들어가기 마련이다. 그것은 순수하게 학문적일 수도 있고 매우 현실적이고 실제적인 해석이 될 수도 있다. 이처럼 똑같은 경전을 읽고도 개인의 견해에 따라 서로 다른 면을 부각시키기도 한다. 최근에 출판된 타이의 붓다다사 스님이 해설한《숨을 통한 마음챙김(Mindfulness with Breathing)》과 베트남 틱낫한 스님의《숨을 봐라! 거기 온전한 삶이 있다(Breath, You Are Alive)》는《호흡관법경》에 관한 독자적인 해설을 시도함으로써 불교경전에 대한 현대적 주석의 새로운 가능성을 보여주었다. 이 책 머리말에서도 언급했듯이 래리는 훌륭한 그 두 스승들로부터 수행법을 직접 배웠다. 이제 이 책의 독자나 호흡관법의 수행자들을 위해서, 붓다다사 스님이나 틱낫한 스님처럼 래리만의 독특한 재능으로《호흡관법경》을 새롭게 해설함으로써 통찰명상수행이 우리의 구체적인 삶 속에서 되살아나도록 하고 있다.

래리의《호흡관법경》주석서인《일상에서의 호흡명상 숨》은 단순히 전통적으로 소중히 여겨온 기존 주석서들에 또 하나의 주석을 더한 것에 그치지 않는다. 래리는 이 경을 해설하면서 현대인들이 사용하는 생생한 생활용어를 자연스럽게 활용한다. 따라서 이 책은 개인 명상수행에 깊은 관심을 가진 사람들에게 일상적인 삶 속에서 피부로 직접 느끼고 바로 적용할 수 있는 강한 메시지를 전한다.

이 경전은 4념처(四念處) 각각의 항목을 다시 4단계로 나누어 총 16단계를 소개하고 있다. 래리는 독자들이 바로 눈으로 확인할 수 있게끔 16개의 날줄에 호흡관법수행의 융단을 아주 간명하지만 깊이 있게, 그리고 온전하게 짜낸다. 이처럼 정미하게 완성된 융단이야말로 이 경전의 틀을 더욱 선명하게 드러낸다. 나머지는 우리 몫이다. 즉, 수행의 진정한 의미를 얼마나 간명하고 정치하게 이해하는가, 또한 얼마나 진지한 구도의 열정으로 정진을 통한 자기변화의 에너지를 항상 새롭고 생동감 넘치게 유지하는가는 우리에게 남겨진 숙제인 것이다.

명상수행의 핵심을 이처럼 함축성 있게 말이나 글로 표현할 수 있다는 사실은 래리가 의심할 바는 없이 매우 훌륭한 스승임을 증명한다. 호흡이야말로 자비와 지혜, 그리고 마음챙김 수행의 완벽한 매개체임을 강조하고 있다는 점에서 그가 얼마나 정확하고 깊이 있게 이 명상수행을 이해하고 체득하고 있는가를 분명히 알 수 있다. 그의 설명은 간명해 신비적이지 않고, 넉넉하고 편안한 유머로 가득 차 있어 경직돼 있지 않다. 책장을 넘길 때마다 번뜩이는 그의 예지가 배어나온다.

하지만 이 책 곳곳에 보이는 그의 단순함과 익살스러움을 가벼운 농담 정도로 이해해서는 안 된다. 마음챙김의 수행은 삶과 죽음이라는 궁극적 실존의 문제를 다룬다. 그렇다고 무시무시하고 거창한 문제를 다루는 것은 아니다. 다만 우리의 삶은 가장 심오하고 풍요로운 순간들의 연속이므로 이 순간순간을 포착해 놓치지 않고 알아차려야 한다는 얘기다. 마치 실 한 올 한 올의 짜임새를 놓치면 아름다운 융단을 만들어낼 수 없듯이 순간순간에 깨어 있어 마음을 챙기지 못하면 온전한 삶을 놓치고 마는 위험에 빠지게 된다. 좀 재미있게 말하자면 풍요로움은 저 멀리 있는 것이 아니라 바로 여기 이 순간 우리 눈앞에 있음을 알아야 한다. 이 책은 스스로의 마음을 살피는 내적 여행을 통해 밖으로 치닫는 마음의 빛을 돌이켜 순간순간 삶의 풍요로움을 발견하도록 한다. 경전을 이정표로 한 이러한 내적 여행은 몸, 마음, 그리고 호흡에 대한 면밀하고 용의주도한 관찰이 완전히 순숙해질 때 절정을 이룬다. 바로 이 고귀한 순숙함이 자각과 해탈에 이르는 관문 역할을 하게 되는 것이다.

명상은 전체적인 삶의 여정을 통해 드러난다. 통찰과 이해가 깊어감에 따라 명상도 점점 깊어진다. 다시 말하면 삶 또는 수행에 대한 여러 가지 측면들을 점차적으로 이해하게 된다. 마침내 수행이 더욱 진전됨에 따라, 우리의 이해는 보다 전체적으로 심화되며 어느 순간 예전과는 완전히 다른 경험을 하게 된다.

《호흡관법경》은 불교 명상수행의 전체적인 특징을 잘 반영하고 있으므로 이 경의 가치와 중요성은 말로 다할 수 없을 정도로 크다. 그러므로 이 경의 현대적인 해설서인 《일상에서의 호흡명상 숨》을 여러 번 읽어 자기 것으로 만들 필요가 있다. 항상 곁에 두고 틈틈이 읽으면 수행의 의미를 상기시켜주는 도반 역할 혹은 수행의 좋은 지침서가 될 것이다.

북극지방에 사는 고대인들은 오늘날 우리가 단순히 '눈(snow)'

이라고 부르는 것을 상태의 미묘한 차이에 따라 다양한 단어를 사용해 지칭했으며, 삼림 속에 사는 사람들도 숲의 응답을 표현하는 데 수백 개나 되는 여러 가지 단어를 사용한다고 한다. 명상하는 사람이면 누구나 알 수 있듯이 호흡을 표현함에 있어서도 수많은 용어가 필요하다. 순간순간의 호흡마다 독특한 우주적인 사이클이 내재하기 때문이다. 명상을 통해서 우리는 이러한 영역에 새롭게 눈뜨게 된다. 바로 이 길을 통해서 마음과 감각의 문을 열어, 마음을 정화하고 순수 감각을 되찾는다. 또한 우리는 삶의 진정한 의미와 바로 지금, 여기서의 온전한 삶이 무엇인가에 대해서도 더 깊이 이해하게 된다.

어떤 순간의 숨도 동일하지 않다. 찰나 찰나의 숨 자체가 바로 우리의 온전한 삶이다. 각각의 숨마다 무한한 깊이와 완전함이 내재해 있다. 수행자는 순간순간의 숨마다 깨어 있어 이런 심오함과 완전성이 바로 우리의 일상적인 삶 속에서 구현되도록 힘써야 한다. 깨어 있지 않으면 우리의 온전한 천재성을 저버리고 마음의 습관성에 끌려 꼭두각시놀음에 빠져버리게 된다. 그러므로 우리는 늘 자신의 마음을 잘 살펴서 잘못된 길로 들지 않도록 노력해야 한다. 래리는 이 책을 통해 독자들이 순간순간의 숨 속에서 고요함을 맛보고 자유를 발견하여 숨에서 깨침으로 가는 자신만의 길을 스스로 개척하도록 지속적인 격려와 조언을 아끼지 않는다.

이 책은 다음과 같은 사람들에게 불교 수행에 대한 확신과 영감, 그리고 유용성을 일깨워줄 것이다. 명상수행을 정식으로 시작하려는 사람, 명상을 잠시 중단했다가 다시 시작하려는 사람, 수행을 좀

더 정미하게 심화시키고자 하는 사람, 훌륭하고 경험 많은 스승의 목소리를 통해서 명상수행의 영원한 아름다움과 그 독특함을 듣고자 하는 사람, 즉 붓다로부터 대를 이어온 법의 사자(Dharma Lion)들이 자신만의 특이한 어조로 부르짖는 사자후(법음)를 듣고 싶은 분들에게 붓다의 가르침(Dharma)의 보편적인 지혜를 선사할 것이다.

— 존 카바트 진(John Kabat Zinn)

나의 수행 방법을 찾아서

경전을 통해 똑같은 수행법을 배운다 할지라도, 수행자 각자의 성향에 맞는 자신만의 수행법을 갖기 마련이다. 나는 수년 동안의 수행 편력을 통해서 붓다의 여러 수행법 중 하나인 호흡관법수행에 집중할 수 있었다. 하지만 이 가르침의 진수를 이해하게 된 것은 시간이 좀 지나서였다.

나의 첫 스승들은 인도 분으로 크리슈나무르티와 위말라 타카(Vimala Thakar)다. 이 분들은 어떤 특정 교단의 가르침에 구애받지 않고 항상 깨어 있는 마음을 유지할 것을 강조했다. 1970년대 초에 나는 이미 힌두 베단타 전통의 스승인 스와미 친마얀다(Swami Chinmayanda)를 포함한 여러 스승들로부터 수년 동안 수행지도를 받았다. 한국에는 1년 동안 머물면서 수행한 적이 있고 숭산 대선사의 지도 하에 5년 동안 수행 정진하였다. 최근에는 일본 조동종 계통의 카타기리(Katagiri) 선사의 문하에 참문한 적도 있다. 이런 편력을 통해서 나에게 적합한 수행법은 상좌불교 전통의 위빠사나임을 알게 되었다. 물론 그 모든 수행법들은 서로 밀접하게 연관되어 있으며 상호보완적임을 알 수 있었다.

나는 미국의 주요 명상센터 중 하나인 메사추세츠 주 베리(Barre)에 있는 통찰명상수행원(Insight Meditation Society)에서 정진한 적이 있다. 이곳에서 나는 미얀마, 타이, 그리고 인도에서 20여 년 동안 수행생활을 한 독일 출신 승려, 위말라 스님을 만나게 되었다.

그때 나는 사마타-위빠사나 수행을 하고 있었다. 먼저 마음을 고요히 하기 위해서 숨에 마음을 집중했다. 그런 후 숨을 명상의 대상으로 하지 않고, 집중의 영역을 좀더 광범위하게 열어놓았다. 지금 이 순간 몸과 마음에서 가장 선명하게 일어났다 사라지는 것을 알아차리는 것이었다. 위말라 스님은 내가 호흡관법수행을 너무 한정지어 생각한다고 비판하며, 이 수행법만으로도 가장 깊은 깨달음의 체험이 가능하다는 것을 강조하였다.

그러면서 위말라 스님은 사마타와 위빠사나 수행을 체계적으로 겸수(兼修)할 수 있는 붓다의 수행 관련 경전으로《호흡관법경》을 추천해주었다. 위말라 스님의 말은 인상 깊게 가슴 속에 남게 되었고, 나는 그로부터 몇 번의 수련회를 통해 가르침을 받게 되었다. 그러나 그의 말처럼, 호흡관법이 매우 중요하며 그것만으로도 깨달음에 이를 수 있다는 사실을 완전히 믿기까지는 몇 년이 더 걸렸다.

호흡관법에 대해 확신을 갖게 된 것은 타이의 선지식(善知識) 붓다다사(Buddhadasa) 스님과의 만남을 통해서였다. 우리는 2시간 동안 심도 있는 인터뷰를 했다. 그와의 만남은 내 수행에 깊은 영향을 주었으며 수행지도에 질적인 변화를 가져다주었다. 건강도 별로 안 좋고 80세에 가까운 연세에도 불구하고, 붓다다사 스님은 수행지도에 남다른 열정을 보였다. 그는 평소 개와 야생 닭이 한가롭게 거니는 숲 속 오두막의 뜰 앞에 앉아 제자들을 격의 없이 맞이하여 지도하곤 했다. 스님은《호흡관법경》이야말로 수행서의 백미이며 가르침의 이상적인 수단이라고 확신하고 있었다. 이 경전을 꼼꼼히 읽어가며 체계적으로 해설하기도 하고 때로는 실질적인 수행법에 대해 자상한 가르침을 펴기도 했다. 이처럼 친절하고 정성스런 가르침이 끝났을 때, 나는 땀에 흠뻑 젖어 기진맥진해지곤 했다. 내 생에 있어서 가장 역동적인 배움의 시기였다.

그럼 이 자리를 빌어《호흡관법경》을 간략히 요약해보자. 이 경전은 16단계의 호흡관법으로 이루어졌다. 4가지 염처(念處)수행에 각각 4단계가 시설되어 있다. 처음 4가지 관법은 몸에 나타나는 숨에 대한 알아차림이다. 다음 4가지 관법은 일반적으로 우리 문화에 만연돼 있는 의미로서의 느낌이 아닌, 감각기관을 통해서 감지된 모든 감각과 느낌에 대한 관찰이다. 세 번째의 4가지 관법은 마음, 즉 정신적 형성력과 우리의 느낌에 보태는 개념들이나 감정들에 관한 것이다. 마지막 4가지 관법은 순수 위빠사나의 단계로, 모든 현상들에 내재한 법칙성을 명확히 보는 것이다. 이 모든 관법에 토대가 되는 것이 바로 숨이다. 숨은 수행자가 지금 여기에 깨어 있도록 상기시키는 앵커 역할을 한다.

붓다다사 스님의 지도는 체계적이고 이론적이었을 뿐만 아니라 내 정서와 절묘하게 맞아 떨어졌다. 스님은 나의 수행 편력에 대해서 알고 있었으며, 언젠가 내가 선(禪)에서 자주 거론되는 공(空)의 개념에 대해 말한 적이 있음을 기억했다. 진정한 의미의 위빠사나가 시작되는 무상(無常)을 관하는 열세 번째 관법에 이르렀을 때, 스님은 호흡관법수행이야말로 공사상을 깨닫는 가장 간명하고 효과적인 방법이라고 강조했다. 열세 번째 관법을 기점으로, 앞의 12가지 관법들을 무상과 공의 관점에서 볼 수 있게 되는 것이다.

특히 내가 숨에 집중하여 첫 번째 관법을 닦고 있을 때, 스님이 했던 말은 아직도 선명하게 기억하고 있다. 나는 고요히 앉아서 귓가에 흐르는 스님의 말을 듣고 있었다. "의문의 여지없이 여러분들은 숨을 쉬고 있다. 하지만 그 어느 곳에도 숨쉬는 자는 존재하지 않는다는 사실을 아는가? 몸도 공이고, 숨도 공이며, 당신 역시 공이다."

이 모든 현상들에는 나(我)라는 실체가 없으며, 나에 속한 그 무엇도 있지 않다. 그들은 무상하다. 조건이 있으면 생기고, 조건이 바뀌면 사라진다. 이 관법이 강조하는 무상은 실제로 모든 현상이 항상 갈등관계에 있으며 상주불변의 자아는 없다는 고(苦)와 무아(無我)의 진리를 포함한다. 이 단순한 숨을 매개로 하여 수행자들은 고요한 마음상태를 성취하고, 나아가 가장 깊은 지혜의 세계인 열반에 도달하게 되는 것이다.

여기서 너무 많은 것을 언급하면 이야기가 다른 데로 흘러가겠지만, 그날 내게 어떤 일이 벌어졌는지에 대해 한 마디만 더 하고 넘어가겠다. 붓다다사 스님이 꼭 이처럼 말한 것은 아니지만, 그의 주장과 신념에 찬 태도를 통해서 나는 다음과 같은 사실을 알게 되었다. 누구나 자연스럽게 숨을 쉬고 있기 때문에 사실상 우리는 숨의 가치를 폄하한다. 바로 내 눈앞에 두고 깨달음에 이르는 복잡한 길을 찾아 헤매는 것이다.

스님은 숨이야말로 불교를 서양에 전파하는 이상적인 수단이라 주장했다. 호흡관법은 만트라(mantra, 眞言)나 공안(公案, 화두) 등 다른 수행법처럼 문화적인 색깔을 띄고 있지 않기에 서양인들에게 더 자연스럽게 수용될 수 있다. 또한 스님은 상좌불교의 전통에 따르면 이 경전은 붓다 명상법의 핵심을 설파해놓은 《염처경(Satipaṭṭhāna Sutta)》과 직접적으로 관련되어 있음을 강조했다. 그러나 《호흡관법경》이 같은 자료를 더 유기적으로 잘 정리해놓았고, 전체적인 수행의 단계를 숨과 연관지어 수련하도록 해놓았음을 지적하며 이 경전의 우수성을 드러내보였다. 붓다다사 스님의 지도를 받고 타이를 떠나올 쯤에, 수행에 대한 나의 안목은 한층 더 향상되었다.

그때가 내 삶에 여러 가지 수행에 관련된 일들이 한꺼번에 닥쳐왔던 시기였다. 이 기간 동안 나는 천연음식에 지대한 관심을 가지고 있었으며, 호흡을 무척이나 강조하는 요가를 수년간 수련했고 지금도 지속적으로 하고 있다. 내가 항상 공감하는 틱낫한 스님의 가르침에서 호흡관법의 특성을 그토록 강조한 이유를 비로소 알게 되었다. 그 뒤로 틱낫한 스님과 함께한 세 번에 걸친 수련회는 붓다가 가르친 호흡관법수행의 중요한 의미를 온전히 숙지하는 데 큰 도움이 되었다.

틱낫한 스님은 상좌불교와 대승불교의 2가지 전통을 잘 소화하여 가르침에 반영하고 있다. 스님의 자태는 고요하고 부드럽지만 수행에 대한 열정은 타오르는 불처럼 강하다. 스님은 누구보다도 일상 속에서의 호흡관법수행을 강조한다. 동시에 삶의 구체적인 행위 속에서 깨어 있는 마음을 잃지 않도록 해야 한다고 말한다. 이 점에서 그는 확고한 신념을 가지고 가르침을 편다. 이런 메시지가 담긴, 강력한 가르침이 나를 감동시켰고 그 수행에 빠져들게 했다.

호흡관법은 조동종의 선수행(禪修行)과 밀접한 관계를 가진다. 나는 카타기리 선사로부터 수행지도를 받은 적이 있고, 또한 그를 통해서 《선심초심禪心初心》의 저자인 스즈끼(Suzuki) 선사에게도 공부한 적이 있다. 조동종의 선수행은 호흡에 대한 온전한 집중과 자세를 매우 중요시한다. 모든 지혜는 이런 것들이 충족되었을 때 자연스럽게 나타나는 결과라고 본다. 이처럼 《호흡관법경》은 호흡관법수행의 체계적인 과정을 밟아가는 이정표로 이용할 수 있겠지만 지혜가 일어나게 하는 청사진으로도 사용할 수 있다.

나는 항상 경전 공부에 지대한 관심을 가지고 있다. 사실 잘 보면 경전 공부와 수행은 둘이 아니라 하나임을 알 수 있다. 특히 나는 초기불전에 많은 흥미를 가지고 있다. 2,500여 년이 지난 지금에도 경전은 우리에게 살아 있는 가르침을 전해준다. 처음 설해진 때와 마찬가지로 그 말씀의 중요성이 전혀 퇴색하지 않고 우리들의 심금을 울린다. 이 경전은 지난 10년 동안 내 수행의 지침서였고, 수행자들을 가르칠 때 내가 유용하게 교본으로 사용한 것이기도 하다. 또한 이 경전은 붓다가 전한 메시지를 점검하는 확실한 시금석이었다.

이 경전을 강설하기 전에 몇 가지 언급해야 할 것이 있다. 어떤 이들은 이 경전이 몸에서 일어나는 날숨과 들숨의 단순한 과정을 관찰하는 것으로부터 시작해, 온전한 깨달음의 성취에 이르기까지의 전 과정을 단계적으로 정리해놓았다고 본다. 몇몇 선지식들은 이 방법을 그대로 적용해 지도한다. 내 경험에 의하면 특히 붓다다사 스님이 이 방법을 순서대로 충실히 따르고 있다.

하지만 하루든 한달이든 일년이든 꾸준히 쉬지 않고 수련을 하다 보면, 단지 앉아서 숨을 따라 관찰하는 것만으로도 경전에서 기술하는 과정들이 자연스럽게 나타난다는 것도 사실이다. 몸 전체를 관찰하게 되면 자연스레 주의집중이 깊어지며, 이 과정을 통해서 몸은 점점 차분해질 것이다. 몸에 대한 주의집중이 확립되면 느낌과 이에 대한 심리적 반응을 알아차리기 시작한다. 이렇게 해서 마침내 광활한 마음의 영역을 탐사하게 된다. 이와 같이 관찰하다 보면 모든 현상들이 일어났다 사라지는 무상한 것이며 그 자체에 영원불멸의 실체가 없다는 사실을 명확히 알게 된다.

따라서 16단계의 관법은 자연스런 과정이라고 볼 수 있다. 물론 어떤 경우에는 순서가 바뀌어 뒷부분이 앞서 진행되고 앞부분이 뒤에 나타나는 등 꼭 정해진 순서대로 나타나지는 않지만, 앉아서 꾸준히 자신을 관찰하노라면 몸과 마음의 각 단계의 양상들이 자연스럽게 드러나게 마련이다.

각 단계마다 주의집중의 범위를 정해놓고는 일정시간 동안 어떤 경우에도 관찰 대상에 반복해서 집중하는 것과 판이하게 다른 방법이다. 이 경우 경전은 수행 프로그램이나 과정의 이정표로 사용할 수 있다. 그러나 이렇게 사용하더라도 그런 단계들이 억지로 나타나도록 할 수는 없다. 때가 되면 나타나는 법이다. 토대를 마련하고 성실히 정진하면 몸과 마음이 원하는 대로 절차를 밟아가게 되어 있다. 간섭할 필요가 없는 것이다.

그러나 이 경전을 사용하기로 결정했다면 수행을 시작할 때나 계속 진행할 때, 이 경전의 전체 구성과 내용을 숙지해야 하고, 가능하면 이 경에 대한 주석서까지 읽는 것이 좋다. 읽으면서 이미 앞부분에서 소개한 좌선과 행선을 병행해야 한다. 그렇다고 수행을 시작하기 전에 경전의 강설인 이 책을 전부 읽을 필요는 없다. 또한 한 단계의 관법을 마스터한 후 다음 단계의 관법으로 넘어갈 필요도 없다.

내가 추천하고자 하는 이상적인 방법은 호흡관법에 대한 지침을 읽고 난 후에 바로 6장 '숨의 관찰과 일상에서의 수행'이란 단원을 먼저 읽는 것이다. 이 책을 접하는 동안 이 부분을 반복해서 읽으면 실제 삶 속에서 수행하는 방법을 터득할 수 있을 것이다. 캠브리지통찰명상수행원(Cambridge Insight Meditatiom Center)에서 선수행 지도를 할 때마다 나는 맨 처음부터 생활 속의 수행을 강조한다. 우리의 실제 삶과 동떨어진 신비한 수행을 하는 것이 아니라 집중하는 매순간이 존귀하고 늘 새로운 삶을 일깨워주는 수행을 하는 것이다. 경우에 따라서 이 책의 다른 부분들은 건너 뛰어도 괜찮지만 6장은 수시로 반복해서 읽는 것이 좋다.

이 책의 1, 2, 3, 4장은 경전의 16단계 관법을 다루고 있다. 앞에서 언급했듯이 4념처에는 각각 4단계의 관법이 있다. 5장은 16단계를 2단계로 축약한 수행법을 소개한다. 이 방법을 택해 수행하더라도 앞의 16단계에 대한 강설을 모두 읽으면 많은 도움이 될 것이다. 위에서 말했듯이 6장은 일상 속에서의 수행을 소개한다. 7장은 침묵 혹은 적멸을 주제로 한 수행에 대한 소개다. 침묵 혹은 적멸은 모든 수행의 지향점이자 출발점이다. 물론 그 부분을 책 말미에 둔 데는 논리적 이유가 있지만, 이 장도 아무 때나 읽으면 된다.

불교는 수세기 동안 여러 나라로 전파되었다. 가는 곳마다 다양한 문화의 특성을 받아들이며 정착했다. 미국에 전파된 불교는 아직 청년기에 불과하지만 미국문화에 많은 영향을 주고받으며 성장 중이다. 하지만 미국인들만이 누릴 수 있는 독특한 혜택이 있다. 미국에는 다양한 불교 전통들이 공존하기 때문에 미국인들은 자유롭게 모든 불교 전통을 경험하고 배울 수 있다는 점이다. 어떤 사람들은 자기가 하는 특정 수행법을 고수하기도 하고 종파적인 견지를 분명히 주장하기도 하지만, 근원적으로 보자면 다양한 전통들이 결코 다르지 않다.

나는 상좌불교 전통의 위빠사나 수행을 가르치고 있지만, 《호흡관법경》은 다른 전통의 수행을 하는 사람들에게도 유용하고 가치 있는 수행법을 설한다고 생각한다. 이 경전도 결국 붓다의 가르침이며 그를 따르는 모든 제자들을 위해서 설해졌다. 위빠사나 수행자들은 이 경을 수련 지침서 혹은 참고서로 활용할 수 있다. 수행에 대한 자상한 안내에 목마른 참선 수행자들은 수행 중에 일어날 수 있는 문제에 대한 개요라고 생각하고 읽으면 도움이 될 것이다. 티베트 명상을 하는 수행자 역시 그런 자세로 읽으면 좋다. 《호흡관법경》은 숨을 집중의 대상으로 하여 수행하는 모든 이들에게 유용한 지침서가 될 것이다.

대부분의 고전처럼 《호흡관법경》에도 반복적이며 애매하고 어려운 문구들이 여기저기 눈에 띈다. 이 경전 자체에 대한 전체적인 연구는 전문가의 몫이다. 이 책은 학술적인 주석서가 아니라 수행 지침서로서의 역할을 할 것이다.

경전의 핵심을 요약한 16관법 부분만을 정리해보았다. 전체 경전의 번역은 부록에 수록하였다. 필요한 부분은 본문을 강의하면서 그때그때 살펴볼 예정이다.

자, 이제 붓다의 말씀을 들어보자.

수행자들이여! 숲으로 가서 나무 그늘 아래나 빈 방에 결가부좌를 하고 앉아, 허리를 곧추 세우고 전면에 마음챙김을 확고히 한다. 마음을 챙겨 숨을 들이쉬고 마음을 챙겨 숨을 내쉰다.

신념처(身念處)

1. 숨을 길게 들이쉬면서 '숨을 길게 들이쉰다' 고 알아차리고,
   숨을 길게 내쉬면서 '숨을 길게 내쉰다' 고 알아차린다.
2. 숨을 짧게 들이쉬면서 '숨을 짧게 들이쉰다' 고 알아차리고,
   숨을 짧게 내쉬면서 '숨을 짧게 내쉰다' 고 알아차린다.
3. 온 몸을 감지하면서 '숨을 들이쉬리라' 하고 수련하며,
   온 몸을 감지하면서 '숨을 내쉬리라' 하며 수련한다.
4. 온 몸의 작용(身行)을 편안히 하면서 '숨을 들이쉬리라' 하고 수련하며, 온 몸의 작용을 편안히 하면서 '숨을 내쉬리라' 하며 수련한다.

수념처(受念處)

5. 희열을 느껴 알면서 '숨을 들이쉬리라' 하고 수련하며,
   희열을 느껴 알면서 '숨을 내쉬리라' 하며 수련한다.
6. 행복을 느껴 알면서 '숨을 들이쉬리라' 하고 수련하며,
   행복을 느껴 알면서 '숨을 내쉬리라' 하며 수련한다.
7. 마음의 작용(心行)을 느껴 알면서 '숨을 들이쉬리라' 하고 수련하며,

마음의 작용을 느껴 알면서 '숨을 내쉬리라' 하며 수련한다.

8. 마음의 작용을 고요히 하면서 '숨을 들이쉬리라' 하고 수련하며,

  마음의 작용을 고요히 하면서 '숨을 내쉬리라' 하며 수련한다.

심념처(心念處)

9. '마음을 경험하면서 들이쉬리라' 며 수련하고,

  '마음을 경험하면서 내쉬리라' 며 수련한다.

10. '마음을 기쁘게 하면서 들이쉬리라' 며 수련하고,

  '마음을 기쁘게 하면서 내쉬리라' 며 수련한다.

11. '마음을 집중하면서 들이쉬리라' 며 수련하고,

  '마음을 집중하면서 내쉬리라' 며 수련한다.

12. '마음을 해탈케 하면서 들이쉬리라' 며 수련하고,

  '마음을 해탈케 하면서 내쉬리라' 며 수련한다.

법념처(法念處)

13. '무상을 관찰하면서 들이쉬리라' 며 수련하고,

  '무상을 관찰하면서 내쉬리라' 며 수련한다.

14. '이욕(離欲)을 관찰하면서 들이쉬리라' 며 수련하고,

  '이욕을 관찰하면서 내쉬리라' 며 수련한다.

15. '소멸을 관찰하면서 들이쉬리라' 며 수련하고,

  '소멸을 관찰하면서 내쉬리라' 며 수련한다.

16. '놓아버림(放下着)을 관찰하면서 들이쉬리라' 며 수련하고,

  '놓아버림을 관찰하면서 내쉬리라' 며 수련한다.

옮긴이의 글

삶이 고달프고 힘들수록 마음공부에 대한 관심이 높아만 간다. 지난 10여 년 동안 마음공부와 수행에 관련된 다양한 서적들이 출판되었고, 여기저기 요가 및 단전호흡수련원이나 명상수행원이 우후죽순처럼 생겨나고 있다. 긍정적인 문화현상이다. 하지만 분명히 부정적인 면도 있음을 간과할 수 없다. 검증되지 않은 수련법이나, 상업성과 일시적인 효용성을 앞세운 수행 기법들이 난무하여 마음공부의 진정한 의미가 왜곡되는 경우가 적지 않다. 이럴 때일수록 마음공부에 관련된 고전(古典)의 가치를 되새겨볼 필요가 있다. 특히, 불교의 수행법들은 수천 년 동안 전승되는 경전과 주석서에 바탕을 둔다. 오랜 세월과 다양한 지역에서 이미 검증되어 전해진 것이기 때문에 이론적 체계와 실천적 행법에 조화와 균형이 잘 갖추어져 있다. 이런 수행의 고전들에 따른 수행법들은 임상 경험이 축적되어 있기 때문에 부작용이 적고, 심리적으로 나타난 증상만을 치유하는 것이 아니라 마음 병의 근본원인을 찾아내 해결해준다.

《염처경》과 더불어 인도에서 2,500여 년 전에 설해진 《호흡관법경》은 불교의 초기 수행법을 체계적으로 정리한 불교 수행서의 백미다. 이처럼 동양에서 성립된 이 경전이 시대와 지역을 달리해 서양에서 새롭게 태어났다. 래리 로젠버그의 역저인 이 책은 21세기를 살아가는 현대인들의 마음을 반영한 수행 지침서다. 대학에서 심리학을 강의한 경험이 있어서인지, 지은이는 현대인들의 심리적 취약점들을 잘 파악하여 호흡관법수행이 그들에게 어떻게 적용되는지를 명확히 밝히고 있다. 특히 바쁘고 복잡한 현대의 삶 속에서 어떻게 수행할 것이며, 호흡관법수행이 얼마나 삶에 생기를 불어넣어주고 행복하게 해주는지를 설득력 있게 제시하고 있다.

특히 이 책은 고뇌하는 현대 서양인들을 위해 수련회에서 강의한 내용을 엮은 것이기 때문에 서양문화의 영향력 아래 역동적인 현대화 과정을 격고 있는 우리나라 사람들에게도 친근하게 받아들여질 것이라 생각한다. 요즈음 웰빙, 명상, 마음수행 등에 대한 관심이 한층 더 고조되고 있다. 몇 년 전 틱낫한 스님의 《화》라는 책이 베스트셀러로 세인의 관심을 모은 후에 좀더 심화된 마음수행 관련서적들이 요구되고 있다고 한다. 아마도 이 책이 독자들의 그런 바람을 조금이나마 채워 줄 수 있지 않을까 생각한다.

지난해 가을 우리나라에서 호흡관법수행에 대한 국제학술대회가 열린 적이 있다. 그 자리엔 스리랑카의 구나라타나 스님, 미얀마의 파옥 스님, 그리고 타이의 붓다다사 스님의 수행 전통을 전수한 미국 산띠까로 법사 등, 호흡관법수행을 전문으로 지도하는 이 분야의 많은 선지식들이 참석해주셨다. 이 대회의 목적은 단순히《호흡관법경》에 대한 학술적인 연구성과를 발표하는 것뿐만 아니라 수행이론과 실제 수행법을 깊이 있게 검토하는 것이었다. 그래서 참여하신 선지식들께 직접 수행 지도를 받을 수 있도록 호흡관법 수련회도 함께 마련하였다. 호흡관법수행에 관심 있는 초보 수행자, 전공학자, 호흡관법을 통해 깊은 수행 체험을 한 수행자 등 상당히 많은 분들이 참석했는데, 오전부터 저녁 늦게까지 거의 한 분도 자리를 뜨지 않고 진지한 토론을 벌였다. 그 결과 호흡관법수행에 대한 이론과 실천체계를 전반적으로 검토하고 정리할 수 있는 기회를 가질 수 있었다.

한 가지 아쉬웠던 것은 이 책의 지은이인 래리 로젠버그가 개인 사정으로 그날의 국제학술대회에 참석할 수 없었다는 점이다. 일상 속에서 호흡관법수행에 대한 충분한 논의가 진행되지 않았음이 못내 아쉬웠는데, 이번에 이 책을 번역, 출판함으로써 그 빈곳을 채우게 되었으니 그나마 다행이라 생각한다.

이 책의 지은이는 우리나라와 일본의 조사선(祖師禪) 수행 전통을 경험한 바 있다. 그는 선의 핵심 정신을 선명히 드러내어 호흡관법수행과의 상응점을 찾아 붓다의 수행 전통으로 조화롭게 회통(會通)하고 있으므로, 이 책이 이 땅의 선불교 수행자들에게도 시사하는 바가 크리라고 믿는다.

이 책이 나오기까지 약간의 우여곡절이 있었다. 나는 영국에서 학위를 마친 후 2000~2001년까지 하버드대 세계종교연구소에서 근무한 적이 있다. 그때 함께 근무하는 연구원으로부터 대학 근처에 래리 로젠버그가 수행센터를 마련하여 호흡관법수행을 지도하고 있다는 사실을 전해 듣게 되었다. 그러면서 그는 마침 매 학기마다 하버드대 교직원과 학생들을 대상으로 호흡관법 수련회를 개설하고 있으니 한번 참석해보자고 했다. 좋은 기회라 생각하여 한 학기 동안 지은이의 수련회에 참석하여 뜻 깊은 시간을 가졌다.

귀국한 후 이 책을 번역하겠다고 출판사에 제안하였지만, 나의 바쁜 일정과 출판사의 사정으로 약 3년 이상 잊혀진 채 일부 번역된 원고가 컴퓨터 파일 안에 방치되어 있었다. 그러다가 지난해 여름쯤에 출판사로부터 연락이 왔다. 번역을 마무리하여 책을 내는 것이 좋겠다는 김철종 사장님의 뜻을 전해 들었다. 이 좋은 책을 한국 독자들에게 소개하지 못해 아쉬워하고 있던 차에 퍽 다행이라 생각하여 제안을 기꺼이 받아들였다. 하지만 개인사정으로 번역이 또 지연되었다. 그래서 이번엔 작정을 하고 겨울방학 전부터 약 한달 동안 아무런 약속도 잡지 않았다. 방학이 시작되자마자 만사를 제쳐놓고 번역에 몰두했다. 약 반쯤 번역을 마쳤을 때 해외 출장과 승가고시산림, 종단 각종 위원회의 일 등 피하지 못할 일들이 연이어 생겼다. 방학 내에는 도저히 번역을 마무리할 수 없겠다고 생각한 나는 긴급히 도움을 요청했다. 틱낫한 스님의 방한 기간 동안에 함께 통역을 맡아주셨고 이번 호흡관법수행 국제학술대회 때 원고 번역과 통역을 해주신 권선아 님이 공역을 하기에 적절하다고 생각되어 연락을 해보았다. 참 고맙게도 권선아님이 다른 일을 잠깐 미루고 나머지 번역(3장, 4장, 6장 일부, 7장)을 흔쾌히 맡아 번역해주셨다. 이 자리를 빌어 진심으로 감사드린다. 또한 이 책의 책임편집을 해주신 한재희님

26

이 이번 봄을 넘기지 않고 책이 출간될 수 있도록 꼼꼼히 챙긴 덕분에 예정된 시간 안에 책이 나오게 되었다. 고마움을 전하며 따뜻한 봄날 화혼식을 갖는다니 행복과 화목을 기원한다.

지난달 말경에 공역자인 권선아님과 함께 한언출판사를 방문한 적이 있다. 그때 김철종 사장님을 뵙고 출판에 관한 여러 가지 의견을 나누면서 사장님의 출판 철학에 대해 듣게 되었다. 비교적 판매율이 높은 비즈니스 관계서적을 통해 이윤이 남으면 정신세계에 대한 책을 출판함으로써, 그 이윤을 조금이나마 사회에 환원하고 싶다는 것이었다. 두 사람 다 이 말씀을 들으면서 깊은 감사의 마음을 금할 길 없었다.

행복하길 바라는 이들에게, 마음공부를 하는 이들에게, 일상 속에서 진리를 찾는 이들에게 이 책이 작은 깨침의 씨앗이 될 수 있기를 바란다.

2006년 3월 12일
중앙승가대학교 지혜의 뜰에서 미산 합장

차 례

일러두기 |

호흡관법수행에 관한 가장 초기의 가르침은 빨리어로 쓰여 있다. 이 책에 사용된 빨리어들은 해당 단원에서 다루었거나 이 책의 용어 해설 부분에 설명해놓았다. 단, 거의 영어처럼 쓰이는 익숙한 단어들은 빨리어 대신 대승불교 산스끄리뜨어를 사용했다. 따라서 담마(*Dhamma*)보다는 다르마(*Dharma*)를, 닙바나(*nibbana*)보다는 니르바나(*nirvana*)를 사용했다.

빨리어 빅쿠(*Bhikkhu*, 比丘)는 《호흡관법경》에 자주 나타나는 단어다. 이 용어는 일반적으로 '승려'라 번역하지만, 남녀 혹은 승속을 불문하고 진지하게 수행하는 사람이라면 그를 지칭하는 말로 사용했다. 또한 이 책의 독자 대부분은 승려가 아닌 일반인일 것이므로 이 경전을 공부하는 사람들을 가리킬 때는 명상자 혹은 수행자라는 용어를 사용하였다. 그리고 부록의 빨리어에서 번역한 《호흡관법경》은 빨리성전협회(Pali Text Society)에서 출판한 중부(中部, *Majjhima Nikāya*)의 《아나빠나사띠 숫따(*Ānāpānasati Sutta*)》를 저본으로 하였다.

숨과 몸에 대한 관찰

1. 가르침들에 대한 증언

《호흡관법경》도 불교 경전을 접해본 사람에겐 익숙한 문장인 '내가 이와 같이 들었다(如是我聞)'로 시작한다. 붓다를 가장 가까이서 모셨으며, 붓다의 친조카이기도 한 아난다가 자신이 들은 것을 사람들에게 전하는 방식이다. 자신의 사적인 생각을 말하는 것이 아니라, 붓다의 가르침을 충실히 전달한다는 것을 보여 주기 위해 이러한 형식의 문장을 채택한 것이다. 즉 위와 같은 화법을 사용함으로써, 그 가르침이 붓다의 원음(原音)이자 그 분의 권능이 살아 있는 생생한 법음(法音)임을 나타냈다.

붓다의 생애를 보면, 교단 성립 후 20년 동안 여러 명이 교대로 붓다의 시중을 들었음을 알 수 있다. 아난다는 붓다를 모시는 시자로

발탁되면서부터 붓다가 생을 마감할 때까지 가장 가까이서 그 분을 모셨다. 그러는 동안에도 여러 제자들이 가장 가까이에서 붓다를 모시고자 경쟁을 했다. 아직 성자의 경지를 체득하지 못한 인간들이었기에 그 자리에 연연한 제자들도 있었던 것이다. 그러나 아난다는 달랐다. 그래서 붓다는 그를 시자로 선택했다.

아난다는 붓다의 시자를 하는 데 있어 다음과 같이 몇 가지 흥미로운 원칙을 정하고 붓다께 간청했다. 첫째, 붓다를 모시다 보면 호화로운 집으로부터 최상의 공양 초대를 받게 되는 경우가 있는데, 그 자리에 자신은 참석하지 않겠다는 것이었다. 왜냐하면 최고에 대한 집착과 유혹이 자신의 수행을 방해할 수도 있기 때문이다. 둘째, 붓다의 가르침 중 난해한 부분에 대해 아난다 자신이 이해할 수 있을 때까지 붓다가 설명으로 일깨워주어야 한다는 것이었다. 셋째, 사정상 아난다가 붓다의 법문을 들을 수 없을 때는 붓다가 반복해서 들려주어야 한다는 것이었다.

고대(古代)의 일반적인 경우처럼, 당시 또한 문자의 기록보다는 암기를 통한 구전(口傳)이 성행하던 시대다. 그런데 아난다는 매우 뛰어난 암기력을 갖고 있었다. 붓다께서 돌아가신 지 3달 후에, 붓다의 핵심적인 가르침을 취합하고 정리하기 위해서 깨침을 얻은 수행자들을 중심으로 구성된 편집회의가 열렸다. 아난다는 붓다를 가장 오랫동안 모시며 가르침도 가장 많이 들어 이해하고 있었으므로, 그를 중심으로 경전을 편집하는 것은 당연한 일이었다. 암송에 참여한 모든 수행자들이 동의할 때 하나의 경전이 완성되는 방식으로 경전은 암송에 의해 구전되었다. 따라서 모든 경전의 서두에 나오는 '내가 이와 같이 들었다'라는 문장은 붓다의 가르침을 충실히 전하고 있다는 것을 증명하는 도장인 셈이다.

법문을 하며 청중들을 부를 때 붓다는 '비구(Bhikku)'란 말을 즐겨 사용했다. 원래 비구란 남성 출가자를 지칭하는 말이지만, 이때의 비구는 여성과 재가자들을 다 포함한 말로 이해해야 한다. 붓다는 진지하게 수행하는 모든 수행자들을 향해 "오, 비구들이여"라고 말한 것이다. 수행 기간 동안 붓다가 전체 대중법문을 하시고 나면 10명, 20명, 30명, 혹은 40명 단위로 조를 편성하여 각 조마다 선배 수행자가 초보 수행자들을 지도했다.

승가란 인간들로 구성된 집단이며, 인간의 괴로움은 마음에서 비롯된다는 것을 알고 이 문제를 해결하게 위한 수행 공동체다. 붓다 당시에 그랬듯이, 이상적인 승가는 삶에 대한 진지한 고민과 이를 해결하기 위해 정진하는 눈 푸른 수행자들로 구성되어야 한다.

요즘 미국의 수행센터들도 3개월 동안 결제수행(結制修行) 정진 코스를 개설하고 있다. 이 전통은 붓다 당시 인도에서 약 3개월 동안의 우기(雨期)에 행해졌던 결제수행에 그 연원을 둔다. 비가 계속해서 내리는 우기에 농부들은 열심히 일할 수 있지만, 수행을 하며 떠돌아다니는 유행자들은 한곳에 머물러 있을 수밖에 없다. 이 기간이야말로 집중적으로 수행할 수 있는 절호의 기회인 것이다. 3개월의 결제수행을 마무리할 때 자자(自恣) 의식을 행하는데, 이를 통해 자신의 행위를 뒤돌아보며 혹시 대중들에게 잘못한 점이 있었는지를 반성하고 참회하며, 그동안의 수행을 점검하고 수행의 진전을 위한 발판으로 삼는다.

바로 이 자자 의식을 마칠 때, 붓다는 "이번 대중들이 아주 열심히 정진하여 결제수행이 잘되었다"고 대중들을 칭찬하시며, 결제수행을 1개월간 특별히 연장하겠다고 말씀하신다. 이 소식을 들은 여러 지역의 수행자들은 붓다와 수행을 하기 위해서 모여들었다. 한 달간의 특별 수행이 끝나던 보름날, 붓다는 대중들을 위해 법문을 해주셨다. 법문 서두에서 붓다는 이번 결제 대중의 다양한 수행 성취 정도와 수행 방법을 열거하신다. 그러고는 마지막에 "결제 대중 가운데 호흡관법수행에 전념하는 수행자들이 있다"고 하시며, 이 경전의 주제와 모든 수행의 바탕이 되는 사항들에 대해서 언급하신다.

매우 사려 깊은 스승이었던 붓다는 대상에 따라 다양한 방법으로 지도했다. 사실, 붓다가 전하려던 핵심적인 가르침은 단 하나, 즉 사성제(四聖諦)였다. 붓다의 모든 가르침들은 바로 사성제의 틀 속에서 이해될 수 있다. 괴로움이 있으면 괴로움의 원인이 있고, 그 원인의 소멸과 소멸에 이르는 방법이 있다. 붓다는 이전에도 호흡관법수행에 관한 가르침을 펴곤 했었다. 그러나 붓다는 이 결제수행 기간 중에 특별히 이 수행 주제와 관련된 핵심 이론을 종합적으로 정리해주셨다. 그는 명료한 앎과 해탈에 이르는 데 있어, 호흡관법수행이야말로 가장 가능성이 큰 수행법이라고 확실히 믿었기 때문이다.

수행에 대한 종합적인 소개를 마치면서 붓다는 호흡관법수행의 근간이 되는 간략한 틀을 다음처럼 제시했다. 물론 여러 가지 설명이 필요하겠지만, 그러한 이론적 논의에 앞서 이 방법들을 따라 실천하다 보면 자연스럽게 수행이 진전되게 마련이다.

수행자들이여! 숲으로 가서 나무 그늘 아래나 빈 방에 결가부좌를 하고 앉아, 허리를 곧추 세우고 전면에 마음챙김을 확고히 한다. 마음을 챙겨 숨을 들이쉬고 마음을 챙겨 숨을 내쉰다.

여기서 숲 속 혹은 나무 그늘이란 항상 탐착과 집착이 도사리는 익숙한 일상적 환경에서 벗어남을 의미한다. 현대인의 삶에 비추어 말하자면, 냉장고에 가득한 음식, 텔레비전, 오디오, 책장에 꽂힌 다양한 정보가 담긴 책, 인터넷 등이 해당된다. 이때 우리는 보통 조용한 장소를 택하게 되는데, 일정 기간 동안 집중수행을 할 수 있는 여건이 마련된 명상센터나 사찰의 선원이 적합한 수행처가 될 것이다. 혹은 굳이 멀리 가지 않고 집이나 아파트에서도 수행이 가능하다. 주의를 산만하게 하는 물건을 치우고 특별하게 마련한 단출한 방이어도 괜찮다.

주의를 산만하게 하는 장소를 피하는 것은 특히 초보 수행자들에게 꼭 필요하다. 어린이가 보조바퀴가 달린 자전거를 타거나 수영을 처음 배우는 사람들이 물갈퀴를 사용하는 것처럼, 방해요소들이 차단된 장소는 초보 수행자들에게 도움이 된다. 물론 올바른 수행이란 어떤 곳이든 상관없이 늘 마음챙김을 하여 삶의 모든 면에 생생하게 적용돼야겠지만, 첫 단계에서는 안전하게 보호된 명상을 위한 공간이 유용함을 알 수 있다.

붓다는 가부좌에 대해서도 언급했다. 동양 전통에서는 명상을 할 때 가부좌를 취하도록 한다. 이 자세는 마치 다리가 3개 달린 의자처럼, 엉덩이를 중심으로 양 무릎이 바닥에 밀착되도록 하여 몸의 무게가 골고루 바닥에 퍼지도록 하는 것이 이상적이다. 이렇게 했을 때 편안하고 안정된 자세가 된다. 이 자세가 체질적으로 어려운 몇몇 서양인들은 이 원리를 이용해 두툼한 방석이나 무릎을 꿇은 자세로 특수 제작된 낮은 의자에 앉거나 보통 의자에 허리를 곧추 세우고 앉아 가부좌를 했을 때와 같은 효과를 보도록 한다. 여기서 중요한 것은 편안함과 안정감이다. 이것이 좌선의 첫 단계인 바른 자세를 갖추는 것이다. 상세 내용은 뒤에서 살펴보기로 하겠지만, 가장 중요한 것은 우선 자신에게 적합한 안정된 자세를 찾아내는 일이다.

어떤 수행자들은 가부좌라는 것이 양 다리를 서로 교차시켜 허벅지에 올려놓는 결가부좌인지, 아니면 한쪽 다리만 반대쪽 허벅지에 올려놓는 반가부좌인지에 대해 궁금해한다. 붓다가 말한 것은 결가부좌였을 것이다. 결과부좌는 가장 안정적인 자세며, 할 수만 있다면 제일 이상적인 자세다. 내게 명상을 가르쳐준 스승 중 한 분은 결가부좌 자세를 매우 중요시하여, 제자들에게 반드시 결가부좌를 마스터하도록 했다. 내가 이 자세를 마스터하는 데는 10년이 걸렸다. 처음에는 시늉조차 낼 수 없었다. 그러다 연습을 거듭한 후, 겨우 5분 정도 앉아 있을 수 있었다. 나를 책벌레라고 생각한 스승은 내게 이런 숙제를 내주었다. "결가부좌로 있을 수 있는 시간만큼 책을 읽어라." 이러한 방편은 일거양득의 효과를 낳았다. 이를 통해 나는 첫째, 책에 대한 편집증을 극복할 수 있었고, 둘째, 결가부좌에 익숙해지게 되었다.

나는 이제 한층 더 편안하게 결가부좌를 할 수 있다. 역시 결가부좌는 가장 안정적인 좌선의 자세다. 하지만 초보자들이 처음부터 이 자세로 앉으려고 안간힘을 쓸 필요는 없다고 생각한다. 물론 몸이 유연해 별 무리 없이 결가부좌가 되는 사람이라면 처음부터 이 자세를 익히는 것이 좋다. 신체적으로 어려움이 있는 사람들에게 결가부좌를 강요하면, 이상적이지 못한 목표 설정으로 인해 좌절하게 되고 좌선 자체를 괴로운 노동으로 느끼게 된다. 또 이 방법이 자신의 에고를 더 키우는 역할을 했을 경우, 결가부좌가 수행의 목표인양 집착함으로써 수행의 본질에서 멀어질 수도 있다. 내가 결가부좌를 완전히 마스터해서 좌선을 하고 있을 때였다. 또 다른 스승이 다가와 내 어깨를 툭 치면서 "자네에겐 바로 이것이 문제야"라며 결가부좌한 다리를 가리켰다. 아무리 좋은 것이라 할지라도 그것이 집착의 대상이 된다면 문제가 될 수밖에 없다.

고요함과 근엄함을 갖춘 올바르고 안정된 자세라면 단순히 앉아 있는 행위만으로도 중요한 것이 된다. 신체적 움직임이 전혀 없는 상태라 할지라도 춤사위나 무예의 몸동작 못지않게 많은 것을 표현하고 있다고 봐야 한다. 만약 우리가 붓다처럼 아무 동요 없이 집착을 떨쳐버리고 앉아 있을 수 있다면, 그 자리가 바로 불성이 드러나는 곳이다. 이러한 근엄함은 그 어떤 자기애착과도 상관이 없으며 자아상으로부터 벗어나 있다.

모진 비바람을 견디며 굳건히 서 있는 뿌리 깊은 나무 한 그루를 상상해보자. 강풍에 휘둘려 곧 쓰러질 것 같을지라도, 뿌리가 깊이 박혀 있기 때문에 모진 바람을 견뎌낼 수 있다. 수행에 있어서 올바른 자세는 깊은 뿌리와도 같다. 단순히 몸을 곧추 세우고 바르게 앉아만 있는 것은 마치 잎과 가지가 무성하지만 뿌리가 튼실하지 못한 나무와 같다. 성냄, 공포, 외로움 등과 같은 강력한 감정적인 폭풍이 몰아치면 그대로 뽑히는 나약한 것이다. 근엄한 자세는 뿌리 깊은 나무처럼 어떠한 격정에도 동요되지 않고 평정과 안정을 유지하는 것이다.

우리는 보통 감정이 마음에서 일어나는 현상이라고 생각한다. 이처럼 몸과 마음은 구분되어 있는 것 같지만, 사실상 몸과 마음은 뗄 수 없는 밀접한 관계 속에서 작용한다. 그러므로 마음은 신체적 자세를 계발하는 중요한 요소다. 평정된 마음을 갖고 올바른 자세로 앉았을 때, 어떠한 감정적 폭풍에도 아랑곳하지 않고 그 감정에 깨어 있어 그것의 참 모습을 경험할 수 있다. 이것이야말로 격정으로부터 벗어날 수 있는 첩경이다.

그렇다고 신체적 자세를 대수롭지 않게 여겨도 된다는 말은 아니다. 좌선 수행에서 자세는 아주 중요한 부분을 차지한다. 이런 육체적 토대가 마음챙김의 힘을 증장시키고 수행을 성숙하게 하는 데 큰 몫을 한다. 물론 이 경전을 더 깊이 이해하고 수행을 통해 체험하면 알게 되지만, 깊고 미세한 수행의 경지로 들어가면 갈수록 역시 마음의 태도가 중요하다는 것을 느낄 수 있다. 즉 몸의 결가부좌뿐 아니라 마음의 결가부좌도 할 수 있어야 한다.

수행을 처음 시작하는 사람들은 종종 앉아서 눈을 감아야 하는지 떠야 하는지 궁금해한다. 상좌불교의 위빠사나 수행에서는 대체적으로 눈을 감고 좌선을 하도록 한다. 하지만 선불교나 티베트 불교에서는 눈을 완전히 뜨거나 반쯤 뜨고 좌선을 하도록 한다. 눈을 감도록 하는 이유는 눈을 뜰 경우 주위가 산만해지기 쉬워 집중력이 떨어진다고 보기 때문이다. 반면 눈을 뜨도록 하는 이유는 눈을 감을 경우 망상이 치성하거나 쉽게 졸음에 빠지게 되어 역시 집중력이 저하될 수 있기 때문이다. 그러나 나는 어떤 방식이든 상관없다고 생각한다. 중요한 것은 눈을 감고 뜨는 일이 아니라, 망상과 졸음 그리고 산만함에 휘둘리지 않는 것이다. 자기 자신에 맞는 방법을 찾아내 그에 따라 수행하면 된다.

허리를 바로한 후 편안하게 긴장을 풀고, 균형감 있게 앉는다. 허리에 힘을 주어 억지로 몸을 곧추 세우려고 하지 마라. 자세를 바르게 해야 한다는 강박관념을 가질 필요도 없다. 그저 자연스럽게 긴장을 풀고 청량골(허리 아랫 부분)을 바로하고 편안하게 앉으면 자세는 저절로 잡힌다.

2. 수행은 친밀함(intimacy), 하나됨이다

마음챙김이란 말은 《호흡관법경》에 매우 자주 나오는 용어다. 따라서 경전을 살펴보기 전에 이 용어의 정확한 의미를 이해하는 것이 좋다.

우리 인간은 다른 존재들이 가지지 못한 탁월한 능력을 가지고 있다. 특히 우리가 무엇을 생각하고 있을 때 그 생각 자체를 알아차리고 그것에 집중할 수 있는 능력은 대단한 것이다. 하지만 우리는 흔히 이런 능력을 당연하다고 여긴다. 그러나 다른 존재들은 인간처럼 모든 행위를 포함한 생각의 과정에 대해서 깨어 있는 마음, 즉 마음챙김을 유지할 수 능력을 갖고 있지 못하다.

마음챙김은 마치 거울과 같다. 있는 그대로 비출 뿐이다. 이것은 생각의 과정 자체가 아니다. 생각이 일어나기 직전, 즉 개념이 형성되기 전의 깨어 있는 마음이다. 우리는 생각에 대해서 깨어 있을 수 있다. 엄밀히 말하면 생각하는 일과 그 생각 자체를 알아차리는 일은 전혀 별개의 문제다. 생각은 생각의 꼬리를 물고 계속 일어난다. 거울을 들여다보는 것처럼 그 생각의 흐름과 과정을 훤히 보는 것이 바로 마음챙김이다.

마음챙김이 일어날 수 있는 유일한 순간은 현재다. 당신이 과거의 일을 생각하고 있다면 그것은 과거의 기억일 뿐이다. 그리고 과거의 기억을 상기하는 것은 오직 현재에만 가능하다.

마음챙김은 어디에도 치우치지 않는 것이다. 어떤 것을 좋아하거나 싫어하지 않는다. 좋고 싫음을 분별하지 않고 거울처럼 그저 비춰낼 뿐이다. 마음챙김은 단순히 비춰보는 것 외에 어떠한 목적도 없다. 잘 보이게 하기 위해서 무엇을 더 보태거나 덜어내는 법이 없다.

아무런 경험도 없이 언덕 위에서 망원경으로 관찰하는 사람처럼 그저 멀리 떨어져 바라보는 것만도 아니다. 그것은 적극적인 참여이자 자신의 삶을 역동적으로 온전히 누리는 것이다. 바로 이 삶의 중심에서 항상 명료하게 깨어 있는 것이다. 깨어 있음은 명상센터에서만 일어날 수 있는 일이 아니다.

마음챙김은 단순한 호흡 현상에 적용할 수도 있고 공포나 외로움과 같은 불쾌한 감정과 극도로 긴장된 마음 상태에 활용할 수도 있다. 또한 늘 되풀이되는 일상 속에서도 마음챙김의 수행을 할 수 있어야 한다. 그렇게 함으로써 마음챙김 수행이 단순한 기법이 아니라 삶 자체가 될 것이기 때문이다.

'마음챙김 혹은 깨어 있는 삶'이라는 의미와 근접한 단어는 '친밀함/하나됨'이 적절할 것 같다. 13세기 일본의 선풍을 주도했던 도겐(Dogen) 선사는 "무엇이 깨어 있는 마음입니까?"라는 질문을 받았을 때 "모든 것에 대해 하나된(친밀한) 마음"이라고 대답했다.

숲 속을 거닐며 아름다운 꽃과 나무에 관심을 갖게 되었다고 가정해보자. 보통 사람들의 의식구조라면 그 대상에 대한 생각들이 연이어 일어나게 마련이다. 이를테면 '얼마나 아름다운 꽃인가! 언제까지 이 꽃이 필까? 얼마나 많은 사람들이 꽃을 보러 올까? 시라도 한편 써야 하는 것이 아닌가!…'

그러나 마음챙김의 방법으로는 이런 생각에 휩쓸려가지 않고 꽃 자체를 볼 뿐이다. 앞으로 살펴보겠지만, 잠깐 동안 호흡을 관찰하고 나면 마음이 차분히 가라앉게 된다. 그러고 나서 꽃을 바라보면 당신과 꽃 사이를 단절시키는 것은 아무것도 없다. 이때 꽃과 당신은 하나인 것이다.

그렇다고 많은 사람들이 믿고 있듯이, 생각 자체가 의미 없다고 말하려는 것은 아니다. 생각하는 것은 인간이 가진 경이로운 활동이다. 우리에게 사고하는 능력이 없었다면 붓다의 가르침을 포함한 인간들의 경이로운 업적들은 오늘날까지 전해 내려오지 못했을 것이다. 하지만 생각은 우리 자신과 경험 사이에 매개체로 끼어든다. 그 순간 우리는 경험과 단절되면서 하나됨이 사라진다. 지금 여기에 깨어 있지 못한 것이다.

마음챙김은 그 특성상 감명 깊은 순간에만 적용되는 것이 아니다. 내가 항상 수련회에서 강조하듯이 가장 일상적인 일들, 즉 휴지통을 비우는 일, 화장실을 청소하는 일 등을 하면서 늘 마음챙김하는 태도를 잊지 않는 것이다. 최근 나는 설거지를 하며 휘파람으로 1950년대 노래를 흥얼거리고 있는 자신을 발견했다. 십대에는 설거지가 그렇게도 하기 싫었다. 그래서 늘 누나가 대신해주길 바랐다. 마지못해 해야 할 때는 휘파람을 불며 설거지를 했다. 그런데 오랜 세월이 지난 지금도 난 휘파람을 불며 설거지를 하고 있었던 것이다.

마음챙김 수행은 어떤 경우에도 경직되지 않고 유연한 태도를 견지하는 것이다. "설거지를 할 때는 설거지만 해야지 휘파람을 부는 것은 수행에 어긋난 짓이야. 이제 평생 동안 절대로 휘파람을 불지 않을 거야." 이런 태도는 마음챙김 수행이 아니다. 그럼 어떻게 해야 하는가? 휘파람을 불든, 노래를 부르든, 생각을 하든, 그 자체가 나 자신을 경험에서 격리시키고 있음을 명료하게 알아차리기만 하면 된다. 이렇게 알아차리기만 한다면 다시 휘파람을 불어도 상관없다. 휘파람과 설거지하는 일은 전혀 상충되거나 방해가 되지 않는다. 순전히 설거지하는 일만 있다. 이미 2가지 일이 하나로 된 것이다.

내가 즐겨 사용하는 오래된 화두(話頭)가 하나 있다. 화두란 선불교 전통에서 유래된 수행법으로 사량분별(思量分別. 논리나 이성에 의해 분석하고 계산하는 것)로 해결할 수 없는 질문을 말한다. 오래된 선원에서는 선방의 온도를 적당하게 맞추는 일이 아주 중요했을 것이다. 겨울과 여름 두 차례에 걸쳐 결제수행을 해야 하는데, 과거 선방에는 지금처럼 중앙집중식 난방장치나 에어컨 등의 냉방장치가 설치되어 있지 않았을 테니까 말이다. 따라서 자연스럽게 '몹시 춥거나 더울 때는 어떻게 수행할까?'라는 질문들이 생겼다.

수년에 걸쳐 다양한 대답들이 나왔다. 스승이 "춥거나 덥지 않은 곳으로 가거라"라고 하면 수행자는 "거기가 어딜까?"라고 생각했다. 그럴 때 스승은 다시 수수께끼 같은 말을 한다. "뜨거운 붓다, 차가운 붓다." "뜨거움도 만들지 말고 차가움도 만들지 말라(Hot kills. Cold kills)."

여기서 알 수 있는 사실은 대부분 우리가 경험 자체를 직면해서가 아니라, 잡다한 생각이나 개념이 끼어들어 다른 문제들이 야기된다는 점이다. 얼굴에 땀방울이 흘러내리도록 덥거나 이빨이 떨릴 정도로 추운 곳에 있다면 더위나 추위를 경험하면 된다. 그러나 그처럼 힘든 상황에 쓸데없는 걱정이 끼어드는 순간 더 큰 고통이 시작된다. "이러다 탈진이라도 하면 어쩌지? 일사병으로 쓰러지면 안 돼! 어쩌면 동상에 걸릴 수도 있어! 아니야, 동사할지도 몰라! 어찌된 일이야, 9월인데 벌써 이렇게 춥다니! 집에 가만히 있었으면 이런 일도 없었을 텐데 말이야!"

물론 극단적 더위와 추위 때문에 긴급조치를 취해야 하는 경우가 생길 수도 있다. 마음챙김 수행을 하는 사람이라면 이런 상황을 파악해 적절한 대책을 세울 것이다. 그러나 대부분의 경우, 우리는 정상적인 온도 속에서 생활한다. 조금 춥거나 더울 때, 마음챙김을 한다는 것은 그 경험과 하나가 되는 일이다. 이마에 땀방울이 송골송골 맺히거나 몸이 덜덜덜 떨릴 때, 그냥 그 상태를 느끼면 된다. 붓다도 마찬가지다. 더우면 땀 흘리고 추우면 떤다.

깨달은 자는 추위나 더위의 영향을 받지 않으리라고 잘못 생각하는 사람들이 있다. 붓다는 추위나 더위를 느끼지 못할 것이라고 생각한다. 하지만 사실은 그 반대다. 아마도 붓다는 가장 민감하게 온도의 변화를 느낄 것이다. 아주 미세한 변화까지도 감지할 수 있을 것이다. 그러나 그는 그런 경험으로부터 아무것도 만들어내지 않는다. 추위는 추위고 더위는 더위일 뿐이다. 붓다에게는 그 이상도 이하도 아니다.

친밀함 혹은 하나됨이란 주제는 역시 인간관계를 거론할 때 자주 등장한다. 특히 현대사회에서 지나칠 정도로 강조하는 것이기도 하다. 오늘날 사람들은 누군가와 친밀함 혹은 하나됨을 경험하고자 한다. 하지만 자기 자신과 친밀하지도 못한 상태에서 다른 사람과 친밀함을 경험한다는 것은 매우 어려운 일이다. 일상 사물을 대할 때 방해했던 망상이나 개념들이 사람과의 관계에서도 그대로 적용되기 때문이다.

전형적인 인간관계의 실상은 이렇다. 우리는 스스로의 자화상을 만들고 만나게 될 상대방의 이미지를 그린다. 따라서 그 이미지끼리 만나는 것이지 참사람 대 참사람으로 만나는 것이 아니다. 하지만 수행은 이런 이미지를 전부 지워버리고 지금 여기 있는 그대로의 모습으로 만날 수 있게 해준다. 참다운 친밀함이란 어떤 특별한 경험을 추구하는 것이 아니라 있는 그대로의 모습을 경험하는 것이다.

마지막으로, 깨달음이란 전 우주와 하나됨을 경험하는 일이다. 어떤 경우에도 격리됨이 없다. 지금 여기에 가공되지 않은 순수 경험과 결합하는 순간 나라는 개념은 완전히 사라진다. 이 경지에서 우리는 지금까지 경험해보지 못한 생동감 넘치는 삶의 진수를 체험하게 된다. 티베트 불교의 스승, 그 유명한 카루 린포체는 이런 진리의 세계를 다음과 같이 멋지게 표현하고 있다.

우리는 환영과 존재들의 겉모습에 취해서 산다.
여기에 실상이 있다.
그 실상은 우리다.

당신이 이것을 깨달았을 때
당신이 아무것도 아니라는 사실을 알게 된다.
아무것도 아니기에
당신은 모든 것이다.
이것이 전부다.

3. 삶의 원천

매개체 없이 경험에 충실한 마음챙김의 본질적인 입장이 좌선에 그대로 반영돼야 한다. 처음에 수행자들은 앉아서 아주 간단한 과정만 알아차리면 된다. '수행자는 숨이 들어오면 들어온다고 늘 알아차리고, 숨이 나가면 나간다고 알아차린다.' 간단하고 쉬운 일처럼 보이지만 그리 만만치 않다. 실제로 해보면 있는 그대로 숨을 관찰하는 것이 매우 어렵고, 하면 할수록 묘한 깊이가 느껴지는 수행임을 알게 된다. 사실상 숨에 집중한다는 것은 삶의 생명력에 깊은 관심을 기울인다는 의미다. 첫 번째 숨은 삶의 시작이고 마지막 숨은 삶의 끝이다. 숨을 관찰하는 것은 곧 삶을 관찰하는 것이다.

이제 소개할 인도의 오래된 우화는 숨이 얼마나 중요한 것인지 잘 지적하고 있다. 인도의 전통에 의하면 인간들은 5가지 감각기관에 마음을 더해 6가지 감각기관을 가지고 있다. 어느 날 6가지 감각기관이 모여 학술회의를 열기로 하고, 여느 모임과 마찬가지로 회의를 주재할 의장을 선출하게 되었다. 감각기관들은 서로 다투어 의장을 하겠다며 자신이 갖고 있는 능력을 보여주기 시작했다. 먼저 눈이 무대로 나와 인사한 후, 모든 이들의 시선을 사로잡을 만한 환상적인 이미지를 보여주었다. 이어서 코가 나오더니 향기로운 냄새로 모두를 취하게 만들었다. 세상에서 가장 맛있는 음식을 가지고 입이 등장하자 모두들 음식 맛에 도취되었다. 귀는 천상의 소리처럼 아름다운 선율로 모든 이의 눈시울을 적시도록 만들었다. 몸은 부드러운 촉감으로 모든 이들을 황홀경에 빠지도록 했다. 마지막으로 마음이 등장하여 명쾌한 논리로 깊은 진리 세계의 아름다움에 대해 논증하며 지적 능력을 뽐냈다.

이를 지켜보던 숨은 비록 6가지 감각기관에 속하지는 않지만 자신이 회의를 주재하고 싶다고 말했다. 하지만 숨이 보여줄 수 있는 것은 단조롭기 짝이 없는 들숨과 날숨뿐이었다. 아무도 그것에 관심을 보이지 않았다. 반면 눈, 귀, 코, 입, 몸 그리고 마음은 한 치의 양보도 없이 자기가 의장이 되겠다며 계속 논쟁을 벌였다. 숨이 자신에겐 희망이 없다고 생각해 의장직을 포기하고 막 밖으로 걸어 나갈 때였다. 갑자기 눈의 이미지와 귀의 소리가 희미하게 사라지기 시작했다. 코의 냄새와 입의 음식 맛도 없어졌다. 몸의 황홀감도 마음의 현란한 논리도 더 이상 존재하지 않았다. 그러자 모든 감각기관들이 밖으로 나가고 있는 숨에게 외쳤다. "돌아와요! 우리에겐 당신이 필요해요. 의장을 맡아 회의를 주재해주세요!" 숨은 되돌아와서 회의를 진행했다.

처음 호흡관법수행을 하는 사람들은 가끔 가만히 앉아 숨을 관찰하는 일이 단조롭고 지루하다고 불평을 늘어놓는다. 그런 사람들에게 나는 이 우화를 들려준다. 하지만 어떤 경우에는 더 강도 높은 처방을 써야 할 때가 있다. 어떤 사람은 호흡수행이 지루하니 좀 재미나는 수행 주제로 바꿔달라고 졸라대기도 했다. 그래서 나는 그에게 브루클린 요가라는 것에 대해서 들어보았냐고 물었다. 그는 들어본 적이 없다고 말했다. 나는 그에게 입을 꽉 다물고 손가락으로 양쪽 콧구멍을 완전히 막으라고 했다. 잠시 후 얼굴이 상기된 그는 손가락을 치우고는 코와 입으로 급하게 숨을 마셔댔다. 나는 "그래, 지금도 숨이 지루해?"라고 다그치듯 물었다.

고대 인도인들은 숨을 굉장히 소중히 여겼으며, 숨이 몸과 마음에 끼치는 강력한 영향에 대해서 깊이 있는 통찰력을 가지고 있었다. 또한 숨과 관련해 매우 발전된 이론적 전통을 가지고 있기도 하다. 실제로 인도의 정신과학은 어떤 형태로든 숨과 밀접한 관계를 맺고 있다. 원래의 의미를 정확하게 드러낸다고는 볼 수 없지만, 쁘라나야마(prāṇāyāma)는 보통 '숨의 조절'이라는 뜻으로 쓰인다. 이 경전의 명칭인 빨리어 아나빠나사띠(ānāpānasati)란 단어는 '생명 에너지를 마시다'의 뜻의 아나(āna)와 '노폐물을 뿜어내다'란 의미의 아빠나(apāna)로 이루어졌다. 이 두 단어를 합하면 아나빠나, 즉 들숨과 날숨이란 말이 된다. 다시 말하면《호흡관법경》은 들숨과 날숨의 전 과정에 대한 마음챙김 수행의 경전이란 뜻이다.

　요가 호흡수행법의 대부분을 차지하는 쁘라나야마 행법은 호흡을 조절하도록 되어 있다. 그러나 불교의 호흡행법인 아나빠나사띠는 호흡을 조절하지 않고 있는 그대로 관찰하도록 한다. 전적으로 호흡 자체의 흐름에 맡기고 마음챙김을 유지하면 되는 것이다. 몇 달 혹은 몇 년 동안 지속적으로 이 행법을 수행하다 보면 반드시 숨의 질은 향상된다. 더욱 깊고 고요하며 온전한 숨의 상태가 되어 몸과 마음에 지대한 영향을 끼치게 된다.

　우리는 누구나 숨을 쉰다. 따라서 지도법은 간단하다. 머리로 헤아리지 말고 단지 들숨과 날숨을 직접 알아차리기만 하면 된다. 이 첫 단계에서도 우리는 매우 중요한 사실을 배우게 된다. 즉, 숨을 조절하지 않고 있는 그대로 바라만 봄으로써 숨 스스로의 성질에 따라 변화무쌍한 호흡 현상을 관찰할 수 있다는 점이다. 숨이 깊거나 혹은 얕아지도록 조작할 필요 없이 어떻게 숨이라는 생명 현상이 진행되고 있는지를 알게 되는 것이다.

　하지만 간섭하지 않고 숨을 바라만 본다는 것이 그렇게 쉽지만은 않다. 삶 전체에 만연되어 있는, 무언가를 조절하고 유도하여 조율하려는 우리의 습관적인 태도를 극복하는 일이 만만치 않기 때문이다. 우리는 혼돈을 두려워하므로 모든 것을 스스로 제어할 수 없을 때 초조해진다. 사실 우리는 인위적 조작을 하는 데 고수들이다. 더 잘해 보려고 안간힘을 쓴다. 이러한 경향 때문에 리듬을 타며 숨을 밀어 넣기도 하고 길게 내쉬기도 한다. 특히 이 경이로운 경의 주제가 숨이고, 숨은 삶의 원동력이며 깨달음으로 가는 첩경이라는 말을 들을 때, 우리는 더욱 자신의 뜻대로 숨을 조절하려고 한다. 이는 모두 자신의 에고를 불러내어, 욕심에 따라 숨쉬기를 하도록 부추기는 일이다. 깊은 숨은 몸을 이완시켜주고, 수준 높은 수행자는 온종일 깊고 미세하게 숨을 쉰다고 생각한다. 그래서 될 수 있으면 숨을 깊게 쉬려고 노력하는 것이다.

이것은 붓다가 권장하는 방법이 아니다. 이 호흡수행법의 핵심은 지금 이 순간의 숨에 따라 모든 것을 놓고 맡기는 것이다. 놓아 맡기는 것이 호흡수행법의 시작이며 모든 불교 수행법의 핵심 중 하나다. 호흡의 흐름을 자신의 의지대로 조절하려 하지 않는다면 우리는 이런 태도와 경험을 감정이나 마음의 흐름에도 능히 적용할 수 있을 것이다. 우리는 아직 일어나지도 않은 일에 노심초사하는 경우가 많다. 그러나 이런 놓아버림을 수행함으로써 긴장과 초조한 마음을 여유와 자유로움의 마음으로 바꿀 수 있게 된다. 불교에서는 이것을 우리들의 진정한 본성이라고 하며, 특히 선가에서는 부모에 의지해 몸을 받기 전의 본모습이라고 한다. 그래서 선가에는 '부모미생전 본래면목(父母未生前 本來面目)' 이란 화두가 있다. 마찬가지로 호흡수행법에서도 이런 마음의 본성인 해탈의 경지를 추구하는 것이다.

몇 분만이라도 숨과 함께 앉아 있어보면 열린 마음에 갖가지 상념들이 떠오르는 것을 알 수 있다. '나에게 이런 거친 마음이 있었나' 하고 처음엔 좀 당혹스럽겠지만 누구에게나 그런 마음이 있기 마련이다. 사실 그 마음은 항상 우리와 함께하고 있었겠지만 호흡관법수행에 의해서 표출된 것뿐이다.

우리가 궁극적으로 바라는 것은 응어리진 한이나 화, 외로움, 상

실감 등 부정적인 업의 세력이 모든 표면의식으로 떠올라 알아차림
의 밝고 맑은 빛으로 전환되는 것이다.

이 상태에는 엄청난 에너지가 충만해 있음에도 불구하고 대부분
소진되거나 억압되어 깊은 잠재의식 밑에 저장된다. 호흡관법수행
을 통해서 우리가 점진적으로 배우게 되는 것은 거친 망상들을 의식
의 표면으로 떠오르게 한 후, 부정적 에너지의 긍정적 에너지로의 전
환을 통해서 평온한 상태에 이르는 방법이다. 이 수행은 어떤 문제의
해답을 구하기보다 문제 자체를 해체해버리는 법을 제시해준다.

하지만 많은 수행자들은 우리가 항상 직면하게 되는 거친 망상들
때문에 좌절한다. 불전에서는 이를 두고 '원숭이 마음'이라 한다.
마치 술에 취한 원숭이가 더 크고 먹음직스러운 바나나를 구하기 위
해서 이리저리 숲 속을 헤집고 다니는 것과 같기 때문이다. 때로는
동물원의 철장에 갇혀 미친 듯 날뛰는 원숭이들처럼 보인다. 하지만
나는 작은 체험을 겪고 난 후부터 다른 비유를 사용한다.

4. 개의 마음

어느 날 친구 집을 방문했다. 그는 플라스틱 뼈다귀를 던져놓고
개에게 물어오라고 하면서 개와 놀고 있었다. 그것은 진짜 뼈다귀처
럼 감쪽같이 만들어진 것이 아니라, 뼈 위에 고기 몇 점을 그려놓은,
언뜻 보아도 가짜임이 분명했다. 하지만 개는 아랑곳하지 않고 주인
이 뼈다귀를 던질 때마다 달려가 온 힘을 다하여 그 가짜 뼈다귀를 물
어뜯곤 했다. 영양가도 전혀 없는 플라스틱 뼈다귀를 계속 쫓아다니

는 행위만으로 개는 어떤 만족감을 갖는 것처럼 보였다. 그 개를 보고 있노라니 이것이 바로 내 마음과 같구나 하는 생각이 들었다. 내 마음 속을 가만히 들여다보고 있으면 생각이 생각을 따라다닌다. 그것이 영양가 없는 플라스틱 뼈다귀가 아니라 자신의 삶에 무언가 큰 영향을 끼치는 것이라 굳게 믿고 있다. 하지만 자세히 들여다보면 실은 별로 중요치 않은 것들임을 금방 알 수 있다.

앞의 개와는 사뭇 대조적인 동물왕국의 제왕, 사자를 상상해보라. 플라스틱 뼈다귀를 던져준다고 사자가 반응을 보이겠는가? 거들떠보지도 않는다. 대신 그 물건을 던진 당신을 뚫어져라 쳐다볼 것이다. 사자는 뼈다귀가 어디서 날아왔는지 그 근원지를 살핀다. 이것이 바로 수행자들이 가져야 할 태도다. 번거롭게 일어나는 망상들을 좇아다닐 것이 아니라, 사자와 같은 침착한 마음으로 앉아서 생각이 일어나는 근원지를 살펴봐야 한다.

몇 년 전 나는 삼매 상태를 경험한 적이 있었다. 습관화된 마음의 경향성이 얼마나 강력한지 깨닫게 해준 경험이었다. 나중에 생각해보니 그때 난 참으로 순진했다. 당시 나는 결제 기간 동안 통찰명상 수행원에서 호흡관수행을 하고 있었다. 결제 중반 정도 접어든 시기였다. 내 방에서 오전 정진을 순조롭게 진행하고 있었다. 약 11시 30분 쯤 되었을까, 마음이 극도로 고요해지면서 형언할 수 없는 희열과 축복감 그리고 평화로움으로 가득해졌다. 그런 느낌에 취한 나는 이렇게 생각했다. '바로 이거야. 오래전부터 책에서만 읽었던 바로 그 경험이야! 얼마나 이 경지를 고대했던가! 온전한 깨달음, 한 발짝만 더 나아가면 이룰 수 있어!"

바로 그 순간 점심시간을 알리는 종소리가 은은히 울려 퍼졌다. 나는 가부좌를 풀고 자리에서 일어나 밥을 먹기 위해서 아래층으로 내려갔다. 그러고 나서 잠시 생각해보니, 내가 아무리 깨달음의 경험이 어떻다는 등 수선을 떨어도 분명한 사실은 역시 맛있는 음식이 깨달음보다 우선이라는 것이었다.

이 말을 하다보니 일본의 종교적인 의례에 대한 흥미로운 연극이 생각난다. 셰익스피어 연극처럼 멋있는 무대를 꾸며놓고, 잘 훈련된 원숭이들을 주연배우로 등장시킨다. 일본의 고전극 중에서 가장 유명한 장면으로 알려진 것으로, 2마리의 원숭이가 각각 왕과 장수의 역을 맡아 진지한 얘기를 나눈다. 이때 관객 중 누군가 무대를 향해 바나나를 던지고, 동시에 원숭이들은 자신의 배역을 까맣게 잊어버리고 바나나를 먼저 먹으려 서로 할퀴어댄다. 그 중요한 순간에 말이다.

우리 마음이 꼭 이렇게 움직인다. 우리가 아무리 우주적 진리를 음미하며 고매한 분위기에 취해 있더라도, 그것은 저녁식사 종소리나 누군가 던진 바나나 한 개에 여지없이 연기처럼 사라지고 만다. 도겐 선사는 말했다. "조금이라도 좋거나 나쁜 일이 생기면 마음은 바로 혼란에 빠져버린다." 수행이란 이처럼 개의 마음에서 동요가 없는 사자의 마음으로 바뀌려는 노력이라고 할 수 있다.

타이 불교 전통에서는 여러 가지 집에 대한 비유를 든다. 갈대 잎으로 지은 집, 대나무집, 벽돌이나 돌로 지은 집 등으로 그 견고함의 순서가 정해진다. 강풍이 몰아치는 상황이라면 벽돌이나 돌집과 같이 견고한 집에 들어가 몸을 피해야 할 것이다. 초보 수행자의 경우,

어느 정도 선정을 익히기 전까지는 집 없는 사람처럼 보호받을 곳이 없는 것이나 마찬가지다.

초보 수행자들이 자주 하는 질문은 몸의 어느 부분에 마음을 정하고 숨을 관찰해야 하는지에 대한 것이다. 많은 경전을 살펴보고 여러 선지식들에게 물어보았지만 이 질문에 대한 정답은 들을 수 없었다. 그러나 전통에 충실한 스승들은 매우 구체적으로 특정 부위를 지적해준다. 어떤 스승은 아랫배의 움직임에 집중하라기도 하고 다른 스승은 코 혹은 가슴 부분에 마음을 두고 숨을 관찰하라고 한다. 내 생각에는 모두 맞는 말이다. 그것은 각자 취향의 문제기 때문에 특정 부위를 정할 필요는 없다고 생각한다.

수년 동안 초보 수행자들을 지도한 나의 경험에 비추어보면, 자신의 숨이 가장 생생하게 잘 느껴지는 곳 또는 가장 편안한 곳에 마음을 집중하면 된다. 좌선할 때마다 가장 선명하게 느껴지는 곳이 항상 있는 것은 아니다. 그렇다고 그런 곳을 찾아 이리저리 돌아다닐 필요는 없다. 마음이 산란해질 우려가 있기 때문이다. 아랫배든 코나 가슴이든 일관성 있게 얼마동안 머물러 있어야 한다. 수행이 깊어지면 어느 특정 부위를 정할 필요가 없게 된다. 온 몸을 통해서 숨이 들어오고 나가는 것을 알아차리게 되기 때문이다.

수세기 동안 여러 가지 혼합된 수행법들이 계발되었다. 마음은 자꾸 이리저리 달아나려고 하기 때문에, 할 일을 좀 주는 것이 좋다. 가장 간단한 방법은 조용히 수를 헤아리는 것이다. 들숨이나 날숨 중 하나를 택해 1~10까지 세는 것이다. 어떤 이에게는 들숨이, 다른 이에게는 날숨이 더 분명하고 편하게 느껴질 수 있다. 어떤 방법이든 자신에게 가장 잘 맞는 것을 선택해 꾸준히 일관성 있게 숨을 세면 된다. 10까지 다 세었으면 다시 1로 돌아간다. 중간에 망상이 끼어들 거나 혼침(昏沈)에 빠져 숫자를 까먹었을 때, 아무런 미련을 갖지 말고 다시 처음으로 돌아가야 한다. 이처럼 자연스러운 시행착오를 통해 수행이 무르익어가는 법이다. 잘하려고 안달하며 자신을 고문할 필요는 없다. 아이들이 게임을 하는 것처럼 즐겁게 임하면 수행은 진전되게 마련이다. 혹시 10까지 세는 일이 어렵다면 처음에는 5부터 시작해도 된다. 일정한 법이 있는 것이 아니다. 여러분들의 수행에 도움이 되는 방법인지 아닌지가 중요하다.

꼭 정해진 규칙은 아니지만, 이와 같은 호흡관법을 잘할 수 있게 되면 약간 덜 분명한 숨으로 마음을 옮기는 것이 좋다. 이 경우 숫자 세기를 그만두고 순수하게 숨만 관찰한다. 우리가 숫자 세기를 택했던 이유는 그 방법이 가장 단순한 정신작용이기 때문이다. 어디까지 세든 어느 숨을 택하든 별로 중요하지 않다. 핵심은 마음과 숨과 숫자가 하나되는 것이다. 이런 방법을 택할 수도 있다. 타이에서는 명상에 사용하는 말을 빠리깜마(parikamma)라고 한다. 예를 들면 붓다라는 말을 나누어 들숨에는 '붓~', 날숨에는 '다~' 하며 마음을 집중하는 것이다. 물론 붓다는 '깨친 분'이라는 뜻이지만, 이 발음에 익숙하지 않은 서양인들은 별로 선호하지 않는다. 그렇다면 들숨과 날숨을 따라 단순히 '인in~', '아웃out~'이라 해도 된다.

틱낫한 스님은 아름다운 게송이나 다르마 시와 함께 호흡을 관하도록 가르친다. 우리의 주의집중을 단련하는 또 다른 방법이다. 하지만 나는 가능하다면 수행자들이 처음부터 개념화된 어떤 것에도 의존하지 않는 편이 좋다고 가르친다. 어떤 매개체에도 방해받지 않고 순수한 호흡에 집중할 수 있도록 한다. 하지만 수행자마다 성향과 여건이 다르므로 자신만의 독특한 방법을 찾아내는 것이 중요하다고 생각한다.

어떤 사람은 호흡에 별로 흥미를 느끼지 못할 수도 있다. 잘못된 호흡수행 지도 때문에 신체적인 피해를 본 경험이 있다면 호흡을 명상의 주제로 삼는 일이 두려울 수도 있다. 혹 어떤 이는 호흡수행법이 모든 것을 치유해줄 수 있다는 환상이나 필요 이상의 기대를 가질 수도 있다.

타이의 붓다다사 스님은 아침 명상을 하기 전에 소금물을 양 콧구멍에 넣어 콧속을 세척하도록 한다. 찻숟가락 1/4 정도의 소금을 미지근한 물에 희석해 콧속을 시원하게 세척해주면 호흡을 더 잘 감지할 수 있다고 한다. 이 방법을 하타 요가, 태극권, 단전호흡 등 숨을 대상으로 하는 수행법들에 적용해보면 효과가 있을 것이다. 어떤 것이든 호흡을 쉽게 알아차릴 수 있게 하는 방법을 활용한다면 호흡은 매력적인 수행 대상이 된다.

마지막으로 자신의 수행 주제에 대해 열정을 가질 필요가 있다. 처음에는 미심쩍은 태도로 시작했더라도 자신에게 맞는 수행법이라 판단되면 온몸을 맡기고 정진해야 한다. 숨은 붓다가 택했던 수행 주제였다. 바로 이 호흡관수행이 붓다를 깨달음으로 인도한 것이다. 깨달은 후에도 붓다는 이 수행을 계속했다. 앞으로 알게 되겠지만 호흡은 세계 전체며, 전 생애를 통해서 연구해볼 만한 가치가 있다.

현재에 깨어 있을 수 있도록 도와주는 최상의 장치가 바로 숨이다. 타이의 아잔 차(Ajan Chah) 스님은 법문을 할 때면 만트라를 외우듯이 이 말을 강조했다. "단순해라! 현재에 깨어 있어라!" 이 책을 읽는 사람이라면 초보 수행자든 수준 높은 수행자든 상관없이 항상 명심해야 할 가치 있는 말이다. 그리고 내게 있어서 이 말은 지금도 수행에 큰 지침이 되고 있다. 명상을 처음 배우는 사람이라면 '이번에는 10분 동안 좌선해야겠다'라는 생각으로 자리에 앉을 것이다. 하지만 10분 동안 앉아 있더라도 10분이라 생각하지 말고 항상 지금 이 순간 앉아 있다는 마음자세를 유지하라.

잠시 동안 한국의 선원에서 수행하면서, 나는 지금 이 순간 깨어 있는 수행이 얼마나 중요한지를 알게 되었다. 처음 2달 동안 나는 스승과 2명의 미국 스님이 동행한 가운데 한국 사찰을 도보로 순례했다. 나는 이 기간 동안 한국 대학에서 미국 선불교에 대해 몇 번에 걸쳐 강연을 하기로 되어 있었다. 나는 재가신자였음에도 불구하고, 청중들에게 인상 깊게 보이게 하려는 이유에서였는지 스승은 내게 법복처럼 만든 가운을 걸치게 했다.

그렇게 2달을 지낸 뒤 나는 90일 동안 수덕사에서 결제수행을 할 수 있도록 허락을 받았다. 재가신자는 나 혼자뿐이었다. 스승이 결제수행을 주관하는 분들에게 내가 규칙에 따라 충분히 수행할 수 있다고 적극 추천해주었다. 그래서 같이 여행했던 2명의 미국 스님들과 나는, 60명의 스님들이 동참한 결제에 함께할 수 있는 영광스런 기회를 갖게 되었다. 몇몇 한국 스님들은 어설픈 복장(양복＋법복)을 하고 나타난 나를 의아한 눈초리로 바라보았다. "이제부터 속인 방식의 수행이 아니라 우리 스님들 방식으로 수행해야 합니다."라며 농담을 건네는 스님도 있었다.

엄청나게 어려운 수행 일정이었다. 10일쯤 지나자 14명의 스님들이 포기했다. 새벽 3시에 일어나 저녁 11시까지, 50분 좌선에 10분 행선을 번갈아가며 가행정진(加行精進)을 했다. 선방에서 잠자는 일과 먹는 일을 모두 해결해야 했다. 잠은 정진할 때 깔고 앉는 방석을 요로 삼아 3, 4시간 동안만 잤다. 식사는 순전히 채식으로 하루에 두 번 마련되었다. 저녁은 멀건 된장국 한 사발로 대신했다. 7일 집중수행은 여러 번 해보았지만 그때와 같은 90일 결제수행은 생전 처음 해보는 일이었다. 정말이지 너무 어려웠다.

90일 결제수행 기간 중 절반인 45일째 되는 날이었다. 나는 이 사원의 전통에 따라 7일 동안 잠을 안 자고 용맹정진을 해야 한다는 말을 들었다. 미국 스님들과 나는 짜증도 나고 화도 났다. 은근히 두렵기까지 했다. 아무도 용맹정진 전통에 대해서 말해준 적이 없었기 때문이다. 전통 자체를 부정하지는 않지만, 조금 비인간적이고 이상스런 전통이라는 생각이 들었다. 우리는 도망갈 궁리를 했다. 하지만 스승은 우리를 철석 같이 믿고 우리가 문제없이 잘해낼 수 있을 거라 대중들에게 공표하지 않았던가. 스승의 체면을 봐서라도 그렇게 할 수는 없는 노릇이었다. 그냥 참여해야지 별 다른 방법이 없었다.

7일 용맹정진의 첫날, 우리는 꼬박 밤을 새웠다. 미칠 것만 같았다. 졸고 있는 나를 깨우기 위해서 한 스님이 다가와 장군죽비(혹은 자비죽비)로 어깨를 사정없이 내리쳤다. 쉬는 시간에도 선방을 떠날 수 없었다. 잠에 대한 유혹을 물리치지 못해 잠깐 동안이라도 누워 있으면 여지없이 곤한 잠에 떨어져버리기 때문이었다. 특히 이른 새벽 몇 시간 동안 깊은 잠을 자는 습관이 있었던 나는 정말로 죽을 지경이었다.

이틀째는 94세 된 혜암 선사를 친견하고 면담하도록 일정이 잡혀 있었다. 너무 연로했던 혜암 선사는 우리와 함께 정진은 할 수 없었지만 특별 면담만은 해주기로 한 것이다. 거동이 불편해서 겨우 방석에 모시고 면담을 시작할 수 있었다. 나는 노스님께 정말 이렇게 힘들 줄 몰랐다고 솔직히 털어놓았다. 그러자 스님은 빙긋이 웃으며 7일 용맹정진 쯤은 누구나 할 수 있다고 했다. 그러면서 문제는 '안 자고 7일 동안 견딘다' 는 생각이라고 지적했다. 잠을 안 자면 피곤하다는 생각이 짐이 되어 수행자를 더욱 어렵게 만들고 있다는 것이었다. 그런 생각을 내려놓고 그저 어떤 행위든 순간순간에 집중하면 훨씬 수월하게 정진할 수 있다는 것이다. 스님은 숨을 관할 때도 매 숨마다 온전히 깨어 있어야 함을 강조했다. 좌선할 때나, 행선할 때나, 휴식을 취할 때나, 공양할 때나, 언제 무엇을 하든지 그 순간에 깨어 있으면 정진이 순조롭게 잘되리라 말씀했다.

노스님의 충고가 정말 옳다는 생각이 들었다. 그래도 7일 용맹정진은 너무 가혹한 것이었다. 나중에는 헛것이 보이기까지 했다. 하지만 나는 다행히도 그 7일간을 잘 견뎌냈다.

나는 집중력을 극적으로 향상시켰고 오랫동안 앉아 있는 일에도 자신감이 생겼다. 정진에 힘을 얻으면 잠을 적게 자도 전혀 피곤하지 않고 더욱 생생해진다는 사실을 알 수 있었다.

이런 독특한 경험을 했다고 해서 내가 수행자들에게 용맹정진을 강요하는 일은 없다. 일시적으로 몸을 혹사하는 것보다, 정진력이 점진적으로 향상되도록 단계적인 지도를 한다. 하지만 무엇을 하든지 깨어 있는 마음으로 그 순간에 최선을 다하라는 노스님의 값진 가르침은 내가 수행하는 데 가장 유용한 지침이 되고 있다. 어떤 상황에 처하더라도 이 가르침을 떠올리면 자신감이 솟는다.

아잔 차 스님의 말씀처럼, 단순하라! 그리고 늘 현재에 깨어 있어라! 언제 들어도 신선하고 새롭다.

5. 걸음걸음마다 숨과 함께 깨어 있어라!

나는 수행자들에게 좌선법을 가르칠 때 항상 행선을 병행하도록 한다. 명상법 강의나 수련회에서, 행선은 한 자세로 오래 앉아 있음으로 해서 생기는 피로감을 없애주는 역할을 한다. 또한 걸어다닐 기회를 주기 때문에 혈액순환을 원활하게 한다. 특히 행선 자체가 하나의 행법인 상좌불교 전통에서는 행선만 몇 시간씩 하는 경우도 있다.

붓다는 행주좌와(行住坐臥) 어묵동정(語默動靜)에 마음챙김을 계발하는 것이 중요하다고 가르쳤다. 행선이 중요한 이유는 우리가 일상에서 늘 움직이며 생활하기 때문이다. 집안일을 하든 직장업무를 보든 우리는 항상 움직일 수밖에 없다. 산책이나 조깅을 하기도 하고 운동을 하기도 한다. 움직일 때마다 마음챙김 수행을 놓치지 않아야 한다. 때로는 걸음걸음마다 생생하게 알아차리며 마음챙김 수행을 할 필요가 있다.

나는 행선을 정식으로 가르친다. 그것은 크게 2가지 방법으로 나눌 수 있는데 간단한 것부터 살펴보자. 우선 장애물 없이 약 15~20 걸음 정도 걸을 수 있는 길을 택한다. 보폭은 짧게 한다. 균형 잡힌 자세로 서서 숨을 알아차린다. 좌선할 때와 마찬가지다. 오른쪽 엄지손가락을 왼쪽 손바닥 중앙에 대고 나머지 오른쪽 손가락으로 왼손을 감싸 아랫배에 가볍게 댄다. 이것이 불편하다고 느껴지면 뒷짐을 져도 되고 그냥 자연스레 손을 양 옆으로 떨어뜨려도 된다.

몸의 긴장을 완전히 풀고 어느 방향으로도 기울지 않게 똑바로 선다. 어느 부분이든 긴장감이 느껴지면 그곳에 주의를 집중하고 잠시 그대로 있는다. 눈은 뜬 채 자연스럽게 전방을 본다. 한곳을 응시할 필요는 없다. 부드러운 시선을 유지하면 된다.

시작하기 전에 먼저 들숨이 들어오기를 기다린다. 숨이 들어오면 조용히 오른발을 든다. 한번에 들지 말고 발꿈치, 발바닥, 그리고 발가락 순으로 서서히 들어올린다. 숨을 들이쉬는 동안 발은 좁은 보폭으로 앞을 향해 내딛는다. 날숨을 따라 먼저 발가락, 발바닥, 그리고 발꿈치 순으로 바닥에 내려놓는다. 숨의 리듬에 맡겨 왼발도 똑같이 하면 된다. 주의할 점은 보폭을 넓게 하려 하지 말고 뒷발 발가락이 앞발 뒤꿈치를 넘지 않도록 하는 것이다.

좌선할 때 숨이 천천히 들어오고 나가는 것처럼 행선할 때도 숨이 느리면 자연히 느린 걸음으로 걷게 된다. 여기서 명심해서 도전해볼 사항은 숨이 걸음을 유도하게 해 걸음걸이와 일치되도록 하는 것이다. 이 일은 고도의 집중력을 요한다. 주의집중이 흩어지면 안 된다. 이 방법은 숨을 조절하지 않고 숨에 맡기는 훈련으로 아주 탁월한 효과가 있다. 좌선할 때도 그대로 적용할 수 있다.

길 한쪽 끝에 다다랐을 때 멈춰 서서 잠시 동안 숨에 대해 마음챙김을 한다. 같은 방법으로 방향을 바꾸어 다른 쪽으로 서서히 이동한다. 이렇게 반복해서 행선을 할 때 망상이 계속 떠올라 걸음걸이에 집중이 안 된다면 그대로 멈추어 숨을 관찰해본다. 망상이 가라앉아 마음이 맑아지면 다시 깨어 있는 마음으로 천천히 걷는다.

행선에서 집중의 초점은 발을 바닥에서 들어올려 앞으로 나아가는 것이나 바닥에 닿는 감촉 등 걸으면서 일어나는 각각의 동작을 빠뜨리지 않고 알아차리는 것이다. 이때 호흡은 배경에서 이런 동작들을 자연스럽게 이끌어가는 역할을 한다. 다리 전체를 집중의 대상으로 삼을 수도 있다. 하지만 이 경우에도 다리가 아닌 걸음걸이 자체에 집중해야 한다.

행선의 두 번째 방법은 약간 더 복잡하다. 그리고 안 믿을지 모르겠지만 첫 번째 방법보다 훨씬 더 느리다. 들숨이 들어오면 오른쪽 발꿈치를 들어올린다. 이때 발가락은 아직 가볍게 바닥에 닿아 있다. 날숨이 나갈 때까지 이 자세를 그대로 유지한다. 다음 들숨이 들어올 때 그 발을 떼어 앞으로 나아가 바닥에 내려놓는다. 날숨과 함께 몸무게를 발에 실어준다. 이렇게 느린 템포로 한 걸음을 완성한다. 이 방법은 좀더 복잡하기 때문에 숨의 미세한 면까지도 세심하게 살펴야 한다. 수행자에 따라 고도의 집중력을 요할 수도 있다.

이렇게 천천히 걷는 동안 느끼는 감각은 그저 평상시와 같다. 사람들은 보통 명상을 통해서 허리우드 식의 극적인 효과를 느껴야 된다고 오해해서 미세한 감각들을 소홀히 지나쳐버린다. 그러면서 '뭐 이런 하찮은 것에 연연할 필요가 있냐'고 생각한다. 문제는 그 미세한 감각처럼 하찮은 것들을 있는 그대로 놓아둘 수 있냐는 것이다. 느린 걸음걸음마다 온전히 깨어 있을 수 있냐는 것이다.

행선을 계속하다 보면 결국 다리와 발의 감각이 다 사라져버리고 움직임 자체만 알아차리게 된다. 여기서 명심해야 할 아주 유용한 심리적 태도는 매 걸음이 완성 그 자체라고 여기는 것이다. 앞으로 걸어가는 것은 완성된 걸음걸음이 연속적으로 연결된 것일 뿐이라 생각한다. 걷는 것의 의미가 어디론가 목표를 향해 가는 것이라 생각하면 이런 굼벵이 같이 느린 걸음은 지루하기 짝이 없을 것이다.

또 다른 기법은 숨을 따라 걸으면서 수를 세는 것이다. 먼저 들숨을 따라 하나, 둘, 셋을 세고 날숨을 따라 하나, 둘, 셋을 센다. 주의할 점은 이때도 숨이 걸음과 숫자를 유도하도록 해야 한다는 것이다. 숨의 패턴에 맞춰 자연스럽게 걸음이 흘러가도록 맡겨두어야 한다. 자칫 잘못하면 기계적으로 수를 셀 수도 있다. 하지만 허파가 요구하는 공기량이 수시로 변할 수 있기 때문에 늘 깨어 있어야 한다. 처음에는 걸음걸이가 숨을 조절할 것이다. 그러나 하다 보면 숨이 걸음을 유도하게 된다. 그러다가 결국엔 숨과 걸음이 하나로 통합되어 움직임만 연속된다.

이 방법 외에도 걸으면서 오로지 숨에만 주의집중을 할 수도 있다. 이때 일차적인 집중 대상은 숨이다. 물론 걸음에도 어느 정도 신경이 쓰일 것이다. 그러나 순간순간 호흡에만 집중하려고 노력하라. 이런 식으로 숨을 알아차리다 보면 숨과 몸의 감각들이 분리될 수 없을 정도로 밀접함을 알게 된다. 여기에 ‘걸어가며 숨쉬는 몸’이 있고 그것에 대한 알아차림이 있는 것이다.

나는 항상 이런 명상으로서의 자연스런 걸음을 즐긴다. 이때 숨과 몸은 통합된 장이다. 집에서나 밖에서 걸을 때 ‘걸어가며 숨을 쉬는 몸'에 주의를 집중한다. 억지로 숨과 걸음을 맞추려는 그런 느낌이 아니라 아주 자연스럽게 함께 흘러가는 듯한 느낌이 든다. 마음챙김의 힘이 증강되었기 때문이다. 이렇게 되면 단순한 걸음 자체가 완전히 새로운 느낌을 삶에 부여해준다.

환경문화의 중요성을 일깨워준 소로(Thoreau)는 산책을 매우 즐겼다. 그의 글을 보면 산책할 때 깨어 있는 마음을 중요하게 여기고 있음을 알 수 있다.

깨어 있는 마음 없이 무작정 숲 속을 거니는 일은 별 의미가 없다. 몸으론 숲 속을 거닐면서도 마음은 잡다한 세간사에 얽매여 있는 자신을 볼 때마다 경종을 울린다. 그래서 오후에 산책할 때는 오전에 있었던 자질구레한 일들을 모두 떨쳐버리고 그냥 깨어 있는 마음으로 걷자 하고 다짐해보지만 생각처럼 그리 쉽지 않다. 어느새 일에 대한 생각이 머리를 점령하고 몸은 숲 속에 있지만 마음은 복잡한 일터에 가 있다. 숲 속에 있으면서 숲 밖의 일에 골몰하려면 무엇 때문에 이 숲 속을 거닐고 있는지 도무지 모르겠다.

아씨시(Assisi)의 성인 프란시스(Francis)는 더 간략하게 깨어 있음의 중요성을 말한다. "우리의 걸음걸음이 바로 설교가 아니면 설교하러 여기저기 다니는 것은 별 의미가 없다."

붓다도 역시 행선의 유용성에 대해서 말한 적이 있다.

행선은 다음 5가지 면에서 유용하다. 도보로 여행하는 것을 잘 견딜 수 있고, 힘든 일을 잘 참아낼 수 있다. 무엇을 먹고 마시든지 소화가 잘되며, 병에 걸리지 않고 건강하다. 행선을 통해서 얻은 삼매는 오래 지속된다.

아마도 바로 이러한 삼매와 삼매경의 기쁨이 행선의 일차적인 보상이 아닐까 생각한다.

6. 숨의 다양성

이제 경전에서 말하는 첫 번째 관법에 대해 말할 순서다. 중국 불교의 전통에서는 관법들의 차례를 다르게 매기는 것으로 알고 있다. 단순히 숨을 알아차리는 것이 1번이고 2번과 3번을 합친 것이 2번이다. 나는 상좌불교 전통의 차례를 선호하는데, 그들은 보통 처음 2가지 관법을 합쳐서 가르친다.

1. 숨을 길게 들이쉬면서 '숨을 길게 들이쉰다'고 알아차리고,
   숨을 길게 내쉬면서 '숨을 길게 내쉰다'고 알아차린다.
2. 숨을 짧게 들이쉬면서 '숨을 짧게 들이쉰다'고 알아차리고,
   숨을 짧게 내쉬면서 '숨을 짧게 내쉰다'고 알아차린다.

처음 2가지 관법은 숨을 단순히 알아차리는 일에서 벗어나 숨의 특정한 양상과 질에 대해 관심을 갖게 한다. 대부분의 주석자들은 붓다가 단순히 길거나 짧은 숨만을 지칭해서 말하는 것이 아니라, 숨의 모든 양상과 질을 포괄적으로 표현한다고 설명한다. 수행을 통해서 숨에 익숙해지면 이 경구의 미묘한 함의를 알 수 있다.

어떤 때는 숨이 마치 실크나 공단처럼 부드럽고 미세하여 아주 편안한 느낌이 들기도 한다. 하지만 어떤 경우에는 삼베처럼 거칠어서 들이쉬고 내쉬는 것이 여간 불편한 게 아니다. 때로는 숨이 매우

깊고 부드러워 몸 전체에 영향을 미치고, 따라서 몸 구석구석에 쌓인 긴장과 피로가 다 풀리는 경우도 있다. 반면 숨이 너무 짧고 옹색하며, 급하고 불안정하여 어쩔 줄 몰라 하기도 한다. 몸과 마음이 긴장과 피로에 찌들어 있기 때문이다.

이런 문제의 발단이 몸의 상태 때문인지 아니면 호흡이나 마음 때문인지 명확하게 말할 수는 없다. 하지만 자세히 살펴보면 서로가 서로를 조건으로 존재하고 있음을 알 수 있다. 수행을 더 깊이 하다 보면 이런 구분 자체가 무의미하며 거짓으로 설정되었다는 사실을 깨닫게 된다. 각각 서로 다른 것처럼 보이지만, 실제로 이들은 하나임이 분명히 드러나기 때문이다. 하지만 주목할 것은 숨이 마음의 상태를 나타내는 매우 민감한 바로미터라는 사실이다.

숨이 바로 몸과 마음이 만나는 곳이며, 이들의 전체적인 상호과정에 가장 강력한 영향을 미치는 것은 바로 깨어 있음이라는 사실을 배우게 된다. 숨을 조절하거나 어떤 일정한 양상이나 질을 바꾸려고 노력해서 되는 것이 아니다. 그저 숨을 가만히 놓아두고 관찰만 하고 있으면 숨 스스로 바뀌게 된다. 특히 다른 생각들이 끼어들지 않으면 숨은 자동적으로 깊어지고 가늘어지며, 부드러워지고 더 즐거워진다. 그 결과가 바로 몸으로 나타나 긴장이 풀어지고 몸이 한층 가벼워진다.

이것은 하려고 해서 되는 일이 아니다. 인위적으로 하려면 할수록 더 어려워진다. 깨어 있음, 즉 마음챙김의 위력이 바로 여기에 있다. 여러분이 지금 몹시 화를 내거나 노심초사하고 있다면, 심장박동 수가 빨라지고 몸은 굳어져간다. 하지만 그런 감정을 억누르려고 하지 않고 잠깐 동안 숨과 함께하며 마음을 챙긴다면, 잠시 후 모든 것이 변해 있음을 발견하게 될 것이다. 마음이 차분히 가라앉으면 숨도 평온해진다. 숨이 이렇게 차분해지면 몸은 저절로 안정된다. 마음챙김이 숨에 닿는 순간 변화가 일어난 것이다. 마음챙김의 수행이 이처럼 삶의 질을 한층 더 향상시킨다는 사실을 알 수 있다.

이것이 처음 2가지 관법을 통해서 우리가 배울 수 있는 것이다. 핵심은 숨의 길고 짧음에만 관심을 둘 것이 아니라 숨의 다양한 양상과 질을 알아차려야 한다는 점이다. 숨에 대해 깨어 있는 이 마음이 바로 엄청난 결과를 가져다준 것이다.

수행은 예술이다. 수행을 꾸준히 하다보면 미묘한 뉘앙스들을 포착할 수 있게 되는데, 이때 수행은 하나의 예술이라는 생각이 든다. 여기서 중요한 것은 무언가를 얻으려는 생각으로 수행을 시작하지 말라는 점이다. 불교 명상에 있어서 가장 미묘하고 의미심장한 패러독스가 바로 여기 있다. 우리는 보통 명상을 통해 무언가를 경험해 더 좋은 상태에 도달하고자 수행을 시작한다. 그런데 그곳에 도달할 수 있는 최상의 방법은 그곳에 가려고 하는 것이 아니라 온전히 여기 있는 것이다. 다시 말하면 A지점에서 B지점에 가기 위한 방법은 바로 A지점에 온전히 존재하는 것이라는 뜻이다. 더 좋은 상태를 바라면서 호흡수행을 하면 현재에 깨어 있을 수 있는 모처럼의 기회를 저버리고 항상 습관적으로 무언가를 갈구하는 태도를 더 강화시키는 결과를 낳는다. 숨이 가쁘고 몸과 마음이 불편하며 초조하다고 해서 더 바람직한 상태로 바꾸려고 하지 마라. 그 상태를 필요로 할 때까지 그대로 놓아두어라. 단지 지켜볼 뿐이다.

불교에서 늘 강조하는 무상이라는 것은 세상의 모든 것이 끊임없이 변한다는 뜻이다. 어느 누구도 항상 특정한 방법으로 숨을 쉬어야 한다고 말할 수 없다. 정진을 한 후, 한 시간 동안 망상만 피우고 졸았기 때문에 자신에게 실망했다고 생각한다면, 당신에겐 무언가를 얻으려는 생각이 있음이 분명하다. 자신의 내면을 살펴라. 그리고 구하려는 생각이 사라지도록 하라. 지금 상태 그대로 받아들여라. 당신은 이 상태를 바꾸어야 한다고 생각할 것이다. 하지만 받아들이는 것 자체가 바로 변화라는 사실을 알아야 한다.

받아들임은 당신의 마음을 담담하게, 그리고 맑고 고요하게 해주는 역동적인 힘을 가지고 있다. 조작하지 않고, 있는 그대로 받아들이는 것은 처음 4가지 관법의 핵심이라는 사실을 명심해야 한다.

7. 목적이 수단을 정당화할 수 없다!

수행을 통해서 무언가를 얻으려고 하거나 지나치게 수행의 진전에 집착하는 사람들을 보면, 숨의 관찰이 잘되고 안 되는 것에 모든 관심을 쏟는다는 것을 알 수 있다. 호흡관법에 대한 간단한 지침을 가지고 그것에 둘러싸인 성공과 실패라는 소설을 쓰고 있는 것이다. 숨을 잘 관찰했으면 성공, 안 되었으면 실패라는 식으로 쓸데없는 분별을 한다. 하지만 그 모든 과정이 바로 수행이다. 숨과 함께하며 깨어 있다가도 혼침 혹은 망상이 들어와 숨을 놓친다. 다시 그 사실을 알아차리고 자연스레 숨으로 돌아온다. 실망하거나 자책하지 않고, 좋다 나쁘다 판단하지 않으며 바로 숨으로 돌아오는 것이 유용치 못한 분별의 늪에서 빠져나오는 요령이다. 약 5분 동안 좌선하면서, 1,000번 놓쳤다 다시 숨으로 돌아오는 일을 반복해도 괜찮다. 전혀 문제가 되지 않는다. 문제는 여러분이 이를 두고 수행이 잘 안 된다고 판단하는 데 있다.

숨을 놓쳤다고 알아차리는 때가 결국 마음챙김의 순간이며, 이런 경험들이 축적되어 앞으로 더욱 향상할 수 있는 씨앗이 점점 늘어가는 것이다. 가장 이상적인 것은 성공 아니면 실패라는 이분법적인 태도를 넘어서 우리 삶 자체가 긍정적인 혹은 부정적인 상태의 반복적 연속으로 이루어져 있다는 사실을 자연스럽게 수용하는 일이다. 만약 여러분이 레이저 광선처럼 전혀 동요하지 않는 즉각적인 알아차림의 능력을 가지고 있다면, 구태여 호흡관법수행을 할 필요가 없다. 첫 번째 2가지 관법의 목적은 여러분들에게 완벽하게 숨쉬는 법을 가르쳐주기 위한 것이 아니라, 숨의 실상을 있는 그대로 보여주기 위한 것이다.

수년 전 어느 여름날 아침, 나는 어느 선사의 활쏘기 시범을 보러 간 적이 있었다. 이 시범은 함께 정진하던 대중들을 위해서 마련된 것인데, 넓은 뜰에 약 150명 정도의 관람객이 모였다. 선사는 일본 궁인들의 전통 의상과 장신구 그리고 왕관을 갖추고 과녁을 향해 서 있었다. 그리고는 화살이 과녁의 정중앙에 꽂히게 해달라는 염원을 담은 각종 주문과 밀교적인 제스처와 함께 종교 의식을 행했다. 우리가 잔뜩 긴장하고 있을 때 그는 활시위를 쭉 잡아 당겼다. 많은 사람들이 숨을 죽이고 기다리는 가운데, 그는 한참 동안 활시위를 당긴 채 머물러 있었다. 이윽고 활을 쏘았다. 그런데 화살이 과녁과는 동떨어진 허공으로 날아가는 것이 아닌가! 관중들은 실망하며 야유의 함성을 질러댔다. 그러자 선사는 한바탕 호탕한 웃음으로 관중들에 게 답례했다.

이 일은 우리 삶이 항상 과녁을 맞히듯 목표 지향적이 되어서는 안 된다는 교훈을 준다. 과녁을 정확하게 맞히는 것은 마스터에게 별 로 어려운 일이 아니다. 그러나 과녁을 맞히지 못하고도 호탕하게 웃 을 수 있는 여유는 누구에게나 있는 것이 아니다. 서양인들은 대부분 '~을 위하여' 란 마음으로 살아간다. 목표A를 달성하면 B로, B에서 목표A로 끝없이 옮겨 다닌다. 한꺼번에 목표A에서 Z까지 마친 후, 그 과정이야 어찌됐든 박사학위만 따면 된다고 생각한다. 마찬가지 로 깨달음도 단 한번에 이루기를 바란다. 어떻게 하면 대박을 낼까 머리 굴리기에 바쁘다. 그러나 목적이 수단을 정당화할 수는 없다.

그러나 이것도 핵심을 드러낸 말은 아니다. 더 엄밀히 말하면 매 순간의 숨이 바로 수단이자 목적이라 해야 한다. 수단과 목적이 따로 있는 것이 아니다. 우리는 깨달음을 얻기 위해서 호흡을 관하는 것이 아니다. 그저 숨을 바라볼 뿐이다. 사자처럼 앉아서 그 근원지를 살 피는 것이다. 깨달음이라는 것도 개가 탐닉해 좇아다니는 뼈다귀며 관념에 불과하다.

이 수행지침의 핵심은 단지 숨과 함께 깨어 있어 모든 뼈다귀들 을 거들떠보지 말자는 데 있다. 선입견, 근심 걱정, 공포, 포부 등 마 음속에 가득 찬 모든 잡동사니들을 미련 없이 버리고 홀가분하게 살 자는 말이다. 버렸는데도 또 생기면 탓하지 말고 자연스레 숨으로 돌 아가 마음챙김을 수천수만 번이라도 해야 한다. 특히 현대사회에서는 모든 사람들이 복잡하고 다양한 것을 탐닉하며, 기발하고 흥미 있는 일에만 빠져 있다. 단순하고 반복적인 행위가 절실히 필요한 때다. 숨에 대한 마음챙김은 바로 이런 기회를 가져다준다. 반복해서 숨으로 되돌아오는 일, 아주 일상적인 것에 정성과 심혈을 기울여 단순하게 살아가는 일, 이것이야말로 현대인들의 몸과 마음에 생기를 불어넣는 영약이 되리라 생각한다.

단순성과 반복성은 현대인들에게 꼭 필요한 삶의 덕목들이다. 명상센터를 찾는 많은 사람들은 고매한 깨달음에 이르는 그럴 듯한 비법을 배우기 위해서 정진을 한다고 생각한다. 따라서 그까짓 숨이나 바라보고 앉아 있으라면 어처구니없는 일이라 생각할 것이다. 하지만 우리가 여기서 한 가지 단순한 일에 몰입하는 법을 배우면 삶의 다른 면에서 유용하게 적용해볼 수 있을 것이다. 양치질, 화장실 가기, 옷 입기, 잠자리 만들기… 이러한 일상적인 일을 우리는 몇 번이나 했을까? 우리 삶은 이런 일상적이고 반복적인 일로 이루어진다. 하지만 보통 타성에 젖어 아무런 생각 없이 비행기 조종하듯 자동적으로 일을 처리한다. 이는 삶의 대부분을 놓치고 있음을 의미한다. 이 수행은 일상적으로 이루어지는 행위들에 생명력을 불어넣는다. 참으로 생동감 있게 살아가도록 해준다.

타이에서 마하 부와(Maha Boowa) 스님과 수행할 때, 나는 그러한 수행 정신을 충실히 배울 수 있었다. 당시 모든 수행자들에게는 '꾸띠(kuti)'라고 불리는 작은 토굴이 하나씩 배당되었다. 꾸띠들은 긴 통로를 가운데 두고 서로 연결되어 있었다. 가을이라 나뭇잎이 온종일 떨어지고 있었다. 아침과 저녁 하루 두 번 빗자루로 낙엽을 쓰는 일이 우리들의 일과였다. 통로를 쓸고 있는 순간에도 계속해서 낙엽이 떨어졌다. 쓸고 지나온 곳도 비질을 하지 않은 것처럼 낙엽이 쌓여갔다. 그럼에도 아랑곳하지 않고 즐겁게 낙엽을 쓰는 수행자들을 보면서 나는 우리의 삶도 이와 같지 않을까라고 생각했다.

호흡관법에 대해 수행 지도를 하다 보면 똑같은 것을 여러번 반복해야 한다. 나는 그러한 상황에서 늘 신선한 느낌으로 사람들을 지도한다. 때로는 카랑카랑한 어조로 내 자신에게 속삭이는 목소리를 들을 때도 있다. 바로 그것이 나를 깨어 있게 해준다. 숨으로 돌아가듯이 나는 자연스럽게 늘 반복했던 말로 돌아간다. 다시 마음을 가다듬고 집중하면 오랫동안 반복했던 나의 수행 지도법이 새로운 생명을 얻게 된다.

끊임없이 반복해서 숨으로 돌아오는 수행은 이처럼 가치 있는 일이다. 그러나 항상 목표물에 적중하려는 바람과 하는 일마다 모두 잘되어야 한다는 강박관념이 가장 큰 방해물로 다가온다. 수행이 잘되지 않을 때 우리는 비관한다. ‘어떻게 하면 좋지? 나는 자격미달이야! 다른 수행자들은 잘하고 있잖아! 이놈의 번뇌 망상만 마음속에 없다면 수행을 잘할 수 있을 텐데 말이야!” 하지만 마음속에 번뇌 망상이 일어나고 있음을 알아차리는 것 자체가 바로 수행이다. 수 년 동안 이 수행을 하다보면 수백만 번 이렇게 숨으로 돌아오는 일을 반복해야 할 것이다. 이처럼 자연스럽게 숨으로 돌아오는 법을 배우는 것은 매우 중요하다. 춤을 추듯이 즐겁게 해야지 레슬링을 하듯 힘들여 할 필요가 없다.

지금 다루는 관법 단계와 약간은 벗어난 주제지만 먼저 언급하는 것이 좋을 것 같다. 수행의 또 다른 측면은 우리가 계속 쫓아다니며 탐닉하는 뼈다귀의 본질을 파악하는 것이다. 삼매 계발 수행에 조금만 익숙해지면 수행의 핵심은 이 뼈다귀들의 허구성을 깨는 것이 된다. 이런 것들은 마음속에서 끊임없이 떠오르게 되어 있다. '그가 이렇게 말했고, 그녀는 저렇게 말했다' 혹은 '만약 이 일만 잘된다면…. 나는 ~할지도 모른다' 반면 '나는 ~할 수 있어!' 이런 생각들이 꼬리에 꼬리를 물고 일어난다. 분명한 것은 이런 편집증적인 생각으로는 도저히 그 문제들을 해결할 수 없다는 사실이다. 이런 잡다한 생각들이 삶에 없어서는 안 될 것들도 아니다. 그 실체를 파악하면 여러분은 더 이상 그것들을 쫓아다니지 않을 것이다. 그 모든 생각들이 얼마나 부질없고 하찮은 것인지를 금방 알게 될 것이기 때문이다.

유태어에는 이런 현상들을 적절하게 표현하는 '옌타(yenta)'라는 말이 있다. 옌타란 늘 남의 험담만 하고 다니는 수다쟁이란 뜻이다. 이웃의 일을 참견하고 다니면서 주위에서 일어나는 일을 다 꿰고 있다. 이리저리 찔러대며 휘젓고 다니면서 이말 저말 물어 나른다. 수행을 하다보면 우리 마음이 마치 커다란 옌타와 같음을 알게 된다. 늘 자신보다 남에게 관심이 더 많다. 남의 이야기를 하느라 여념이 없다. 스스로 자책하기도 하고 '예전엔 나도 괜찮았었는데'라며 회한에 잠기기도 한다. 어떻게 하면 더 잘할 수 있을까 이리저리 궁리해보기도 한다. 그런데 이런 복잡한 생각들과는 무관하게 삶은 여전히 그 나름대로 흘러가고 있다. 이런 쓸모없는 생각들이 얼마나 많은 귀중한 호흡의 순간들을 빼앗아가는지를 알게 될 것이다. 삶 자체를 있는 그대로 보고 받아들일 필요가 있다.

8. 매순간을 소중히 여겨라!

유태교 신비주의 전통의 핫시드(Hassids)들은 모든 사람에게 관리해야 하는 우주의 한 부분이 주어진다고 믿는다. 미국 대통령이든 사탕가게 점원이든 아니면 아이 10명을 둔 어머니든 혹은 조그마한 독신 아파트에 사는 기계공이든, 모든 사람들은 하나의 세계를 가지고 있다. 주어진 시간에 어떤 일이 벌어지든 그것은 남이 아닌 바로 여러분 각자의 세계다. 나에게 지금 주어진 세계는 그 의미를 정확하게 전달하는 것이고, 여러분은 의미를 잘 이해하려고 노력하는 것이다. 우리들의 세계는 이와 같이 늘 현존하고 있다. 이것이 바로 지금 현재의 세계다.

그러므로 우리는 항상 이렇게 물어야 한다. 나의 현주소는 어디인가? 지금 여기서 무엇을 하고 있어야 하는가? 운전석에 앉았을 때 당신이 해야 할 일은 안전하게 운전하는 것이다. 아이가 어떤 문제로 고민하고 있으면 당신이 해야 할 일은 아이의 고민을 경청하는 것이다. 매순간마다 핵심적인 사안들이 있기 마련이다. 마찬가지로 숨을 관하고 있을 때는 숨의 관찰에 열중하는 것이 당신이 해야 할 일이다. 숨에서 멀어지면 반복해서 숨으로 돌아가야 한다.

수행을 하면서 우리는 꼭 좌선할 때가 아니더라도 마음이 늘 뼈다귀를 좇아서 달아난다는 사실을 명료하게 알아차릴 수 있게 된다. 하고 있는 일이 간단하다면 그것을 검토할 여유를 가질 수 있다. 무엇이 내 마음을 계속 잡아당기고 있는가? 해야 할 일을 하지 않았거나 해서는 안 되는 일을 한 경우, 우리들 마음에는 늘 앙금이 남아 있을 것이다. 또한 지금 하고 있는 일이 생소하고 복잡하다면 끈기를 가지고 반복해야 한다. 관건은 얼마나 애정을 가지고 그 일에 매진하느냐다. 이것은 궁극적으로 우리 삶을 소중히 여기는 것이 된다.

어떤 의미에서 붓다가 가르친 모든 수행은 삶에 대한 소중함과 무한한 경외감을 일깨워준다. 이것이야말로 살아 있는 가르침이 지향하는 바다. 테레사 수녀가 우리에게 보여준 소중한 사랑을 생각해보자. 아무도 거들떠보지 않는 생의 벼랑 끝에 선 불가촉천민(不可觸賤民)들도 온전한 사랑과 배려를 받을 만한 가치 있는 존재라는 것을 몸소 실천하지 않았는가! 우리 삶에 있어서 가장 일상적이고 사소한 일도 이와 마찬가지다.

우리는 대부분 그럴 듯하고 큰 것은 소중히 여기지만 미미하고 작은 것은 가볍게 생각한다. 중요한 중역회의는 최선을 다해 준비하지만 아이들이 하는 말에는 별 관심을 갖지 않는다. 허리우드 최신 블록 버스트 영화는 꼭 보러 가지만 새들의 노래 소리는 무심코 지나쳐버린다. 기분이 좋으면 의기양양해하지만 기분이 나쁘면 의기소침해져 현실을 피하려고 한다. 윔블던 테니스 시합을 관람할 때는 선수들의 동작 하나하나에 시선을 집중하지만 휴지통을 비우러 가는 자신의 발걸음에는 전혀 관심을 두지 않는다. 삶이 위대하고 아름다운 이유는 매일매일 일어나는 작은 일들 때문이라는 사실을 간과하고 있다.

모든 것이 관찰수행의 대상이라는 사실을 끊임없이 상기해야 한다. 마루 위에 기어 다니는 개미, 한 조각의 과일, 순간순간의 호흡, 이 모든 것이 삶 자체다. 이것을 알아차리지 못하고 놓쳐버리면 우리는 삶의 온전한 생명력을 잃게 된다.

많은 사람들은 수행이 꼭 좌선을 통해서만 가능하다고 생각한다. 하지만 이는 큰 오해다. 물론 좌선이 중요하지 않다는 말은 아니다. 집안 한쪽에 조용히 앉아 정진할 수 있는 장소가 있으면 이상적이겠지만 그럴 형편이 아니라 해도 장소에 구애받을 필요는 없다. 수행은 어디서나 가능하다. 수행의 장소와 구체적인 삶의 현장에 선을 그어, 수행처는 중요하고 삶의 현장은 별로 소중하지 않다는 이분법적인 태도가 문제인 것이다. 우리의 수행은 그런 이원론적인 입장을 지양한다. 불법(佛法)이 세간법이며, 세간법이 불법이다. 주어진 삶을 온전히 받아들여 온 가슴으로 지금 여기에 사는 것, 이것이 최상의 삶이다.

온 가슴으로 받아들인 삶의 유형을 잘 보여주는 선의 일화가 있다. 많은 대중들이 모인 가운데 붓다는 법상에 고요히 앉아 있다가 갑자기 꽃 한 송이를 들어 보였다. 위대한 스승으로 추앙받는 붓다의 이 돌출 행동에 어안이 벙벙해진 대중들은 이리저리 머리를 굴렸다. 그러나 까샤파 존자만은 환하게 웃으며 생각이 다 떨어진 그 자리에서 꽃을 꽃으로 경험하고 있었다. 그러자 붓다도 밝은 웃음으로 답하며 불교의 정수를 까샤파 존자에게 부촉했던 것이다.

중국의 옛 선사들은 실제 벌어지는 삶에 잡다한 생각이 끼어들어 순수 경험과 생명력이 차단되는 것을 살생이라 표현했다. 불교의 첫 번째 계목인 불살생계(不殺生戒)를 그렇게 해석한 것이다. 삶을 온전히 경험하지 못하고 삶의 역동성을 놓치고 있다면 소중한 순간순간의 삶을 소진하는 셈이다. 지금 여기에 온전히 살면 삶의 역동적인 생명력이 샘솟게 된다.

이것이 바로 앞서 말한 선승이 과녁을 맞히는 것에 노심초사하지 않는 이유다. 과녁은 도처에 널려 있다. 도겐 선사가 요리법을 설명하는 것에서도 우린 그러한 태도를 여실히 확인할 수 있다. 그는 시든 채소로 국을 만들든 미식가를 위한 최상의 크림스프를 준비하든, 똑같은 정성을 기울여야 한다고 말한다. 평범한 음식을 준비할 때나 귀빈을 위해 음식을 차릴 때나 한결같은 마음이어야 한다는 것이다. 이 한결같은 마음을 방해하는 자가 있다면 어느 누구라도, 그가 설사 문수보살이라 할지라도 부엌 밖으로 쫓아내야 한다. 현재 내 앞에 있는 일에 온 정성을 쏟을 뿐이다.

숨과 함께 깨어 있는 이 간단한 마음 수행은 우리들 삶 전반에 활용할 수 있다. 어떤 일에 정성을 다해 깨어 있는 마음을 갖는 것은 최상의 보시행이다. 그것에 생명을 불어넣어 당신의 세계 속으로 들어오도록 하기 때문이다. 여기서 최대의 수혜자는 당신 자신이다. 왜냐하면 그로 인해 자신의 삶이 소중하다는 사실을 알게 되기 때문이다. 진짜 과녁은 활 쏘는 사람 자신인 것이다.

9. 몸으로의 여행

여러 가지 다른 부분들을 살펴보았지만, 처음 2가지 관법을 통해서 우리가 배울 수 있었던 것은 모든 현상의 기저에 깔려 있는 자연스러움의 중요성이다. 숨을 깊이 들여마실 때라면 자연스레 그 숨을 알아차리면 된다. 뱃속 깊숙이 들어가면 그대로 느끼고, 몸의 다른 부위, 즉 등, 옆구리, 손, 발과 발가락 등 어떤 곳에서건 미세한 숨의 감각이 감지되면 그대로 받아들인다. 짧은 숨도 마찬가지로 알아차리면 된다. 가슴까지만 차오르는 숨이라 할지라도 그대로 느낀다. 그들 사이에서 일어나는 섬세한 차이를 감지하면 된다. 숨이 길든 짧든 바꾸거나 다르게 쉬려고 하지 말고 어떻게 흘러가는지 바라보노라면 몸 전체에서 숨의 흐름을 파악할 수 있게 된다.

> 3. 온 몸을 감지하면서 '숨을 들이쉬리라' 하고 수련하며,
>   온 몸을 감지하면서 '숨을 내쉬리라' 하며 수련한다.

세 번째 관법은 위의 2가지 방법과 확연한 차이를 보여준다. 숨이 더 이상 관법명상의 대상이 아니라 배경으로 물러나 있음을 알 수 있다. 물론 숨은 여전히 현재에 늘 명료하게 깨어 있도록 도우미 역할을 하고 있다. 2개의 몸을 보는 셈이다. 즉, 호흡의 몸이 피와 살로 구성된 몸을 어떻게 조건화하며 영향을 미치는지를 파악할 수 있다. 숨은 강력한 영향력을 행사한다. 숨쉬는 행위는 자궁 밖으로 나오는 순간부터 시작해 마지막 숨을 거두는 순간 끝나게 된다. 출생에서 죽음에 이르기까지 우리는 헤아릴 수 없을 만큼 많은 횟수의 숨을 쉬고 있다. 이 숨들 하나하나의 연결이 우리 삶이므로 각각의 숨이 삶에 끼치는 영향은 더할 나위 없이 중요하다.

수행을 꾸준히 하다보면 집중력이 향상되고, 자연스럽게 숨이 더 깊고 미세하며 부드러워진다. 이렇게 되면 몸이 훨씬 더 유연해져서 오랫동안 앉아 있어도 힘들지 않고, 육체적 고통이나 발이 저리는 현상들도 현저하게 줄어든다. 숨 쉬는 일이 유쾌하다. 앉아서 숨을 관하

는 일 자체가 즐거움이다. 마음도 마찬가지다. 뼈다귀를 좇아다니던 개와 같은 마음이 스스로 정숙해지게 된다. 몸과 맘과 숨이 하나로 통합된다. 서로서로 영향을 주고받음으로써 구분하기 어렵게 된다.

하지만 이것은 아직 깊은 삼매 체험의 상태가 아니다. 단지 든든함과 평화로움에 대한 좋은 느낌일 뿐이다. 이 느낌은 히말라야 산에서 수행하는 사람들이나 1,000년 전의 탁월한 선사들에게만 일어나는 것이 아니다. 동서양의 많은 현대인들이 이미 경험하여 그 결과의 과학성을 입증한 것들이다. 이런 든든한 느낌을 경험했을 때 우리는 진정한 의미의 위빠사나 수행을 할 수 있다.

열세 번째 관법에서 자세히 다루겠지만 참고삼아 잠깐 언급하자면, 위빠사나란 어떤 사물이나 현상을 볼 때 그것들의 무상한 특성을 관하는 것이다. 다른 단계의 관법을 수행할지라도 무상에 관해 자세히 언급하는 이 단계를 병행할 필요가 있다. 예를 들면, 숨 자체도 항상 있는 것이 아니라 나타났다 사라지는 것이라고 알아차리는 일이다.

당신은 이미 알고 있다고 말할 수도 있다. 그렇다, 알고 있을 것이다. 그러나 피상적으로 알고 있다면 모르는 것이나 마찬가지다. 더 깊은 차원의 앎이 있다. 단계적으로 깊어지다가 완전히 내면화된 앎, 이것이야말로 흔들리지 않는 경험이다. 법의 내면화가 이루어져 일상에서 그대로 쓰일 때, 우리는 진정으로 불법을 실천하는 것이다. 법의 내면화란 집착을 내려놓는 방하착(放下着)의 삶을 의미한다. 물론 이런 삶은 끊임없는 수행의 결과이기도 하다. 20억 번 모두 집착했다가, 집착은 고통을 줄 뿐 우리 삶을 바꿀 수 없다는 사실을

알고는 20억 1번째 집착을 놓아버렸다면, 법이 체화되어 나와 하나
가 된다.

이처럼 초기 단계에서도 이런 진리들을 발견하기 시작한다. 마음
챙김은 숨을 깊게 해주고 깊은 숨은 몸의 긴장을 완화시킨다. 전에 없
던 수행에 대한 믿음이 생긴다. 노력의 결과를 실제로 경험할 때까지,
우리에겐 수행을 시작해서 꾸준히 실천할 수 있도록 힘을 주는 믿음
이 필요하다. 하지만 불교는 맹목적인 믿음에 천착하지 않는다. 붓다
는 지금 설하는 법이 진실인지 확인하려면 수행을 통해 그 결과를 점
검해보라고 했다. 결과가 있으면 믿게 된다. 결과란 직접적인 경험과
앎이다.

10. 몸 – 자연스러움의 대상

수 세기동안 그토록 많은 주석을 유도해낸 심오한 주제들이 들어
있는 세 번째 관법의 문을 열었다. 《호흡관법경》은 매우 간략해서
마치 한 편의 법의 전보처럼 풀어서 설명해야 하는 부분들이 상당히
많다. 그래서 주석가들이 항상 관심을 가졌던 경이기도 한다. 앞에
서 말했듯이 이 경은 4념처를 설한 《염처경》과 함께 초기수행의 지
침서로서의 위치를 점하고 있다. 첫 번째인 신념처는 서로 겹치는 부
분이라 할 수 있다. 궁극적으로 이 세 번째 관법은 몸의 진정한 특성
을 집중적으로 다룬다.

대부분 우리들은 몸과 자신을 동일시한다. 몸이 곧 자기 자신이
라고 철석같이 믿고 있다. 우리들 문화에 만연된 아주 고질적인 태도

다. 특히 건강보조식품, 웰빙숍, 헬스센터, 뷰티클리닉 등 몸과 관련된 산업들의 발달로 몸은 곧 나라는 관념이 팽배해 있다. 누구나 젊어지고 아름다워지길 바란다. 너나 할 것 없이 근육질이 발달한 멋있는 몸과 군살 없는 미끈한 몸매를 원한다. 하지만 이런 몸매지상주의 문화에도 불구하고 어느 누구도 죽을 때까지 그런 이상적인 몸매를 유지할 수는 없다. 텔레비전에 나오는 인기 연예인들을 제외하면 길거리에 돌아다니는 대부분의 사람들은 이런 매력적인 몸매를 갖고 있지 않다.

동전의 또 다른 측면처럼, 또 하나 흔히 있는 폐단은 몸을 혐오하고 이상한 것으로 여기는 것이다. 사람들은 때때로 이 두 극단 사이를 오가며 몸을 오해한다. 신체적인 노쇠현상이 진행되면서 살이 여기저기서 삐져나오고, 얼굴에 주름살이 늘어나며, 귀밑에 흰 머리가 늘어나게 된다. 사람들은 이런 자연적인 현상을 있는 그대로 받아들이지 못하고 이 상태를 혐오하며 속상해한다. 한편 정신 수행을 하는 사람들 가운데도 몸에 대해 편견을 가지고 있는 경우가 상당수 있다. 특히 인도의 자이나교(Jainism) 수행자들은 나쁜 업 덩어리의 표상이 바로 몸이므로 단식을 통해서 이를 정화해야 한다고 생각한다. 고행주의자들의 힌두 수행법에도 몸을 부정하고 폄하하는 태도가 반영돼 있다. 삶을 위한 몸의 역할과 필요성이 분명히 있음에도 불구하고 마치 몸을 불필요한 무엇처럼 취급하는 것이다.

불교는 이런 극단적인 입장을 지양하고 중도의 태도를 취한다. 즉 이 2가지 태도를 넘어서는 견해를 가진다. 붓다에 의하면 몸이 존재하는 것에는 의문의 여지가 없다. 상식적인 혹은 법적인 경우를 제외하면 몸은 내 자신의 소유물이 아니다. 조금만 더 깊이 생각해보면 내가 나의 몸을 소유하고 있는 것이 아님을 알 수 있다.

몇 가지 간단한 관찰을 통해 이를 증명해보자. 우리는 몸이 시키는 대로 해야 한다. 우리 마음대로 몸을 조정할 수 없다. 몸이 배고프다고 하면 음식을 마련해주어야 하고 배부르다면 음식을 치워야 한다(몸이 충분하다고 해도 식탐 때문에 계속 먹이는 경우가 많지만). 화장실에 가야 한다면 데리고 가야 한다. 피곤하다면 잠을 재워야 한다. 물론 이런 요구들을 무시해버릴 수도 있다. 그러나 이는 일시적으로는 가능하지만 무모한 짓이다. 삶을 포기한다면 몰라도 몸이 요구하는 생리현상들을 계속 저버릴 수는 없다. 하지만 애석한 것은 아무리 많은 종류의 비타민을 먹더라도, 아무리 운동을 열심히 하더라도, 아무리 기발한 다이어트를 하더라도 결국 몸의 반응은 예측할 수 없다는 사실이다. 제멋대로 한다. 가장 확실한 일례는 우리들의 이런 정성스런 대접에도 불구하고 몸이 언젠가는 우리를 버리고 떠난다는 것이다. 이처럼 변덕스럽고 예측할 수 없는 몸이라는 물건과 기묘하게 뒤얽혀 있는 것이 우리들의 기구한 운명이다.

불교 수행자들은 몸을 무시하지 않는다. 적당한 관리를 통하여 건강한 몸과 좋은 모습을 유지하려고 한다. 그들이 문제시하는 것은 그 과정에서 생기는 집착심이다. 이는 승마하는 사람과 그의 말과 같은 관계라고 할 수 있다. 멋지게 말을 타기 위해서 그는 말을 항상 보살펴야 한다.

우리는 호흡을 통해서 경이롭고 미묘한 몸의 특성을 탐구할 수 있는 기회를 갖게 된다. 몸은 달이나 별, 동물이나 식물보다 훨씬 더 친밀하고 가깝다. 우리가 그 안에 있기 때문이다. 안을 들여다보면 특성을 알 수 있다. 들여다보는 그 속에 해탈이 있다.

이미 언급한 몇 가지를 다시 생각해보자. 숨에 대한 깨어 있음은 몸을 이완시키고 조건화한다. 숨을 보는 것만으로 숨이 몸을 간접적으로 보살피게 된다. 이렇게 반복해서 보고 있노라면 이를 마스터하게 되고 말로 표현할 수 없는 깊은 경지를 체득하게 되는 것이다.

11. 몸에로의 안착 – 감각 알아차리기

숨에서 몸이라는 더 넓은 범위로 관찰의 초점을 옮기는 데는 다양한 기법들이 있다. 이미 말한 것처럼 호흡에만 집중하면 자연히 숨이 고요해지면서 몸 전체를 통해 숨의 감각을 알아차리게 된다. 시간이 지나면 막힌 부분이 저절로 풀리면서 숨의 몸이라고 할 수 있는 에너지의 장과 끊임없이 접촉하고 있음을 느끼게 된다.

경우에 따라서 좀더 체계적이고 정형화된 기법을 사용할 수도 있다. 호흡을 알아차리며 앉아 있다가 약간 고요해지면 몸의 각 부분을 차례로 관해나가는 것이다. 숨을 들이쉬고 내쉬면서 먼저 앞머리에 주위를 집중하여 감각의 유무를 알아차린다. 같은 방법으로 숨을 들이쉬고 내쉬면서 이마, 눈, 코, 입, 뒷머리, 귀 등의 감각을 알아차린다.

이것은 관상명상(觀想瞑想)이 아니므로 생각을 개입시킬 필요가 없다. 해당 부위에서 일어나는 감각들을 있으면 있는 대로 없으면 없는 대로 알아차리기만 하면 된다. 예를 들면, 먼저 오른쪽 눈에 의식을 집중하고 무엇을 느낄 수 있는지 보라. 이와 같이 각 부위마다 감각을 관하며 머물고 싶은 만큼 있다가 옮기는 식으로 몸 전체를 차례차례 관찰하는 것이다. 이때 주의할 점은 배경에 깔려 있는 숨과의 접촉을 놓치지 않는 것이다. 텔레비전 화면을 예로 들자면 감각은 클로즈업된 상태고 숨은 그 배경에 해당한다. 감각은 선명하고 숨은 희미하지만 항상 동시에 보이는 것과 같다.

위와 같이 몇 번 반복해서 수행한 후, 보조 수행으로 몸의 각 부위에 대한 감상을 곁들여본다. 먼저 눈에 대한 감상을 한다. 시력을 잃어 앞을 보지 못하는 사람들도 있는데 나는 밝은 눈으로 아름다운 사물들을 볼 수 있으니 이 얼마나 다행스럽고 고마운 일인가! 이런 방법으로 각각의 감각기관과 장기 등 몸 전체에 대한 감상을 해본다. 여태까지 당연하게 여기던 것에 대해 새로운 시각을 일깨워줄 것이다. 특히 모든 일이 잘 안 되는 것 같고 기분이 가라앉아 침체된 느낌에 빠져 있는 수행자에게 유용할 수 있다. 몸의 각 부위를 옮겨 다니면서 이런 식으로 감상하다 보면 살아 있는 일 자체가 경이롭고 고맙다는 생각이 들 것이다. 또한 이는 수행에 대한 관심과 흥미를 재충전하는 기회가 되기도 한다.

감상수행의 목적은 위에서 말했듯이 몸에 대한 집착을 유발하기 위한 것이 아니라 수년 동안 봉사한 몸에게 감사의 마음을 갖도록 하는 데 있다. 이렇게 해보면 마음이 한층 풍요로워짐을 느낄 수 있다. 자신의 몸을 더 잘 알게 될 뿐만 아니라 숨을 이용해서 숨 외의 다른 것을 알 수 있게 된다. 경전은 이러한 숨의 응용 능력을 중요하게 여긴다. 숨은 집중력을 증강시키고 집착을 감소시키며 탐닉하지 않고 감사할 수 있는 태도를 갖게 해준다.

우리는 처음 4가지 관법을 통해서 선정(禪定)이라는 고도로 집중된 몰입 상태에 도달할 수 있게 된다. 선정은 빨리어로 자아나(*jhana*)라고 하는데, 마음이 대상에 완전히 몰입된 상태를 말한다. 보통 8단계로 구분하며 높은 단계로 갈수록 더욱 정화된다. 몸도 더욱 편안해지며 에너지의 흐름도 어디 하나 막힌 곳 없이 순조롭게 흐른다. 좌선 자세는 반석처럼 안정되고 든든하다. 수행을 조금만 해보아도 고요함과 몰입이 얼마나 중요한지 잘 알게 될 것이다. 어느 정도 안정된 선정의 힘 없이 붓다가 가르친 수행의 전모를 파악하기란 힘들다. 수행이 진행되면 점차적으로 이런 안정된 마음을 갖추게 될 것이다.

또 다른 정형화된 명상 기법이 있다. 먼저 몸의 특정 부위를 선택한다. 예를 들면 단전이나 아랫배에 의식을 집중하고 그곳에서 숨의 감각을 느껴보는 것이다. 아랫배는 호흡관을 할 때 가장 자주 사용하는 부위 중 하나지만, 이 명상법에서는 몸의 특정 부위들, 말하자면 오른쪽, 왼쪽, 뒤쪽 등 어느 곳이든 선택한 후 의식을 집중해 숨의 감각을 느껴본다. 시간이 허락되면 몸 전체를 대상으로 해보는 것도 좋다. 아마 어떤 부위는 처음 지나갈 때 막혔거나 아무런 느낌이 없을 수도 있다. 그러나 염려할 필요가 없다. 시간이 되면 그 부분도 트이고 느낌이 되살아난다. 이윽고 몸 전체를 통해서 미세한 숨의 감각을 느끼고 있음을 발견하게 될 것이다.

앞서 말한 모든 수행들은 몸과 맘과 숨을 하나로 모아 통일체를 만드는 데 탁월한 효과가 있다. 이것이 바로 세 번째 관법의 주된 목적 중 하나다. 이 수행을 시작할 때는 관찰자와 관찰의 과정이 존재한다. 하지만 시간이 지나면서 이 둘 사이의 경계는 사라져버린다. 모든 것은 다른 모든 것의 부분이 된다. 여기에 경이로운 침묵과 고요가 있을 뿐이다.

12. 몸의 최후 – 애지중지하던 몸도
결국 한줌의 재로 변한다!

다소 극단적인 방법 같지만, 몸에 대한 관찰 가운데 죽음에 대한 것이 있다. 이것은 《염처경》에도 나온다. 옛날 수행자들은 공동묘지에 가서 죽은 사람의 시체가 썩어가는 과정을 관찰하곤 했다. 어떤 수행자들은 일정 기간 동안 머물면서 특정한 시체를 택하여 지속적으로 관찰하거나 여러 시체들을 번갈아가며 다양한 과정들을 관찰하기도 했다.

오늘날에는 할 수 없는 일이지만, 붓다는 시체가 변하는 일련의 과정들을 자세히 묘사했다. 이 모든 관법들은 아주 미묘한 느낌들을 자아내게 한다. 예를 들면 공포, 역겨움, 혐오 등 갖가지 부정적인 느낌들이 일어나므로 마음의 준비 없이 섣불리 덤벼들면 곤란하다. 하지만 우리 몸이 결국은 겪어야 할 다양한 과정을 관상하면서 몸의 무상함을 관한다는 점에서는 중요한 수행임에 틀림없다. 공동묘지에는 다리뼈, 어깨뼈 등 여러 가지 뼈들이 여기저기 즐비하게 널려 있다. 이것을 관하는 것이 관법의 한 단계다. 물론 마지막에는 뼈들도 다 썩어 없어지고 먼지만 남게 된다. 그 먼지까지도 한 줄기 바람에 의해 날려갈 것이다.

의심할 여지가 없다. 누구나 이런 최후의 운명을 맞이해야 한다. 그렇다고 이 관법의 목적이 삶에 대한 비관적 태도를 조장하려는 것은 아니다. 단지 몸에 대한 지나친 집착을 바로잡아 균형 잡힌 태도를 갖게 하기 위함이다. 왜냐하면 몸에 대한 집착은 쓰라린 고통만 안겨줄 뿐이기 때문이다. 아무리 우리가 천년만년 살 것처럼 애지중지 보살펴도 몸은 자연의 법칙에 따라 사라지게 되어 있다.

나는 죽음 관찰명상을 많이 해보았고 참 좋았다. 약 한달 동안 수왓(Suwat) 스님에게 지도를 받았는데 처음엔 메스꺼움, 공포, 쓰라림, 실망 등 온갖 부정적인 감정들이 계속 떠올랐다. 나는 그동안 열심히 살았고, 그래서 많은 일들을 이루어냈다. 그런데 그 과정에서 생긴 감정의 찌꺼기들이 모두 함께 떠오르기 시작한 것이다. 해체되는 몸을 관찰하다 보면 분노, 공포, 깊은 슬픔의 상태에 빠져든다. 숨을 관하던 방법대로 이러한 감정들에 의식을 집중해 바라본다. 그러다 보면 조금씩 이런 자연의 법칙과 익숙해지며 편안한 기분이 찾아든다. 이제 시체가 흉측하다고 생각되지 않는다. 그저 있는 그대로의 모습일 뿐이라 여겨진다.

나를 찾아온 수행자들에게 즐겨 권장하는 관상명상법이 있다. 어느 날 뼈만 앙상하게 송장으로 남은 자신을 관상해보라고 한다. 나는 이렇게 여러 번 해봤는데 어떤 이유에서인지 잘 모르겠지만 그때마다 어렵지 않게 잘해냈다. 한 번은 뼈만 남은 송장이 된 나 자신을 떠올리며 몇 시간 동안 행선을 한 적도 있다. 하려고 노력하지 않아도 저절로 그 모습이 떠올라 선명하게 마음에 남아 있는 단계까지도 간 적이 있다. 또한 좌선할 때 이 관상법을 호흡과 함께 해본 적도 있다.

계속 이런 식으로 수행하다 보니 나 자신도 언젠가 그런 모습이 된다는 사실이 자연스럽게 의식 속으로 들어와 내면화되었다. 이 내면화된 의식을 통해서 우리는 몸과 새로운 관계를 맺게 되는 것이다.

나의 스승은 이 명상법에 대해 경험이 많은 분이었다. 해체된 시체를 다 보았다고 보고하면 곧바로 새로운 숙제를 주었다. "그래, 잘했어! 자, 그러면 다시 젊고 튼튼하고 멋있게 만들어 봐!" 그것도 다 했다고 하면 바로 "다시 해체해!"라고 말했다. 우리는 몸속으로 들어가 내장 기관과 배설물, 고름, 피 등도 관찰했다. 이 수행은 단순히 혐오감을 일으키려고 하는 것이 아니라 몸에 대한 환상과 애착을 치유하기 위한 것이다. 아무리 혐오스러운 것이라 할지라도 몸의 소중한 일부라는 것을 받아들이게 하는 방법이다.

따라서 이 수행법은 편견을 없애준다. 사물을 보는 균형 잡힌 시각을 갖게 해 모든 것과 자연스럽고 건강한 관계를 회복시켜 준다. 삶의 모든 현상 속의 몸, 몸과의 관계 속의 즐거움, 신비로운 이 몸은 연기적 과정들로 구성되어 있다. 그래서 인연이 다하면 결국엔 죽게 되지만 거부하지 않고 있는 그대로의 자연법칙을 진심으로 받아들이게 된다.

13. 선정의 단계

이쯤에서 이 경전의 가르침이 어떻게 전개될지 대충 감을 잡았을 것이다. 이 경전은 체계적으로 수행해야 할 일련의 관법들로 구성돼 있다. 이것은 또한 숨에 대한 마음챙김 수행을 하다보면 자연적으로 전개될 과정들을 기술해놓은 것이다. 여러 단계들이 조화롭게 혼합되어 있음을 알 수 있다. 숨이 더 깊어지면 자연스럽게 초점이 몸으로 옮겨가게 된다. 이처럼 네 번째 관법은 세 번째 관법을 따라 저절로 되기 마련이다. 하려고 해서 되는 것이 아니라 그냥 그렇게 되는 것이다. 나중에 되돌아보면 각 수행단계들이 이런 식으로 서로 연결되어 있음을 알 수 있다. 이런 과정을 거쳐서 여러분들은 현재 네 번째 단계에 접어들고 있는 것이다.

> 4. 몸의 작용(身行)을 편안히 하면서 '숨을 들이쉬리라' 하고 수련하며,
>   몸의 작용을 편안히 하면서 '숨을 내쉬리라' 하며 수련한다.

따로 설명이 필요 없는 대목이다. 네 번째 관법은 여러 단계로 구성된 선정의 세계를 탐색하도록 해준다. 붓다와 그의 제자들은 이 단계에서 어떤 현상이 일어나는지에 대한 이해를 돕기 위해서 각 단계마다 이름을 붙이고 경계를 설정하여 안내 지침을 만들었다. 위에서 언급했듯이 '자아나' 혹은 '선정'이 그것이다. 첫 번째 선정은 5가지 심리적 현상들로 구성되어 있다. 수행 도중 나타나는 현상들이기 때문에 이에 대한 특징을 알고 있으면 나중에 하는 수행에 도움이 되리라 생각한다. 간단히 살펴보자.

처음 2가지는 빨리어로 위따까(*vitakka*, 尋)와 위짜라(*vicara*, 伺)다. 실제로 이것은 그렇게 생소하지 않은 개념들이다. 위따까란 마음을 명상 대상에 집중하는 상태다. 건강한 심리상태의 처음 2가지 구성요소인 에너지와 마음챙김이 하나로 작용하는 것이다. 즉, 의지적으로 챙겨서 호흡과 같은 특정 대상에 정확하게 초점을 맞추는 능

력을 말한다. 두 번째 위짜라란 그 대상에 대한 지속적인 관심으로 위따까의 상태를 계속 유지할 수 있는 능력을 의미한다. 쉽게 말하면 먼저 호흡에 대한 마음챙김에서 벗어나지 않고 지속적으로 호흡과 함께하는 것이다. 사실 이 2가지 심리현상은 함께 작용하며 때로는 융합하기도 한다. 수행자에 따라서 둘 중 하나가 더 강하게 나타나는 경우도 있다. 그러나 수행이 진전되면 둘 다 강한 심리현상으로 나타난다.

다음은 삐띠(*piti*, 喜悅)로, 이는 극적인 희열감을 의미한다. 강한 에너지를 동반한 생동감 있는 느낌이다. 이것은 번개처럼 갑자기 나타났다 사라지기도 한다. 몇 달 동안 다시 나타나지 않을 수도 있다. 반면에 아주 규칙적으로 나타나 희열감이 온 몸에 스며들어 몸이 완전히 투명하게 된 것처럼 느껴질 때도 있다. 몸이 없는 것처럼 생각되기도 하며, 동시에 몸이 아주 크게 느껴지기도 한다. 평화로움의 요소가 약간 있지만 그렇게 평온한 느낌은 아니다. 열광의 심리상태다. 강해질수록 이런 상태가 지속되길 바란다. 거기에 머물고 싶어한다. 믿기 어려울지 모르지만 나중에 짜증이 날 수도 있다. 평화로움이 부족하다. 어떤 경우엔 결제수행 기간 내내 이런 심리상태가 계속되기도 한다. 이제 제발 이 열광적인 상태가 좀 가라앉았으면 하는 생각이 든다.

이런 희열감이 지나가면 수카(*sukha*, 幸福)가 온다. 충만감이다. 희열감보다 좋은 느낌이지만 집착하면 더 위험하다. 희열감의 짜릿한 황홀감과 같은 자극적인 요소는 다 사라진다. 고요한 평화로움에 젖게 된다.

옛 주석자들은 이 2가지 경험을 구분하기 위해서 이미지화된 비유를 들어 설명했다. 사막을 여행하던 사람이 오랫동안 물을 구하지 못해 목말라 하다가 마침내 오아시스를 발견하게 된다. 오아시스를 발견하는 순간의 기쁨이 삐띠고 실제로 물을 마셔 갈증이 가신 뒤에 오는 행복감과 안도감이 수카다.

삐띠와 수카, 차원 높은 행복임엔 틀림없지만 종착역은 아니다. 하지만 이런 심리상태는 상당히 중요하다. 여러분이 지금 경험하고 있거나 혹은 앞으로 이런 경험을 하게 되면 명심해야 할 말이 있다. "그런 경험들에 깨어 있어라. 집착하지 말고 있는 그대로 보라." 잊어서는 안 될 가장 유용한 지침이다. 이런 자세로 살펴보면 선정의 결과로 나타나는 심리현상으로 섬세함과 강렬함의 정도가 다양하다는 사실을 알게 된다.

이러한 선정의 경험은 더 열심히 수련해야겠다는 동기를 부여해 준다. 행복감에 한번 젖어본 사람은 이것이 얼마나 사실적인가를 알기 때문이다. 일단 한번 경험하고 나면 이런 경지에 훨씬 쉽게 들어갈 수 있다. 앉아서 몇 번만 숨에 집중하고 나면 그 경지에 들게 된다. 물론 이 능력은 하루아침에 계발되는 것이 아니라 일정 기간 동안의 지속적인 수행을 통해서 이루어지는 것이다.

희열감, 행복감과 같은 심리적 단계를 거쳐 다섯 번째인 에까가따(ekaggata, 心一境性)의 상태에 이르게 된다. '통일감' 혹은 '동요가 없는' 의 뜻으로 가끔 사마디(samadhi, 三昧)와 동의어로 쓰이기도 한다. 레이저 광선처럼 혹은 태양 광선을 렌즈로 모은 것처럼 마음의 초점이 정확하게 맞아 고도로 집중된 상태를 나타낸다. 여유 있고 유연할 뿐만 아니라 일관성이 있다. 마음 자체가 스스로를 바라볼 수 있는 충분한 힘을 갖추게 된다. 바로 이 힘을 통해 통찰력이 계발되고 결국 해탈의 경지에 이르는 것이다.

행복감과 평화로운 느낌 외에도 다른 혜택이 있다. 이런 긍정적인 느낌들이 밖에서 들어오는 것이 아니라 자기 안에서 생긴다는 것이다. 건강하든 허약하든, 젊든 늙든, 부자든 가난하든 전혀 상관없다. 이것은 바로 자신의 마음속에서 발견한 보석을 가지고 있는 것과 같다. 자신감이 있고 든든하기 때문에 세상이 자신을 어떻게 대하든 크게 연연해하지 않는다. 이제 더 이상 왕의 눈치를 살펴야 하는 신하의 입장이 아니라 세상 사람들이 무엇을 필요로 하는지를 살피는 왕의 입장이 된 것이다.

그렇다고 이러한 경지를 얻게 되면 세상과 동떨어진 삶을 살아가야 한다고 말하는 것은 아니다. 외부적인 조건에 의존하지 않고 주체적인 삶을 살아가게 된다는 의미다. 내면에 항상 마르지 않는 충족의 원천을 가지고 있기에 외형적인 겉치레에 연연해하지 않는다는 말이다. 물론 여전히 직업도 있어야 하고, 가족도 돌봐야 하며, 직장동료들과 좋은 관계도 맺어야 하고, 문제가 있으면 직면해 풀어나가야 한다. 예전처럼 일상적인 삶을 살아간다. 그러나 이전의 삶과 다른 점은 어떤 일을 하든 초조해하거나 불안해하지 않고 담담하게 해나간다는 것이다. 하는 일에 마음이 집중되어 있고 흔들림 없는 삶을 산다. 수행의 삶이 이렇게 수승하다는 사실을 스스로 확신하게 되고 더욱 열심히 정진할 마음을 내게 되는 것이다.

여기서 한 가지 짚고 넘어갈 것이 있다. 불행하게도 이처럼 수승한 경지에도 함정이 있음을 간과해서는 안 된다. 선정의 행복감을 체험한 사람치고 이것에 집착하지 않는 사람이 드물다는 사실이다. 그것이 아무리 이롭고 좋아도 집착하게 되면 그 순간 문제가 발생한다. 그처럼 좋은 상태를 계속 유지하기 위해서 세상으로 다시 들어가길 꺼려하고 마냥 앉아서 그것만을 즐기려한다. 더 이상 부정적인 업을 강화하진 않지만 삶의 문제를 회피하고 있는 것이다. 우리의 동지인 마음챙김의 힘을 계속 증진시키고 있지만 그 힘을 구체적인 삶 속에서 활용하진 않는다.

이런 경우에 처해 있다면 선지식이나 도반에게 도움을 청해야 한다. 그 과정을 이미 거친 선지식이라면 이렇게 조언해줄 것이다. "아주 좋은 경험을 했군. 그런데 거기에 지혜와 통찰력이 빠졌어!" 이에 대한 즉각적인 반응은 보나마나 뻔하다. "이런 황홀한 느낌이라면 그까짓 통찰력 따위는 필요 없어요!"

그러나 문제는 그런 느낌을 항상 가질 수는 없다는 점이다. 수승한 경지에 대한 집착에서 자유로워지는 가장 좋은 방법 중 하나는, 그것도 생겨났다 사라진다고 알아차리는 것이다. 사라지기 때문만 아니라 그 상태에 다시 도달하려고 애쓰는 것 자체가 괴로움의 원인이 될 수 있음을 알아야 한다. 아무리 가치 있는 것이라도 반드시 한계가 있기 마련이다. 선정이 중요한 요소이기는 하지만 불교 수행은 선정만을 통해서 완성되지 않는다.

더욱 한심한 것은 선정의 기쁨에 탐닉하여 명상을 은신처로 삼는다는 점이다. 명상을 통해서 일상을 더 온전하게 살려는 것이 아니라 명상을 도피의 수단으로 삼고 있다는 것이다. 우리 삶 속에 가득한 악마들과 맞서려하지 않기 때문에 악마들의 힘이 더 강해지는 것이 아닌가? 그런 사람들에겐 선정은 있지만 아직 지혜가 없다. 고요한 선정 속에 빠진 어리석은 자들이다. 고요한 바보들인 것이다.

요점은 고요한 선정이든 기쁨이든 우리 자신의 내면을 깊게 바라보는 데 활용하자는 것이다. 이것이 바로 위빠사나 수행의 핵심이다. 숨이나 몸과 같은 명상의 대상에 대해 깨어 있는 것으로부터 시작해, 깨어 있음 자체로 끝맺는 것이 불교 수행이다. 지혜는 항상 불교 수행의 지향점이다.

제2장

숨과 느낌에 대한 관찰

1. 지혜수행을 시작하며

《호흡관법경》의 처음 4가지 관법은 좌선의 자세를 갖추고 마음을 안정시켜, 몸과 익숙해지는 행법들로 구성돼 있다. 처음에는 단순히 숨과 함께 깨어 있는 마음을 갖는 것으로 시작했다. 우리는 매일 같은 숨을 반복해 쉬고 있는 것 같지만 순간순간의 숨은 서로 다른 특질을 지니고 있기에, 매순간 같은 숨을 쉬고 있지 않다는 사실이 분명해졌다. 숨에 대한 마음챙김이 잘 될수록 숨은 더 깊어지고 미세해지며, 몸 전체를 통해서 숨을 더 쉽고 생생하게 알아차릴 수 있다. 지속되는 집중을 통해서 이처럼 숨이 변하고, 몸과 마음은 서로 조화를 이루게 된다. 숨은 몸을 조건화한다.

이제 여러분은 숨과 몸과 맘이 하나가 되어 고통과 불편함 없이 오랫동안 앉아 있을 수 있다. 앞에서 말했듯이 여러분은 어떤 폭풍우에도 흔들리지 않고 견딜 수 있는 뿌리 깊은 나무가 된 것이다. 깊은 뿌리는 든든한 모습으로 앉아 마음챙김의 수련을 하는 것이다. 일상의 삶에 불어닥치는 어떠한 감정의 폭풍도 직면해낼 자세가 되어 있다.

여기서 강조하고 넘어가야 할 것은 위와 같은 수행의 진전 과정이 사람에 따라 다르게 나타난다는 점이다. 또한 상당 시간 동안 꾸준히 정진하지 않으면 결실을 맺을 수 없으며, 특히 대부분 초보 수행자들은 오랜 시간 좌선 정진을 해야 수행이 진전된다는 사실이다.

하지만 어느 정도 선정수행이 진행되면 지혜수행으로 수련의 초점을 옮겨야 한다. 생생하게 깨어 있는 마음으로 앉아 세심한 주의를 기울여 바라보아야 한다. 몸의 관찰에서 느낌과 감각을 관찰하는 것으로 단계를 바꾸는 시점에서 행법의 전환이 필요하다. 앞서 불교심리학에서는 마음(意)을 포함한 6가지를 감각기관으로 취급한다는 사실을 언급했다. 감각기관에서 일어나는 느낌과 감각에 대한 알아차림 수행이 이 단계에서 시작된다.

앞장에서 이러한 느낌과 감각에 대해 설명했으므로, 여러분은 느낌과 감각을 다루는 다섯 번째와 여섯 번째 관법에 익숙할 것이다. 그러나 여기서 강조하는 것이 앞서 언급했던 것과는 조금 다르다는 사실을 간과해서는 안 된다. 앞에서는 약하고 아직 덜 성숙한 마음의 상태에서 일어나는 감각을 관했다면, 지금부터는 더 생생하고 안정된 마음상태에서 생긴 느낌과 감각들을 관찰하게 된다.

5. 희열을 느껴 알면서 '숨을 들이쉬리라' 하고 수련하며,
   희열을 느껴 알면서 '숨을 내쉬리라' 하며 수련한다.

6. 행복을 느껴 알면서 '숨을 들이쉬리라' 하고 수련하며,
   행복을 느껴 알면서 '숨을 내쉬리라' 하며 수련한다.

위에서 행한 수행과정의 정상적인 결과로 희열과 행복의 심리상태가 되었다. 붓다는 4념처의 관법 중, 두 번째인 느낌과 감각에 대한 4가지 관법을 제시하고 있다. 위의 관법은 이 4가지 중 처음의 2가지에 해당된다.

희열감은 극도로 강렬할 수 있다. 하지만 꼭 그런 것만도 아니다. 무겁거나 가벼울 수도 있고 거칠거나 미세할 수도 있다. 희열감은 고요하고 잔잔한 호흡에서 생겼고, 또한 이 느낌은 호흡을 더욱 고요하게 한다. 그러나 이 단계에서는 일단 희열감이 일어나면 관찰의 대상이 된다. 희열감이 전면으로 부상하고 몸과 숨은 배경으로 물러나게 된다. 숨이 그랬던 것처럼 희열감이 세계의 전부인 것이다.

앞에서 말했듯이 희열감은 수행의 든든한 버팀목이 될 수 있다. 수행을 통해 자신도 이처럼 구체적인 경험을 얻을 수 있다고 생각하면 자신감을 갖게 된다. 일일이 스승을 찾아다니지 않아도 수행의 길이 보이고, 웬만한 것은 스스로 해결할 수 있다는 생각이 들게 될 것이다. 살아가면서 우리들은 많은 고통과 괴로움을 경험하게 된다. 희열감은 이런 고통을 없애주는 진통제 역할을 해준다.

하지만 희열감을 하나의 성취로 간주한다면 문제가 된다. 우리는 보통 학사에서 석사, 석사에서 박사 취득과 같은 성취의 점진적 틀에

얽매여 살아간다. 이런 성취욕의 틀을 수행에 적용하면 안 된다. 이만큼 희열감을 성취했으니 이제 좀더 많은 희열을 느꼈으면 한다. 그렇게 되면 돈, 권력, 음식, 섹스에 대한 끝없는 욕망과 다를 게 없다. 그것은 쓰라린 고통을 부를 뿐이다. 트룽파 린포체는 그것을 정신적 물질숭배주의라고 부른다. 정신수행을 에고의 강화와 욕망충족의 수단으로 이용한다는 의미다.

희열감 뒤에 생기는 행복감에 있어서도 마찬가지다. 행복감은 안정되고 평화로운 감정으로 희열감보다 더 깊이 있는 심리상태다. 때로는 희열감이 함께 일어나기도 한다. 희열감이 더 지배적인 상태에서 서로 섞여 있는 것이다. 희열감이 강화되어 역동적으로 일어나는 상태에서는 지혜수행을 하기가 매우 어렵다. 하지만 마음이 안정됨에 따라 희열감은 힘을 잃게 되고 깊은 평화로움이 솟아나오게 된다. 바로 이처럼 안정된 마음상태에서 지혜수행을 시작할 수 있다.

행복감은 너무나 평화롭기 때문에 특히 유혹적이다. 열반처럼 느껴지기도 한다. 아니면 '적어도 열반의 경지가 이렇지 않을까' 하고 상상할 정도로 열반과 유사하다. 여생을 이런 행복감 속에서 지내고 싶을 것이다. 하지만 그것은 열반이 아니다. 다른 모든 것처럼 생겨났다 사라지는 심리상태일 뿐이다. '행복감 역시 무상하고, 만족됨이 없고, 실체가 없는 것'임을 지혜수행을 통해 체득해야 한다.

당신은 붓다가 우리들이 향유하는 모든 행복감을 부질없다 단정하고, 기쁜 마음으로 축하 퍼레이드를 하고 있는 우리에게 항상 비를 뿌려 즐거운 행사를 망치려 한다고 불평할 수도 있다. 하지만 곰곰이 생각해보면 절대 그렇지 않다. 실제로 그는 우리의 고통을 근원적으로 치유해주고자 최선의 노력을 다하고 있는 것이다. 깨달음의 경지에서 살펴볼 때, 희열감과 행복감마저 선정이라는 조건화된 틀 안에서 형성된 것임이 분명하기 때문이다. 어떤 명상 수행자도 선정의 경지가 영원하다고 말하진 않는다. 그것 역시 덧없다. 특히 그 경지에 집착해 그 상태가 지속되기를 원한다면 더욱 그렇다. 아무리 대단한 희열감과 행복감이라 할지라도 완전하게 충족되어 있지 않다. 더 채워야 할 부분은 항상 남아 있다. 거기에는 '나, 나의 것'이라는 흔적, 즉 존재론적인 공허감이 늘 함께하고 있기 때문이다. 이것들을 생기게 한 조건이 해체되면 희열감과 행복감 또한 사라진다. 그것들에 집착하고 있는 한 반드시 고통이 따른다.

그렇다고 희열감과 행복감을 즐기지 말라는 말은 아니다. 좌선할 때 이런 경지에 오르면 거기에 흠뻑 젖어들어야 한다. 자신을 온전히 내맡기고 충분히 즐겨야 한다. 이렇게 하면 예전에 몰랐던 내면의 힘을 발견하게 되어 더 이상 밖에서 행복을 찾지 않는다.

2. 꽃은 시들기 마련이다

불교 사원이나 명상센터에 가면 아름답게 장식된 꽃들을 흔히 볼 수 있다. 우리는 그것을 보면서 예술적으로 표현된 꽃의 아름다움뿐만 아니라 가치 있는 삶의 교훈을 발견하게 된다. 첫째 날, 꽃들은 너무도 싱싱하고 아름답다. 그윽한 향기가 사람들의 마음을 사로잡는다. 그러나 2, 3일이 지나면 시들기 시작해 꽃잎은 떨어지고 향기는 사그라진다. 그리고 오래지 않아 아무리 우리가 아쉬워하더라도 결국은 휴지통에 버려져야 할 신세를 면치 못한다.

아무리 화려한 꽃일지라도 항상 시들어 추하게 변하는 모습을 보았다고 해서, 이제 더 이상을 꽃을 보지 않겠다고 다짐하고 다음에 꽃을 보면 외면해버리는가? 아니면 언제라도 꽃의 아름다움을 감상하고, 좀 아쉽긴 하지만 시들어도 그러려니 하고 지나치는가? 우리 인간들의 경험도 마찬가지다. 희열감과 행복감도 이와 같다.

지적인 분석이 아니라 깊은 통찰을 통해서 희열과 행복의 선정 경지를 살펴본다면 그런 심리상태가 얼마나 무상한지 알 수 있다. 희열감과 행복감 안에서 변하는 미묘한 심리들을 파악할 수 있게 된다. 그처럼 좋은 느낌들이 오래 지속되기를 바라고, 사라져버렸을 때 다시 찾으려 하며, 어떤 경험이 다시 찾아오면 예전과 같은 황홀감이 없다고 실망하게 된다. 우리들 삶이 대부분 이렇다. 이것저것 쫓아다니며 이리저리 헤매면서 삶을 소진하고 있는 것이다.

희열감과 행복감이 '나, 나의 것'이라는 관념을 얼마나 열심히 키워내는지를 알 수 있다. '이것이 나의 희열감이다' '지금 난 정말 행복해!' '나는 경이로운 수행을 하고 있어!' '이 희열감 때문에 나는 불교를 사랑해!' … 이처럼 에고를 둘러싼 갖가지 관념들이 쏟아져 나온다. 선정의 수승한 경지에 새로운 형태의 집착이 생기게 된 것이다. 만약 우리가 돈, 명예, 권력, 음식, 섹스에 탐착하는 것처럼 그것을 잡으려고 하면, 여지없이 그 집착의 불은 우리를 태워버리고 만다.

에고를 뒤치다꺼리하다 보면 싫증이 나기 시작한다. 싫증을 내기 시작했다는 것은 아직 가망이 있다는 증거다. 싫증이 나기 전까지는 왜 우리가 이토록 힘들고 피곤한지도 모른다. 온종일 에고를 보살피며 그가 시키는 일은 무엇이든 다 한다. 그를 그토록 애지중지 키우고 보호하였건만 결국엔 상처받고 더 이상 어찌할 수 없어 지쳐버린 것이다.

붓다의 가르침은 단 하나로 압축된다. 어떤 상황에서든지 '나, 나의 것'이라는 관념에 집착해서는 안 된다는 것이다. 거듭 말하지만 희열감과 행복감을 경험하지 말라는 의미가 아니다. 집착하지 말라는 뜻일 뿐이다. 만약 집착하는 마음이 일어나면 마음챙김의 힘으로 알아차려 스스로를 보호해야 한다는 말이다.

문제는 이 일이 생각처럼 그리 쉽지 않다는 점이다. 희열감과 행복감을 온전히 경험한 후, 집착 없이 놓아 보낼 수 있을까? 우리가 원하든 원치 않든 언젠가 찾아오게 될 자연의 법칙을 미련 없이 받아들일 수 있을까? 호흡에 모두 맡겼던 것처럼 그 법칙에 모두를 맡겨버리고 초연할 수 있을까?

이 시점이 바로 위빠사나 수행, 즉 통찰지혜수행으로 전환해야 할 때다. 이때부터는 단순히 선정수행만 닦는 것이 아니라 선정 상태 자체의 특성을 살펴서 지혜수행을 병행해야 한다. 실체가 없는 것을 가지고 무언가 있는 듯 여기고, 무언가를 끌어낼 수 있다고 생각한다. 그리고 그것이 자기 것이라고 착각한다. 그러나 더 자세히 살펴보면, 그 모든 가정들이 스스로 만들어낸 환상에 불과하다는 사실을 알게 된다. 이처럼 무상한 마음의 상태가 일어나면 일어나는 대로 사라지면 사라지는 대로 내버려두는 수련을 해야 한다.

불교 수행의 관문으로 들어가기 위해서는 우선 무상 혹은 공에 대한 정확한 이해와 체득이 필요하다. 우리는 흔히 공을 잘못 이해하고 있다. 공은 여기에 없음을 의미하지 않는다. 단지 우리가 상상하듯 여기에 있는 것은 아니라는 뜻이다. 우리는 항상 과거의 기억이나 이상향으로 여겼던 것으로부터 다양한 관념들을 만들어낸다. 그리고 이런 관념들을 보호하고 유지하느라 삶을 소진한다. 다행히 소중한 기회를 만나 그런 일들이 얼마나 부질없는 짓인지를 알고 놓아버리면 진정한 수행의 삶이 얼마나 홀가분하고 자유로운지를 알게 될 것이다.

희열감과 행복감은 비록 무상하지만 매우 유용하고 가치 있는 것일 수 있다. 선정수행에 더욱 익숙해지면, 원할 때 그 상태로 자유롭게 들어갈 수 있게 된다. 요즘 나는 병든 어르신들과 임종환자들을 보살피고 있다. 대리인으로 취해야 할 각종 법적 절차와 나이든 어르신들을 보살피는 방법 등을 배워야 한다. 이런 일에 익숙한 사람에게는 별것 아니겠지만, 처음해보는 나는 한 가지 일을 처리하면서도 절절매며 오랜 시간을 보내야만 했다.

내 친구들에게 물어보면 알겠지만 나는 공무원이나 사무원 타입의 사람은 아니다. 적성에 맞지 않기 때문에 공문서 만드는 일 따위는 될 수 있으면 피한다. 하지만 병든 어르신들과 임종환자들을 보살피면서부터는 몇 다발의 서류를 모두 스스로 작성해야 했다. 그 일이 무척 부담스러워 건성으로 대충대충 하면서 빨리 그 과정이 끝나기만을 기다렸다. 그러나 도중에 잠시 일을 멈추고 숨에 의식을 집중해 느긋하고 고요한 마음을 유도해낸다. 그리고 그곳에서 잠시 휴식을 취한다. 이런 상황에서는 위빠사나 수행이 아니라 간단한 선정수행이 더 유용하다. 이렇게 하면 한층 신선한 기분으로 사무실에 돌아와 남은 일들을 가볍게 처리할 수 있게 된다. 그것을 통해 나는 선정수행의 가치를 확인하게 된다.

3. 이제 화장실 청소를 하자!

희열감, 행복감, 무상, 무아. 이 말들이 신비하고 생경하게 들릴 수도 있다. 중요한 사실은 수행이 머릿속에 모아놓은 이런 말과 개념들에 의해서 진행되지는 않는다는 것이다. 법당에 가부좌를 틀고 앉아 있는 돌부처상과 같은 이미지를 자신의 머릿속에 새겨넣는 것으로 수행이 이루어지지 않는다는 사실을 알아야 한다. 수행은 머리로 하는 것이 아니라 몸으로 해야 한다. 구체적인 일상의 삶을 떠나 수행의 삶이 따로 존재하는 것이 아니다. 이와 같은 책이나 강의, 좌선수련 등도 모두 반복되는 일상의 삶을 어떻게 순간순간 수행의 삶으로 바꿀 수 있는가에 그 초점이 맞추어져 있다. 지금 내가 말한 모든 것은 단지 화장실 청소를 통해서도 배울 수 있다.

수련을 지도할 때 나는 항상 '생활 속에서의 수행'에 대한 말을 반드시 한다. 수련생들에게 어떻게 수행을 바깥 세상에 적용시켜 실천하고 있는지를 말해보라고 한다. 수행에 대해서 말하는 것이나 실천하는 것 모두 그렇게 쉽지만은 않나 보다. 서양에서는 고등교육을 받은 많은 지성인들이 불교에 매력을 느낀다. 따라서 오히려 불교적 이론과 교리에 대해서 말하라고 하면 그들은 쉽게 말문을 연다. 통찰 명상수행원의 수련회에 가면 누구에게나 날마다 해야 할 일이 주어진다. 수행원의 원활한 운영에만 목적이 있는 것이 아니라 일도 수행의 연장이라는 사실을 가르쳐주기 위한 것이다. 삶의 현장으로 돌아가면 아침, 저녁으로 1, 2시간 정도 좌선하는 것을 제외하고 대부분 시간은 일하면서 지내기 때문이다. 반면 수행원에서는 좌선은 오랫동안 하지만 일은 적게 한다. 하지만 울력시간에도 수행하는 마음을 계속 유지할 수 있다면 일상으로 돌아가서도 그것을 적용할 수 있는 가능성이 훨씬 많아진다.

화장실 청소와 같은 일은 누구나 꺼린다. 통찰명상수행원에는 화장실이 여러 개 있다. 많은 사람들이 사용하는 곳이므로 늘 청결을 유지해야 한다. 화장실 청소는 이왕이면 고명한 교수님이나 고위 관직에 있는 분들이 하면 좋다. 그들의 신분에 대해 특별한 의미를 갖고 조롱하려는 의도는 아니다. 다만 집에서 그런 일을 도맡아했던 사람들은 대부분 수행원에까지 와서 화장실 청소하는 것을 달갑지 않게 생각하기 때문이다.

이 수행에 특별한 방법이 따로 있는 것은 아니다. 허리를 굽힌 자세로 변기 안에 스프레이를 조금 뿌린 후, 긴 손잡이가 달린 솔로 문지른다. 스프레이를 뿌릴 때와 솔이 변기에 부딪칠 때 나는 소리를 듣는다. 묵은 때가 아직 그대로 남아 있는 부분을 바라본다. 잘 벗겨지지도 않는다. 그러다 지난밤 야구경기를 떠올리기도 하고 이번 휴가 생각에 신이나 콧노래를 흥얼거리기도 한다. 자신을 비난하지 않고 알아차리는 순간 다시 화장실 청소로 돌아온다. 원리는 숨에 대한 마음챙김을 할 때와 같다. 깨어 있는 마음으로 그 일과 하나가 되는 것이다. 마음이 다른 데 가 있으면 자연스럽게 원래의 대상으로 되돌아오면 된다.

마지못해 화장실 청소를 하는 경우라면, 사람들은 보통 다음과 같은 태도를 보일 것이다. "화장실 청소라니, 이건 천한 사람이나 하는 일이야. 내가 왜 이 짓을 해야 돼? 아휴, 이 고약한 냄새!" 엉거주춤하게 서서 솔로 변기 닦는 시늉을 내고 있자니 배가 당기며 토할 것 같은 느낌이 든다. 하지만 어쩌랴, 이것이 지금 이 순간 그대의 삶인걸! 물론 로맨틱한 삶은 아니다. 하지만 공포를 직면해야 하듯이 화장실의 고약한 냄새와도 맞서야 한다.

사실 여기서 정면으로 맞서 퇴치해야 하는 것은 스스로 만들어낸 에고의 이미지다. '왜 내가 화장실 청소를 해야 하지?' 혹은 '나는 참 성실한 불교인이야. 이렇게 깨어 있는 마음으로 화장실을 청소하고 있으니까' 이런 생각을 접고 잠깐 동안이라도 지금 하고 있는 일에 몰두한다면 자기도 모르는 사이에 기분이 좋아지는 것을 알 수 있다. 즐겁고 기쁜 기분은 '나, 나의 것'이란 것의 힘이 약화될 때 찾아온다. 더 이상 알량한 에고의 중압감에 시달리지 않고 자유롭고 가벼운 마음으로 그 일을 하게 되는 것이다.

어느 누구도 현재 하는 일에 항상 몰두할 수는 없다. 그러나 몰두할 수 있는 만큼 삶은 경이로워진다. 화장실을 청소하는 일조차도 좋은 수행이 될 수 있는 이유는 '나, 나의 것'의 매개를 통하지 않고, 있는 그대로 삶의 모습과 직면할 수 있기 때문이다. 이러한 진리의 세계는 우리가 그것을 향유하고 그로부터 생명력을 부여받을 수 있도록 늘 우리를 기다리고 있다. 모든 것은 우리 자신에게 달렸다.

'깨달음이란 무엇인가?'라는 질문에 대한 유명한 답변이 있다.

바로 '배고프면 밥 먹고 목마르면 차를 마셔라' 다. 가장 가까운 중국 식당이 어디인가? 쉬운 말처럼 들리지만 이 선문답이 전하고자 하는 메시지는 매우 심오하다. 깨달음이 따로 있는 것이 아니라, 깊이 내재한 자아관념이 다 떨어져나간 분별심 없는 행동, 이것이 바로 깨달음이라는 뜻이다. 깨달은 마음은 행동 속에 본성을 그대로 드러내는 법이다.

깨달음은 '나, 나의 것'이라는 것과의 관계를 넘어서 있다. 자신이 누구라고 알고 있는 그 환상 너머에 깨달음이 있는 것이다. 세속에서는 자신에 대한 긍정적 이미지를 갖는 것이 유용하다고 한다. 그러나 불교적 지혜는 어떠한 자기 이미지도 용납하지 않는다. 자기관념은 항상 괴로움을 수반한다. 자기가 늘 함께 있으면 좋으련만 제멋대로 왔다 제멋대로 가버린다. 그야말로 통제불능이다. 그래서 괴로움이다. 따라서 이 수행은 자신이 누구라고 생각하는 그 자화상을 송두리째 버리는 일이다. 그리고 남들이 하는 것처럼 배고프면 밥 먹고 목마르면 차를 마신다. 이렇게 했을 때 참다운 자유의 맛, 맑음의 맛, 헌신의 멋, 자연스러움의 멋을 만끽할 수 있다.

그러기에 일상의 삶은 매우 중요하다. 이 책을 읽는 독자들은 대부분 산중에서 전문적으로 수행을 하는 출가자가 아닐 것이다. 세속에서도 얼마든지 수행할 수 있다. 출가나 세속적인 삶 자체의 수승함이나 열등함의 구분을 떠나서, 삶 자체를 수행으로 삼을 수만 있다면 우리 삶은 한층 더 새롭고 풍요롭게 다가올 것이다. 자신의 이미지에 연연하지 않고 순수한 자세로 모든 일에 임한다면 삶에 대한 명료한 지견과 참다운 자비를 얻게 된다. 불쌍한 사람들에게 자비를 베푸는 것처럼 외형적인 활동을 통해서 자비심을 계발할 수도 있지만, 우선 마음속에 명료한 지견을 갖추는 것보다 좋은 것이 없다. 이러한 지견과 지혜를 통해서 언제 어디서든 무한한 자비를 마음껏 내어 쓸 수 있기 때문이다.

4. 느낌의 커다란 영역

불교의 법에 대한 분류에 있어서 웨다나(*vedana*, 受), 즉 느낌(feeling) 혹은 감각(sensation)은 아주 중요한 의미를 갖는다. 붓다는 언젠가 이렇게 말한 적이 있다. "모든 것은 느낌으로 귀결된다." 웨다나는 현대심리학에서 관심 있게 다루는 감정(emotion)이라는 말과는 다른 의미로 사용된다. 법의 분류를 보면 감정은 웨다나와는 다른 분류 체계에 속한다. 느낌이나 감각은 마음을 포함한 6가지 감각기관을 통해서 들어오는 모든 것을 지칭하는 말이다.

캠브리지통찰명상수행원에서 초보 수련생들을 가르치다 보면 그들이 소리에 매우 민감하다는 사실을 알 수 있다. 처음 이곳에 오는 수련생들은 수행원이 조용한 곳이라는 선입견을 갖고 있다. 하지만 캠브리지통찰명상수행원은 하버드대 근처 번잡한 대로 변에 있다. 시내 여느 건물처럼 창문을 열어놓으면 각종 소음이 방으로 들어온다. 트럭이 부르릉거리며 경적을 울린다. 그럼에도 다행스런 일은 가끔씩 정원 숲에서 새들이 지저귀고 다람쥐들이 소곤거리는 소리를 들을 수 있다는 것이다.

수행원의 선방은 부엌과 가까이 있다. 그래서 식사시간이 다가오면 구수하고 맛있는 음식 냄새가 방안 가득 퍼진다. 앉아서 음식의 독특한 향을 맡고 있노라면 오늘의 메뉴를 짐작할 수 있다.

이러한 각각의 감각 대상에 대한 직각적인 느낌은 좋거나 나쁘거나 무덤덤한 것 중 하나다. 문 틈새로 흘러들어오는 야채카레 냄새와 종달새의 노랫소리는 '좋음', 시멘트를 가는 기계 소리는 '나쁨', 일반적으로 여름에 온종일 진행되는 크리켓경기에서 들려오는 소리는 '무덤덤'. 이처럼 하루 종일 매순간 그런 소리들이 귓가를 스쳐 가고, 우리는 그런 느낌들과 함께한다. 하지만 우리들은 그 느낌들을 알아차리지 못한다. 이것이 문제다.

이러한 느낌들에 대해 깨어 있는 마음이 없기 때문에 감정들이 일어난다. 좋은 냄새를 맡으면 이렇게 생각한다. '아, 내가 좋아하는 야채카레다! 언제쯤이면 정진이 끝날까? 지루해 죽겠네. 카레를 많이 만들어놨으면….' 단순한 냄새로부터 이처럼 갖가지 감정이 실린 생각으로 빠르게 발전하는 것을 알 수 있다. 또 좌선할 때 다리가 욱신욱신 쑤시면 이렇게 생각한다. '오, 맙소사. 가뜩이나 관절이 안 좋은데 더 나빠지면 어쩌지? 수련도 마치기 전에 아파서 실려 나가면 바보 취급당할 텐데…. 왜 여기까지 와서 고생을 사서 하고 있나? 애초에 명상을 시작하지 말았어야 하는 건데….'

처음에는 분명한 느낌이, 다음 순간에는 탐착, 혐오, 무덤덤한 3가지 감정과 생각들이 거의 동시다발적으로 일어난다. 여섯 번째 감각 기관인 마음에서 생긴 생각들도 역시 좋음, 나쁨, 무덤덤함의 경향을 지니게 된다. 숨을 통해서 몸을 관찰했듯이, 이런 생각들을 바라보는 데도 숨을 도우미로 활용할 수 있다. 그대로 놓아두면 생각은 걷잡을 수 없이 심각해진다. 공포, 깊은 슬픔과 회한, 탐애, 포악, 분노, 편집증 등 온갖 부정적인 감정과 생각들이 삶 전체를 집어삼켜버린다. 종종 이런 부정적인 심리상태는 극단적이고 폭력적인 행동을 유발하기도 한다.

앞서 말했듯이 불교에서 말하는 법의 분류에 따르면 느낌이 세상을 주도적으로 만들어간다. 우리는 좋은 느낌에는 강하게 탐착하며 나쁜 느낌에는 즉각적으로 혐오하는 태도를 취한다. 그리고 무덤덤한 느낌은 나와 무관한 생각들과 환상들이 떠도는 공간이 된다. 좋은 느낌에 대한 축적, 나쁜 느낌에 대한 거부, 무덤덤한 느낌의 공간, 이것이 우리 삶의 전부다.

문제는 우리가 이런 느낌의 세계에 매몰돼 헤어나오지 못한다는 점이다. 우리 삶이 느낌의 노예가 돼버린 것이다. 반사행동을 자극하는 느낌들을 면밀히 살피지 못하면, 그것들이 기분, 감정, 자기관념 등으로 비화되어 때로는 부정적인 행동을 유발한다. 좋아하는 사람은 애착을 갖고 소유하며, 싫은 사람은 혐오로 죽여 없애버린다. 인간 사회에 문제를 일으키는 섹스, 돈, 권력, 마약, 인종 갈등, 전쟁등은 모두 느낌이 문제의 원천이다.

붓다는 이런 악순환의 고리 가운데 가장 약한 부분이 바로 느낌이므로 그 고리를 끊는 것이 제일 쉬운 방법이라고 말한다. 느낌이 일어나는 근원을 파악하여 면밀히 관찰할 수 있다면 불필요한 괴로움으로부터 자유로워질 수 있다. 인간을 불행과 고통의 늪에 빠지게 하는 악순환의 고리를 차단할 수 있는 것이다.

5. 한국의 모기한테 감사할 따름이다!

몇 년 전, 한국에 있을 때 나는 첫 스승의 배려로 주로 스님들만 참여하는 여름 결제수행에 참석하도록 허락을 받았다. 재가자에다 미국인은 나 혼자였다. 오리엔테이션이 끝난 후, 나는 좌선할 때 움직이면 안 된다는 규칙이 있음을 알게 되었다. 참고로 말하자면 나의 수행원에서는 꼭 필요한 경우에는 움직이는 것이 허용된다. 하지만 움직일 때는 각각의 동작을 꼭 알아차려야만 한다. 나는 우리 수행원의 방법도 좋지만, 전혀 움직이지 않는 방법에서 또 다른 효과를 얻을 수 있으리라 생각했다. 그런데 문제가 있었다. 거기에 커다란 에고가 끼어들기 시작했던 것이다. 미국 대표선수가 성조기를 가슴에 달고 올림픽게임에 참가하는 것처럼, 나는 지금 미국 명상 대표자로 성조기를 들고 앉아 있다는 유치한 생각이 마음속에서 꿈틀거렸다.

어느 날, 아침 정진 시간에 가부좌를 틀고 앉아 있을 때였다. 모기 한 마리가 윙윙거리며 날아오더니 팔에 붙어 아침 식사를 하기 시작했다. 참을 수 없을 정도로 가려웠지만 움직이면 안 된다는 규칙 때문에 긁을 수도 없고, 참고 견디자니 보통 힘든 일이 아니었다. '미국을 대표하는 명상 선수'라는 에고와 긁고 싶은 충동 사이를 오가며 58분 동안 고통의 시간을 견뎌냈다. 그런데 그러고 난 후 수행에 큰 변화가 일어났다. 해냈다는 성취감보다도 그 상태에서의 느낌과 감정 사이의 관계가 보이기 시작한 것이다. 한국의 모기한테 깊이 감사할 따름이다!

그런 상황에서 올바른 수행법은 감각 자체를 느끼는 것이다. 모기가 물면 가렵다는 것, 그리고 그 가려움 자체도 모두 잊어버려야 한다. 그 순간 피부에 일어나는 느낌의 현상만을 정확히 느껴야 한다. 숨의 관찰이 이 상황에 큰 도움이 된다. 숨은 대상과 함께할 수 있게 해준다. 숨은 마음챙김을 증강시키며 쓸데없는 생각들은 차단해준다. 숨에 온전히 몰입해서 긁고 싶은 강한 충동으로부터 마음이 멀어지게 한다.

지속적인 알아차림은 그러한 진리를 알게 해준다. 알아차림이 없는 상태에서도 가려움은 단지 가려움일 뿐이다. 알아차림은 바로 이런 사실을 알게 해준다. 그것은 어디서 오지도 않았고 어디로 가지도 않는다. 당신이 그것을 소유하지도 않고 그것이 당신을 소유하지도 않는다. 그것은 단지 자연현상일 뿐이다. 그것은 있는 그대로 보는 순간 힘을 잃기 시작한다.

하지만 마음챙김을 한 순간이라도 놓치면 곧바로 온갖 생각들이 밀고 들어온다. "좌선할 때 움직이면 안 된다니, 도대체 이따위 법을 누가 만들었지? 나를 움직이지 못하게 할 권리가 감히 누구에게 있단 말이야? 정말 싫다, 싫어! 한국도 싫어! 확 긁어버리고 말거야! 될 대로 되라지, 뭐…."

그날 정진시간은 정말 죽을 맛이었다. 온갖 잡생각들이 떠올라 너무 혼란스러웠다. 그런데 어느 순간 이런 생각들이 말끔히 정리되면서 한 가지 중요한 사실을 깨닫게 되었다. 불교서적을 포함해 책도 많이 읽었고 최상의 교육을 받은 대학교수인 내가 겨우 가려움 하나를 가지고 인간 역사상 최악의 재앙이라도 만난 것처럼 호들갑을 떨고 있었던 것이다. 어떤 사람이 "스탈린 강제노동수용소에 있는 것보다 더 지독해!"라고 말했다면, 나는 한술 더 떠서 "무슨 소리! 스탈린의 그 어떤 고문보다 더 악랄해!"라고 답했을 것이다. 그처럼 사소한 자극만으로도 마음이 그토록 혼미해졌다면, 정말 큰 문제와 맞닥뜨렸을 때 어떻게 될지 가히 짐작할 만하지 않은가?

마음챙김을 하면서도 원래의 느낌으로 돌아간다면 역시 유쾌하지 않은 것은 마찬가지다. 누구나 가려움을 원치 않는다. 하지만 쓸데없는 생각으로 괴로움을 재생산해내지 않고, 그런 괴로운 상태에 깨어 있다는 것만으로도 괴로움을 많이 해소할 수 있었다. 이것이 바로 부풀린 잡생각으로 인한 고문과 불편에 대해 깨어 있는 것의 차이점이다.

이것은 사소한 가려움과 같은 혐오감이 일어날 때 어떻게 깨어 있는 마음을 유지할 것인가에 대한 좋은 보기다. 그럼 이제 탐착의 느낌이 일어날 때는 어떻게 깨어 있을 수 있는지 얘기해보자. 좀 창피한 고백이지만 나는 인도 음식에 대한 맹목적인 식탐을 가지고 있다. 인도 것이라면 무엇이든 좋아한다. 붓다의 가르침이 인도에서 왔고 내가 하는 요가도 인도에서 발생했다. 나는 인도문화로부터 많은 것을 배웠고 그것을 내 삶에 유용하게 적용하고 있다.

이처럼 인도 음식을 무척이나 좋아하는 나지만, 아쉽게도 먹을 때는 좋은데 먹고 나면 꼭 탈이 난다. 몇 년 전에는 인도 음식을 입에 달고 살다시피 하다가 배탈이 나 혼난 적이 있었다. 그 뒤로 "이제 인도 음식은 입도 대지 말아야지!" 하며 몇 번이나 다짐했다. 그로부터 일주일 뒤, 친구가 찾아와 저녁을 먹자고 했다. "뭘 먹을까? 인도 음식? 그거 좋지!" 우리는 인도식당으로 향했다.

　나중에 무슨 일이 벌어질 줄 뻔히 알면서도 인도 음식에 대한 유혹과 탐착을 버리지 못한 것이다. "삼수갑산을 가더라도 먹고 보자!"라며 또 저질러버린다. 좋다. 그러나 이처럼 저지르고 보자는 태도가 우리들 삶에 만연돼 있다면 문제가 크다. 해로운 행위들, 말하자면 과식, 과음, 마약 복용, 잘못된 성행위 등과 같은 중독성이 강한 행위들은 탐착의 악순환 고리를 끊지 않으면 절대 거기서 헤어 나올 수 없다. 탐착의 순간을 포착해 마음챙김의 레이저 광선을 쏘아야 한다.

　모두가 다루기 힘들다고 생각하는 중독성의 탐착심이나 거부감 있는 혐오감도 모두 다 느낌에서 시작한다. 그 원천적 느낌에 가깝게 다가가면 갈수록 생각이나 감정이 끼어들기 전 상태의 느낌을 명료하게 알아차릴 수 있게 된다.

　사소한 것부터 시작하자. 모기에 물리는 것에서 자유로워진 다음, 지난한 수행의 여정을 향해 떠나자.

6. 느낌과 마음

　일곱 번째 관법의 번역에 나오는 '마음의 작용(*cittasankhara*, 심행)'이라는 용어는 2가지 의미를 가진다. 하나는 지금까지 얘기한 느낌이란 뜻이고, 다른 하나는 경험한 것에 붙여지는 꼬리표와 같은 인식이라는 뜻이다. 이 인식은 특히 '나, 나의 것'이라는 개념도 포함한다.

> 7. 마음의 작용을 느껴 알면서 '숨을 들이쉬리라' 하고 수련하며,
>   　마음의 작용을 느껴 알면서 '숨을 내쉬리라' 하며 수련한다.

앞에서 말했듯이 단지 숨에 집중하는 것만으로 숨은 몸을 조건화하고, 그 결과 숨이 깊고 미세해진다. 바로 이 향상된 숨에 의해서 몸의 긴장이 완화된다. 이 이완된 상태가 마음을 희열과 행복의 느낌으로 인도하는 것이다. 같은 식으로 느낌이 마음을 조건화한다. 예를 들면 희열감은 생각들을 강하게 조건화한다.

이 관법은 구체적인 관계성 법칙에 초점을 맞춘다. 느낌은 마음이 움직이는 방식을 조건화한다. 마음챙김이 이런 과정을 차단함으로써 그 연결을 어떤 식으로 바꿀 수 있게 된다. 마음챙김이 결여된 어리석고 맹목적인 느낌인 경우 연결은 특히 잘 작동하게 된다.

만약 느낌이 좋으면 그 느낌에 집착하려 한다. 괴로움의 원인인 탐착을 통해서 붙잡는다. 좋은 느낌에 집착하게 되고, 그 결과 괴로워한다. 그 느낌이 사라지면 느낌이 남긴 흔적인 기억을 붙잡는다. 지금 현재 느끼는 것을 알아차리는 대신 지난주에 있었던 좋은 느낌을 잡고 꿈꾸는 것이다.

만약 느낌이 나쁘면 그 느낌을 제거해버리려고 한다. 좌선할 때 다리에 통증이 생기면 자세를 바꾼다. 완전히 편안한 자세가 될 때까지 계속 자세를 바꾼다. 이런 식으로 계속하다 보면 상태가 더 나빠진다. 선방을 나가고, 수행원을 떠나며, 심하면 명상을 그만두기까지 한다. 다리 통증 하나 때문에 말이다. 그러기에 움직이지 않고 조용히 앉아 있겠다는 단호한 자세가 필요하다. 이렇게 하는 것이 반복되는 반응을 제거해주며, 그 결과 마음의 움직임을 관찰할 수 있게 되는 것이다. 만약 무덤덤한 느낌이 들면, 지루하고 멍한 상태로 방향성을 잃은 채 환상 속에서 삶을 소진해버린다.

광범위한 영역에서 이루어지는 인간의 행동이 이런 느낌들에서 기인한다는 것은 더 이상 말할 필요조차도 없다. 좋은 느낌을 좇아, 먹고 마시고 마약하고 섹스를 즐긴다. 그리고 그 후유증을 감당해내야 한다. 또한 이런 탐착 때문에 도둑질을 하고 강탈하며 사기를 치기도 한다. 좋은 느낌을 성취하기 위해서 주위에 널려 있는 아름답고 값진 일들을 팽개친 채, 자신의 삶 전체를 던져 일에 매몰되기도 한다.

난폭한 행동은 나쁜 느낌을 밀쳐내려는 심리적 태도에서 기인한다. 이러한 혐오라는 심리적 태도는 폭력적 언어, 강간, 살인, 심지어는 전쟁까지도 초래한다. 그래서 인간들은 끔찍한 일들을 서로에게 자행하고 있는 것이다. 또한 무덤덤한 느낌은 심심한 상태의 마음이다. 삶에 의욕도 없고 삶의 방향성도 없다. 그저 멍청하고 무의미하게 하루하루를 소일한다.

이 경전에 나오는 16가지 관법들은 고대 그리스의 오래된 금언인 '너 자신을 알라' 와 일맥상통하는 면이 있다. 물론 이것은 철학자들의 애매모호하고 형이상학적인 이론적 측면이 아니라, 아주 실제적인 자신의 실체에 대한 지금 이곳에 나타난 사실적 앎의 측면을 말한다. 현재 구체적인 숨의 상태가 어떤지, 이에 따른 몸의 상태는 어떻고 느낌은 어떤지, 그 결과 마음은 어떤 상태에 있는지를 정확히 아는 것이다. 앞 단계가 다음 단계를 유인하면서 더욱 미세한 세계를 향해 점진적으로 나아가고 있음을 확인하는 것이다.

대부분 문제는 스스로 만들어낸 느낌과 마음의 상태를 자기 자신과 동일시하는 데서 비롯된다. '나는 불행한 사람이다' '나는 화를 잘 내는 사람이다' '나는 조용한 사람이다' … 이처럼 느낌에 꼬리표가 붙는다. 이렇게 꼬리표가 붙은 사람을 마음챙김으로 자세히 들여다보면, 단지 지나가는 나에 대한 심리현상일 뿐 그 상태가 자신은 아님을 알 수 있다. "나는 모기에 물린 사람이다"라고 해야지 "나는 불안한 사람이다"라고 말해서는 안 된다는 것이다. 모기에 물렸기 때문에 그 결과 불안이 생긴 것이다. 여기서 일차적 문제는 모기에게 물린 것이고 불안은 이차적 산물에 불과하다. 감정이나 생각으로 발전하기 전의 매순간 느낌에만 충실하면 한층 더 넓은 시각으로 심리현상을 바라볼 수 있게 된다.

느낌 자체에 초점을 맞춰보는 시각은 매우 복잡한 삶의 문제를 푸는 데도 도움이 될 수 있다. 내 주변에 이런 일이 있었다. 캠브리지의 우리 수행원에 나오는 한 중년 부부에게 17살 난 아들이 있었다. 이 아이는 학교생활을 하는 데 큰 어려움을 겪고 있었다. 부모들은 이 아이에게 학습장애가 있는 것이 아닐까 하는 걱정에 각종 검사를 다 해보았다. 그러나 검사 결과, 아이는 공부에 지장이 없을 정도의 지적 능력을 갖추고 있음이 드러났다. 부모들은 난감했다. 그리고 그들은 위빠사나 명상을 통해서 아이를 치유할 수 있지 않을까 하는 희망을 가지고 나를 찾아왔다.

분명히 말하지만 나는 문제 학생을 다루는 전문 치료사가 아니다. 하지만 나는 그 아이와 면담을 해보기로 했다. 그리고 공부 과정에서 어떤 일이 있었나를 알아보았다. 그 아이는 어느 날 수학 숙제를 하면서 아주 큰 문제에 봉착했다고 한다. 자신이 풀 수 없는 어려운 문제들이 너무 많았던 것이다. 아이는 순간 두려운 생각이 들었고, 그 후부터 공부가 싫어져 학교를 그만두고 싶어졌다고 말했다.

그는 학문적인 집안에서 자랐고 자신에 대한 부모들의 기대가 어떤 지도 잘 알고 있었다. 아이는 부모의 기대를 저버리고 싶지 않았다. 또한 자신에게 학습지진아며 낙오자라는 낙인이 찍히거나, 그로 인해 가문의 명예를 훼손하는 짓도 하고 싶지 않았다. 그래서 공부를 그만두었고 복학을 두려워하게 된 것이었다.

내가 그 학생에게 어떤 말을 했을지 짐작할 수 있을 것이다. 이 수행의 지혜는 분명하다. 문제는 수학 숙제에 있는 것이 아니었다. 지나친 기대감이 만들어낸 분위기에 대한 그 학생의 느낌과 그에 대한 갖가지 생각들이 문제였던 것이다. 그가 해야 할 일은 그 문제의 느낌과 생각들이 자기 자신은 아니라는 사실을 깨닫는 것이었다. 그것들을 대면해 자세히 살피고 주의를 집중하면, 그것들은 바뀌고 종국엔 사라져버린다. 이처럼 그가 느낌을 다룰 수만 있다면 결국 문제가 된 상황을 이해할 수 있게 된다. 이렇게 되면 문제는 저절로 해결되는 것이다.

그렇기 때문에 삶의 문제를 푸는 데도 마음챙김은 도움이 된다. 아주 분명하고 예민하게 느껴 알아차리는 일은 매사에 유용한 지혜를 가져다준다. 초기단계에서 상황을 파악하게 되면 문제를 다루기가 훨씬 쉬워진다. 나쁜 느낌들을 피하지 않고 직접 대면할 수 있게 된다. 붓다도 그렇게 했다. 그는 생을 마치기 전에 이질로 인한 고통스러운 상황에 직면했다. 고통은 유쾌하지 않다. 그럼에도 붓다는 그러한 고통스런 느낌들을 받아들여 바로 경험했다. 그러나 그 느낌들이 마음의 상태로 전이되어 증식되지는 않았다. 이것이 바로 문제의 열쇠다. 이를 실천하면 완전히 새로운 삶을 살 수 있다.

7. 느낌과 하나되기

언뜻 보면 수행 지침이 계속 반복되고 있음을 알 수 있다. 하지만 자세히 보면 그냥 단순한 반복이 아니라 수행이 진전됨에 따라 더욱 깊어지고 질적인 차이가 있음을 알 수 있다. 이런 질적인 차이를 염두에 두면서 수행 지침을 다시 한번 살펴보자. 처음엔 호흡에 대해서만 언급했다. 여기서는 집중의 주된 대상이 느낌이다. 느낌에 대한 집중력이 강화되고 알아차림이 익숙해지기 위해서 그 과정을 반복하는 것이 유용하다.

있는 그대로에 온전히 주의를 집중하기 위해 자연스럽게 현재의 대상에 마음챙김하는 법을 배워야 한다. 집필을 하고 있는데 배의 윗부분이 더부룩한 것 같다면 더부룩한 그 느낌에 온전히 의식을 모은다(이 책을 읽고 있는 여러분도 몸에서 생생한 느낌을 감지한다면 있는 그대로의 느낌에 집중해본다). 이때는 더부룩한 느낌이 마음챙김의 대상이 된다. 이 느낌에 지속적으로 의식을 집중한다. 느낌이 점점 더 강해질 것이다. 외면하지 말고 한층 더 가깝게 그 느낌과 함께한다. 배에 불쾌한 느낌이 있다면 그 느낌을 놓치지 말고 알아차린다. 이와 함께 숨에 대한 마음챙김이 있어 알아차림을 더 원활하게 해준다. 이렇게 함으로써 불필요한 생각이 사라진다. 완전히 깨어 있는 마음을 유지할 때 그 어떤 생각도 끼어들지 못한다. 이 깨어 있는 마음은 어떠한 개념화된 마음도 용납하지 않기 때문이다.

물론 위와 같은 마음상태가 항상 유지되지는 않는다. 마음챙김이 잘 되다가도 생각이 끼어드는 순간 그 생각을 좇아 개념과 명칭, 분별과 비교 등 온갖 번뇌 망상들이 떠오른다. 이런 생각들이 잠잠해지면 다시 마음챙김이 된다. 억지로 생각들을 없애려고 하지 않는다. 생각과 전쟁을 치르지 않는다. 마음챙김과 집중력이 자연히 강화되면서 번뇌 망상의 활동이 멈추게 되는 것이다.

이런 식으로 우리는 다시 전(全)존재와 온전히 깨어 있게 된다. 모든 것은 그 감각에 초점을 맞춘다. 거기에 무엇을 더하거나 빼려고 하지 않고, 더 기분 좋은 느낌을 만들기 위해 바꾸려고 하지도 않는다. 아무런 단절이나 방해 없이 그 대상을 경험한다. 흔히 내가 관찰자가 되어 바깥 대상을 관한다고 생각할 경우, 보는 자와 보이는 대상 사이의 단절이 있을 수 있다. 우리는 오랫동안 자기중심적인 단절의 삶을 살아왔다. 나란 것이 있고, 내가 배 아픈 것을 느낀다고 생각한다. 아픈 것은 나와 다른 이질적인 것이고 나는 그로부터 공격을 받고 있다고 여긴다. 따라서 갈등은 계속되고, 나는 그것이 제거되기를 원한다. 이런 갈등의 상황 속에서 상당한 에너지가 낭비되는 것이다.

느낌과 갈등의 관계를 갖거나 느낌을 회피하려는 대신, 수행을 통해 현재의 느낌에 직면하는 법을 점차 배우게 된다. 관찰의 기법이 익숙해지면, 관찰은 진행되고 있지만 관찰자는 어디에도 존재하지 않는다. '말도 안 돼, 그런 궤변이 어디 있어. 내가 지금 하고 있잖아!' 하지만 여기서 '나'라는 것은 개념에 지나지 않는다. 이 '나'라는 관념이 존재와 거리를 만들고 대상으로부터 그 자체를 격리시킨다. 원하는 것이든 원치 않는 것이든 있는 그대로 받아들여야 한다. 왜냐하면 순간순간 포착된 것, 그 자체가 바로 우리들의 삶이기 때문이다.

이 경전의 구성상 처음 4가지 관법은 숨을 관찰의 대상으로 삼았다. 지금 다루는 4가지 관법은 느낌이 관찰의 대상이다. 배에 느껴지는 이 작은 고통이 결국엔 공포, 분노, 우울증 등 복잡하고 심각한 심리적 문제로 커질 가능성이 있는 것이다. 큰 문제건 작은 문제건 간에 수행을 통한 해결방법은 있다. 아무리 큰 문제라도 해결의 실마리를 잡아 바꾸면 된다. 공포나 분노와 같이 엄청난 에너지를 든든함과 관용의 에너지로 전환하면 되는 것이다. 옛 속담에 '작은 점토는 작은 불상을, 커다란 점토는 큰 불상을 만든다'는 말이 있다. 뱃속의 작은 통증을 있는 그대로 바라보면 그 순간 작은 붓다가 되는 것이고, 공포나 분노에 맞서 있는 그대로 관찰하면 그 순간 큰 붓다가 되는 것이다. 크든 작든 깨어 있는 순간만큼은 붓다(깨어 있는 존재)가 되는 것이 분명하다.

무작정 노력한다고 해탈할 수 있는 것은 아니다. 붓다가 되려고 한다든지 해탈을 하려고 한다면 그것은 '나, 나의 것'을 위한 행위가 돼버린다. 참다운 수행은 내가 어떤 수행을 한다는 생각이 사라진 바로 그 자리에서 시작된다. 수행자가 죽어야 참다운 수행이 살아나는 것이다. 처음 수행을 시작하는 사람들은 어떤 경지를 증득해 붓다가 되고 열반을 이루고자 수행을 한다. 물론 처음엔 자연히 이런 수순을 밟아 수행이 시작된다. 이런 목적의식이 없었다면 수행을 시작하지도 못할 것이다. 그러나 수행이 심화되면 목적의식 자체도 하나의 관념이라는 사실을 알 수 있다. 그러한 관념들은 항상 괴로움을 수반하게 마련이다. 수행이 더욱 진전되면 관찰 외의 그 어떤 것도 없는 그것에 모든 것을 바쳐 몰입하게 된다.

여기서는 더 이상 어떤 대상과 하나가 되는 것이 아니다. 나와 대상은 원래 하나다. 자아의식 때문에 나뉜 것처럼 보였을 뿐이다. 단순히 배가 아프다는 것뿐 아니라, 모든 일에 그런 태도를 가지고 임하는 것이 문제다. 이런 자아의식으로부터 벗어날 때 우리는 자신의 진면목을 보게 된다. 나는 지금 이 순간 뱃속의 고통과 함께하고 있다. 거리에서 나는 기계 소리와 창밖에서 지저귀는 새 소리를 들으며, 종이 위로 펜을 부지런히 움직여 글을 쓰고 있다. 그리고 여러분들에게는 이 책을 한 줄 한 줄 읽어가면서 떠오르는 소감, 상념, 느낌 등이 바로 이 순간의 참된 삶일 뿐이다. 그리고 다음의 매순간은 또 다른 참된 삶이다. 지금 어떤 일이 벌어지고 있든지, 이것이 바로 우리 존재와 삶의 참모습이다.

내 말에, '무슨 말인지 도통 모르겠네!'라는 느낌이 들어도 괜찮다. 걱정하지 않아도 된다. 나는 수행이 조금 진전된 상태의 경지를 말하는 것이기 때문이다. 삼매의 힘이 더 강화되면 지금 하고 있는 일에 대한 자아의식이 점점 엷어지고, 내가 수행자라는 상이 더욱 감소하게 된다. 명상수행을 하는 자신은 없고, 그냥 명상수행만 있는 것이다.

8. 부질없이 애쓰지 말라!

내가 '명상하고 있는 내'가 없다는 사실을 처음 체험한 것은 힘겨운 결제수행에 참여하고 있을 때였다. 내 마음은 번뇌 망상으로 가득했다. 마음이 온갖 곳을 다 돌아다니며 모든 것을 참견했다. 나는 그 마음을 한곳에 모아 집중시키고 조용하게 가라앉히려고 혼신의 노력을 기울였다. 이때 좌선을 마치는 종이 울렸다. 그 순간 나는 노력하는 마음을 멈추었다. 그런데 놀라운 일이 벌어졌다. 모든 것이 있는 그대로 느껴졌던 것이다. 정말 경이로운 느낌이었다.

그 순간 나는 매우 중요한 사실을 배웠다. 애쓰지 않음의 지혜를 체득하게 되었다. 마음챙김의 이러한 힘에는 원초적인 신비감이 있다. 여기에는 색깔도 무게도 없다. 잡을 수도 없다. 하지만 그 자체만으로 매우 강력하다. 고통이나 불쾌한 느낌에 마음을 집중하면 거기에 전환이 생긴다. 이것은 고대 연금술의 원리와 비슷하다. 무쇠가 질적인 변화 과정을 거쳐 황금이 되는 것이다. 이때 무쇠란 다름 아닌 탐착의 마음, 혐오의 마음 그리고 어리석은 마음을 의미한다. 밀폐된 연금 용기는 삼매다. 거기서 나오는 황금은 해탈이다. 때때로 불쾌한 느낌은 무덤덤하거나 유쾌하게 변한다. 물론 여기에 논의의 초점이 있는 것이 아니다. 내가 강조하고 싶은 점은 전혀 변하려고 하지 않았다는 것이다. 마음챙김 그 자체는 전환의 힘이 내포된 미세한 에너지임을 알아야 한다.

마음챙김, 즉 깨어 있음이 에너지로서 접촉되면 무엇이든 질적인 전환을 가져다준다. 하지만 전환하려고 애쓰면 아무런 변화도 일어나지 않는다. 왜냐하면 자신이 이원화되기 때문이다. 자신의 일부분이 상상 속 미래로 나아가 있다. 고통을 없애고자 하는 목적을 가지고 있다. 일생을 통해서 우리는 늘 이런 태도로 살아왔다. 하지만 이원화되기 전의 느낌을 첨삭하지 않고 온전히 체험할 수만 있으면 무언가 질적인 변화가 있게 된다.

어떤 젊은이가 일본의 임제종 선원에서 7개월 동안 수행을 하다가 떠나게 되었다. 그는 화두선을 하고 있었기에 화두를 점검할 때마다 스승을 만날 수 있었다. 그러나 매번 화두에 대한 답은 듣지 못한 채 돌아왔다. 그가 떠난다는 말을 했을 때, 스승이 물었다. "궁금한 게 있으면 무엇이든 물어보아라." 젊은이는 잠시 생각하다가 "좌선할 때마다 항상 무릎이 이렇게 아픕니까?"라고 물었다. 그러자 스승은 웃으며 이렇게 말했다. "그렇고 말고. 하지만 좀 지나면 신경 쓸 겨를이 없게 되지."

처음 수행을 시작할 때, 불쾌한 느낌에 집중한다는 것이 그리 쉽지는 않다. 마음은 늘 여기저기 헤매면서 온갖 환상을 만들어낸다. 수행이 진전되면서 마음은 고통을 줄이는 길을 스스로 모색하게 된다. 마음이 불쾌한 느낌과 함께할 수 있는 힘을 얻어 더 이상 헤매지 않을 때 삼매력(三昧力)이 계발된다. 그렇지만 억지로 삼매에 들려고 하면 절대 그 상태에 이르지 못한다. 불쾌한 느낌 속으로 부드럽게 빨려 들어가면 마음이 유연해지면서 자연스럽게 그 느낌과 하나되어 삼매가 형성되는 것이다.

9. 마음의 작용을 고요히 하면서

다른 관법의 단계처럼 여덟 번째도 일곱 번째 관법을 따라 자연스럽게 진행된다. 하려고 하지 않아도 저절로 다음 단계로 넘어가게 되어 있다.

8.마음의 작용을 고요히 하면서 '숨을 들이쉬리라' 하고 수련하며,
　마음의 작용을 고요히 하면서 '숨을 내쉬리라' 하며 수련한다.

이 관법은 적지 않은 오해를 가져다줄 수 있다. 불교인들은 목석처럼 감정도 없이 무엇이든 순순히 받아들이는 수동적인 사람들이라는 것이 그것이다. 사실상 이것은 불교에 대한 매우 일반적인 편견이다.

그래서 수련생들은 이 관법을 수행하면 삶에 대한 느낌이 예전처럼 강하지 않게 되는 것은 아닌지를 묻는다. 그렇진 않다. 삶에 대한 느낌의 강도가 저하된다면 누가 수행을 하려고 하겠는가? 마음챙김 수행을 하는 사람은 오히려 삶을 더 온전히 느끼며, 모든 감각들을 억압하지 않고 더 섬세하게 느낀다. 사람들은 자신과 감각들을 동일시하지 않고 자기 것이라고 여기지도 않는다. 깨어 있는 마음으로 온전히 느끼는 행위는 생각이 조건화되는 것을 막아준다.

일반적으로 공포, 근심, 걱정 등은 생각에 의해 자극된다. 잘 자고 잘 먹어 비교적 건강하던 사람의 경우에도 부정적인 느낌들로 인해 그런 상태가 혼란해진다. 앞서 예로 들었던 17세 청소년이 단순히 수학문제를 풀지 못해서 생겨난 근거 없는 생각들이 온갖 문제를 만들어냈듯 말이다. 확실한 근거도 없이 '나는 어리석다. 나는 실패자다. 부모님은 나를 사랑하지 않는다' 는 생각들이 마음속에 가득 차게 되었던 것이다. 이렇게 되면 비록 예전처럼 잘 자고 잘 먹으며 건강한 상태임에도 불구하고 그런 부정적인 것들이 바로 현실인 듯 착각하고 행동하게 된다.

유쾌한 생각들의 경우에도 그것을 고통으로 받아들이지 않을 뿐 그밖의 과정은 똑같다. 어떤 사람이 칭찬하거나 관심을 조금이라도 보일라치면, 우리는 우쭐해지거나 훈훈한 정을 느끼게 된다. 곧바로 마음속에 사랑이 움터 본격적으로 청혼을 한 후, 화려한 결혼식을 올리고 아카풀코로 신혼여행을 떠나는 상상의 나래를 펼친다. 해변가에 앉아 마르가리타 칵테일을 마시는 광경이 눈에 선하다. 하지만 현실로 돌아오는 순간 사랑스러운 신부는 어디론가 사라지고 자신은 한겨울 캠브리지의 수행원에 앉아 망상을 피우고 있음을 알게 된다. 결국 그 좋던 느낌도 실망과 허탈감이라는 괴로운 마음으로 바뀌게 되는 것이다.

이처럼 온갖 종류의 느낌들이 괴로움을 낳는다. 그러나 우리는 불쾌한 느낌이 더 많은 문제를 낳는다는 사실을 알 수 있다. 왜냐하면 그 느낌들을 슬기롭게 다룬다는 것은 너무도 직감에 반하는 일이기 때문이다. 나쁜 느낌은 피하는 것이 자연스럽다. 우리는 그렇게 하는 것이 당연한 일처럼 교육받았다. 부모들은 좋은 의도에서 자녀들이 괴로운 삶을 살지 않도록 이렇게 격려한다. "슬퍼하지 마! 어디, 웃는 얼굴 좀 보자…. 자, 과자 먹으렴!"

정신적 삶을 사는 것이 괴로움을 더 많이 만드는 것처럼 보일 수도 있다. 왜냐하면 평상시에는 피하려고 했던 괴로움을 직접 경험하도록 권유하기 때문이다. 그러나 실제로는 괴로움을 직면해 마음챙김을 하는 것이 괴로움을 벗어나는 길이다.

우리들의 충동은 어떤 일이든 못하는 일이 없다. 많은 불쾌한 감정의 기저에 깔려있는 공포심을 예로 들어보자. 이것은 17세 학생에게 있었던 문제의 바탕에도 깊이 자리하던 마음상태다. 보통 우리는 이것을 부정한다. 우리는 대부분 이 방면의 전문가다. 그런 공포의 마음을 전혀 알아차리지 못하는 것처럼 철저히 부인한다. 그래서 우리는 더 이상 공포심을 인지하지 못한다.

또한 이 공포심을 억압하거나 피하기도 한다. 많은 경우, 우리는 이런 식으로 해왔다. 특히 지성적인 사람은 이것을 이론화하려 한다. "이것이 바로 프로이드나 융이 공포에 대해서 한 말이다" "붓다는 공포에 대해서 이렇게 말했다"…. 하지만 이런 언어적 표현이 우리들을 해탈에 이르게 하지는 못한다. 어느 선승이 말했듯이 달을 가리키는 손가락과 같은 것이다. 달 자체를 보아야 한다. 특히 수행 점검 시간에 인터뷰를 해보면 어떤 사람은 공포에 대해서 아주 잘 아는 것처럼 지적인 분석을 하려 한다. 자기들이 고작 알고 있는 것은 그 지적 설명을 충족시켜주는 수준에 불과하다. 그들은 실제 일어나고 있는 공포의 에너지조차도 거의 인지하지 못한다.

대신에 그 공포 속에 빠져버린 것이다. 명상 중에 숨의 관찰은 잊은 채 잡다한 생각에 잡혀 있는 것과 마찬가지로 공포에 사로잡힌 것이다. 나중에야 그들은 이런 정황을 재구성하게 되고 어떤 일이 벌어졌는지를 파악해 지적인 설명을 곁들인다. 그러나 그들은 공포심이 실제 일어나고 있을 때 그것과 함께하지 않았다.

고대 인도의 수행 지도자들은 공포심에 대한 비유로 밧줄과 뱀의 이야기를 자주 인용했다. 어두운 밤길을 걷다가 밧줄을 보았는데 그것을 뱀으로 착각했다는 얘기다. 많은 경우 우리의 공포심도 이처럼 잘못 인지된 현상으로부터 시작된다. 이 두려운 마음은 연쇄적으로 또 다른 불안한 마음을 만들어낸다. 수행은 이런 악순환의 고리를 끊어서 있는 그대로의 모습을 볼 수 있게 해준다. 밧줄은 밧줄이고 뱀은 뱀이다. 만약 뱀이 그곳에 실제로 있었다면 뱀에 대한 경계심과 두려움이 생기는 것은 당연하다. 그러나 대부분의 두려움은 전혀 예상치 않았던 밧줄에 대한 것이다. 이처럼 사실이 아닌 것을 보고 두려움에 떨거나 무서워 달아나고, 감추거나 부정하고, 그럴 듯한 말로 조작하며 삶을 헛되이 낭비한다.

공포에 대한 일반적인 반응은 전투장과 같은 상황을 만드는 것이다. 우리의 공포는 이것으로부터 자유롭고자 하는 엄청난 몸부림이 있는 전쟁과 같고, 몸과 마음은 이 몸부림이 벌어지는 전장과 유사하다. 우리 스스로를 이곳에 묶어놓고 알몸을 드러낸 채 전투에 임하고 있는 것이다. 수행자의 올바른 태도는 이런 전쟁 상황을 남김없이 드러내, 그 모든 것을 자신이 만들어냈음을 명확하게 알아차리는 것이다. 공포, 공포로부터 벗어나려는 몸부림, 몸과 마음, 이것들을 관찰하는 마음챙김, 마음챙김을 길러주는 숨에 대한 알아차림, 우리는 이 모든 것과 함께 앉아 있게 된다. 그러면 이 모든 것이 하나임을 알게 된다.

공포처럼 강한 느낌이 일어나면, 우선 어떻게 그 상황에서 벗어날지 궁리를 할 것이다. 잘만 이용한다면 이 역시 전혀 무가치한 일은 아니다. 자기 스스로 이 공포를 부정하거나 억압하고, 변명하거나 회피하며, 그도 아니면 환상을 만들어내 스스로 착각 속에 빠져버린다. 그렇다면 싫증날 때까지 이러한 조작된 마음들을 계속 반복적으로 관찰하면 된다. 물론 여러분이 이 허망한 마음의 포로가 되어서는 안 된다. 그렇게 지속적으로 하다 보면, 어느 날 공포심이 마음 표면으로 떠오르고 지속적인 마음챙김과 마주하게 된다. 있는 그대로 받아들이면 공포와 마음챙김이 하나가 된다. 공포의 마음이 본래의 성향대로 자연스럽게 피어오르게 되는 것이다.

어느 선사가 즐겨 말했던 것처럼 '세계는 피어오르는 우주 안에 핀 무수한 꽃봉오리'라고 할 수 있다. 이것은 단순히 감상에 젖은 시적 표현이 아니다. 무수한 꽃봉오리란 피어오르려는 성향을 가진 공포, 분노, 외로움, 증오, 질투 등 다양한 감정을 의미하는 말이다. 모든 현상들의 성향은 이와 같이 떠올랐다 때가 되면 사라진다.

떠올랐다 사라지는 성향을 무시하거나 억압하면 공포는 늘 우리 주위를 맴돌며 강력한 힘으로 끌어당긴다. 왜냐하면 이 공포를 제거하기 위해 오히려 엄청난 에너지를 공포에 공급하기 때문이다. 떠오르도록 그대로 놓아두면 때가 되면 제풀에 지쳐 떠나게 되어 있다. 이렇게 되면 회피하거나 싸우려는 에너지도 고스란히 남게 되고, 공포 그 자체가 가진 에너지도 함께 가질 수 있게 된다. 이처럼 어떤 현상이 일어나는 것을 간섭하는 대신 관조함으로써 엄청난 에너지를 얻게 된다.

공포가 없는 것의 기저에는 공포가 있기 마련이다. 공포가 없는 상태를 바란다면 공포의 중심에 당당히 설 수 있어야 한다. 어떤 경우에도 공포가 없는 상태에는 공포가 그 바탕이 된다는 것을 간과해서는 안 된다. 그 첫걸음은 공포를 직시하는 것이며 인정하는 것이다. 자신이 지금 두려워한다는 사실을 받아들임으로써 엄청난 용기를 얻게 되고 늘 배우려는 겸손한 수행자의 태도를 갖게 된다. 물론 이것은 기나 긴 수행의 과정을 통해서 이루어진다.

수행이나 대부분 삶에 대한 우리의 자세를 살펴보면, 수행 과정에서 항상 따뜻하고 부드러운 감정이 충만한 경험만 하게 될 것이라는 편견에 사로잡혀 있음을 알 수 있다. 늘 희열감과 행복감을 경험하고, 얼굴에는 따뜻한 빛이 감돌아 밝고 맑은 모습을 갖게 되길 바란다. 또한 주위사람들에게 자신이 수행자의 정신으로 살아가고 있으며 늘 은혜로 충만한 삶을 영위하고 있음을 보여주고자 한다. 수행자들의 이러한 바람은 매우 자연스러운 것이다. 하지만 문제는 이것이 족쇄가 되는 경우다. 사람들 앞에서 자신이 얼마나 훌륭한 수행자인지를 내보이고 싶어 하고, 실제 자기가 가진 느낌들을 억누르거나 부인하기도 한다.

정말로 비참하고 불행한 상황에 처해 있다면 이를 전적으로 받아들이는 편이 훨씬 바람직하다. 속으로는 답답하게 느끼면서 겉으로 행복한 것처럼 위장한다면 문제를 은폐하는 것이다. 더욱 참된 수행은 불행한 상황을 피하지 않고 맞서는 것이다. 마음챙김 수행이 여러분들을 항상 행복하게 해주지는 않는다. 어느 누구도 원치 않는 공포나 소름끼치는 불쾌한 느낌들을 있는 그대로 직접 경험했을 때 확실한 충만감이 있게 된다. 그것은 일종의 막연한 성취감이 아니다. 바로 지금 생동감 넘치는 삶을 영위하고 있음을 의미한다.

이것이 바로 '마음의 작용을 고요히 하면서'의 의미다. 공포처럼 강력한 느낌이 일어나면 숨의 관찰을 통해서 공포의 느낌과 함께하며 머물고 또 머문다. 그러면서 있는 그대로 둔다. 숨의 관찰과 마음챙김이 그 느낌의 힘을 빼앗아버리므로 공포의 느낌이 더 이상 마음이 흥분되도록 조건화할 수 없게 된다. 이렇게 되면 느낌들은 현명하지 못한 상태로 우리를 몰아넣을 수 있는 잠재력을 완전히 잃게 된다.

붓다는 느낌에 대해서 이렇게 결론적으로 말했다. "깨달은 자는 느낌의 일어나고 사라지는 있는 그대로의 모습을 관찰함에 의해서 모든 집착을 여의고 해탈을 성취했다. 그는 있는 그대로의 느낌을 즐기며 집착의 위험함을 떠나 그것들의 자유를 만끽한다."

10. 회피하지 말자!

수념처의 4가지 관법들은 느낌을 명료하게 알아차리는 것을 주제로 한다. 밤낮으로 계속되고, 일어났다 사라지는 느낌은 각자가 인지하는 세계의 전체라고 할 수 있다. 수행은 이 사실을 아는 것이며, 무엇이 느낌을 생성하며 어떻게 이것이 사라지는지를 보아야 한다. 특히 일곱 번째와 여덟 번째 관법에서는 어떻게 느낌이 마음을 조건화하는지를 보아야 한다.

붓다의 가르침은 '세상에 괴로움이 존재한다' 는 사실에서 시작한다. 이것이 내가 불교에 입문하게 된 동기다. 우리가 무명과 괴로움의 삶을 살아가고 있다는 사실을 인정함으로써 불교수행은 시작된다. 붓다가 모든 것이 괴로움이라 말한 것은 아니다. 그러나 분명한 원인에 의해서 괴로움이 존재한다고 말한다. 괴로움을 똑바로 직시함으로써 괴로움이 소멸된다. 이 단계를 무시할 수 없다. 우리는 괴로움을 자세히 관찰해야 한다.

괴로움을 회피할 수 없다는 사실을 알았을 때 비로소 진정한 의미의 수행이 시작된다. 괴로움은 분명히 소멸된다. 그러나 회피가 괴로움의 소멸을 위한 수단이 되어서는 안 된다는 점을 알아야 한다. 우리는 몸과 숨을 관찰하면서 이 수행을 시작했다. 그저 단순한 과정이다. 그러고 난 뒤, 많은 사람들이 복잡하고 민감하다고 여기는 느낌의 관찰로 옮겼다. 여기에는 고통에 대한 더 큰 가능성이 있지만 동시에 행복에 대한 더 많은 잠재성이 있기도 하다.

일반적으로 사람들이 오해하는 것처럼 느낌을 갖지 말라는 말이 아니다. 그렇다고 유쾌한 느낌은 더 좋아하고 불쾌한 느낌은 싫어하라는 말은 더 더욱 아니다. 문제는 좋으면 강하게 끌어들이고 싫으면 여지없이 밀쳐내는 심리적 태도다. 마음은 늘 이것들의 노예가 되어 끌려 다니느라 끝없이 에너지를 방출해낸다. 사회 전반을 살펴보자. 쾌락을 향한 사람들의 추구는 절대 끊이질 않는다. 욕망이 꼭 부정적인 것은 아니다. 그러나 욕망이 얼마나 삶 전체에 만연돼 있으며 모든 것을 충동적으로 몰아가는지를 알아야 한다. 욕망의 노예가 되어 끌려 다닐 것이 아니라 균형감을 가지고 우리 스스로 선택할 수 있어야 한다. 느낌에 깨어 있지 못하면 밀고 당김의 습관적 반응으로부터 헤어 나올 수가 없다.

늘 마음이 들떠 있으므로 느낌을 알아차리지 못한 채 자동적으로 반응한다. 수행은 이것을 알아차리는 것이다. 온전하고 확실하게 경험하는 것이다. 붓다는 이를 두고 지혜로운 알아차림이라 했다. 언제 어떻게 반응할 것인가를 자유롭게 선택할 수 있게 해준다. 그리고 조그만 일들 때문에 곤경에 처하는 법이 없다. 비록 곤경에 처할지라도 쉽게 실마리를 찾을 수 있게 된다. 평정심을 키워가게 되는 것이다.

이 경전의 끝부분에서 여러분은 느낌의 본성을 배우게 된다. 어떤 느낌이라도 결국에는 일어났다 사라지며 그 실체는 공이다. 그렇다고 여러분이 느낌에 대해서 무뎌진다는 말은 아니다. 느낌에 끌려다니는 노예의 상태가 아니기 때문에 오히려 더욱 세심하게 그것을 감상할 수 있게 된다. 여러분은 더 깊은 충만감이 있는 곳, 대승불교 전통의 표현을 빌자면 참 성품, 혹은 불성의 자리로 나아갈 수 있다.

하지만 느낌의 세계로부터 자유로워지는 길은 그 느낌 속으로 들어가는 것이다. 앞에서 언급했던 희열감과 행복감에 대해서도 마찬가지다. 희열감과 행복감이 누구나 동경하는 매력적이고 유익한 마음상태임은 틀림없다. 그러나 여기도 함정은 있다. 집착하는 순간 괴로움이 생기며 부정적인 느낌을 거부하게 된다는 것이다.

이제 좀더 확실해졌겠지만, 위에서 말한 마음의 상태도 지혜수행을 통해서 확연히 알아차리게 된다. 특히 근본적으로 삶을 새롭게 해주는 행복과 평화의 마음의 경우, 그 감정의 노예가 되지 않고 어떻게 그 마음이 활용되는지를 알 수 있게 된다. 자유롭다고 해서 아무것도 느끼지 못한다는 말은 아니다. 그저 지금까지 습관적으로 했던 것과는 전혀 다르게 접근하게 된다는 뜻이다.

이처럼 강력한 느낌을 다룰 수 있으면 사소한 느낌은 아이들 놀이처럼 쉬워진다. 즉, 느낌을 슬기롭게 잘 다루면 삶 전체가 자유로워지게 된다.

11. 둥근 바위 굴려 올리기

사람들이 보통 무관할 것이라고 생각하는 시지포스 신화를 인용하면서 느낌에 대한 얘기를 마치고자 한다. 차알롯 조코 벡(Charlotte Joko Beck) 선사는 법문 속에서 이 신화를 언급한 적이 있다. 이 신화가 암시하는 메시지는 내 수행생활에 많은 도움을 준다. 만약 불법이 진리라면 그 어떤 전통에도 적용될 수 있어야 한다. 그리스 신화 전공자들이 나의 해석을 일천하다고 비판할 수 있겠지만, 나는 나름대로 이 신화를 이해하고 활용하고자 한다.

나는 그 신화를 이렇게 이해한다. 시지포스는 신들이 격노할 만한 일을 저질렀다. 그래서 신들은 그에게 벌을 내려 커다랗고 둥근 바위를 언덕 정상에 굴려 올리는 일을 영원히 하도록 했다. 하지만 언덕 정상에 채 다다르기도 전에 바위는 굴러 떨어졌고, 시지포스는 계속해서 바위를 밀어 올릴 수밖에 없었다. 대학생이었을 때 나는 이 신화가 너무나 터무니없다고 생각했다. 바위를 밀어 올리는 일보다 영원히 벌을 준다는 사실에 질렸던 것이다.

그러나 지금 다시 음미해보니 시지포스 신화가 우리 모두의 삶을 대변해주고 있다는 생각이 든다. 앞서 우리 삶은 끊임없이 반복되는 일상적인 일로 구성되어 있다고 한 말을 상기해보자. 타이의 한 명상 센터에서 쓸고 또 쓸어도 계속 떨어지는 낙엽을 반복해서 쓸어내는 행위를 생각해보자. 일상적으로 반복되는 집안일들을 생각해보자. 이 신화는 우리 삶의 본질적 구조를 잘 나타내주는 것 같다. 하지만 사람들은 보통 이 이야기가 지옥의 특징을 묘사한 것이라 해석한다.

어려운 점 중 하나는 시지포스가 맞서서 극복해야 하는 반복적인 실망감이다. 그는 언덕 정상에 올려놓기 위해 크고 둥근 바위를 계속 밀어 올린다. 엄청난 고생 끝에 바위 정상에 도달했을 때, 실제로 그는 어떤 보상을 받기보다 성취감이라도 느껴보고자 할 것이다. 하지만 그런 일은 일어나지 않는다. 바위는 단 한순간도 그곳에 멈춰주질 않는다. 바위는 여지없이 아래로 굴러 떨어진다.

이로 인해 마음이 만들어낼 엄청난 괴로움을 상상할 수 있을 것이다. 사실상 지옥을 만들어내는 것은 바로 마음이다. 여기서 여러분들은 수행 과정도 이와 비슷하다는 사실을 알 수 있을 것이다. 우리는 깨달음과는 거리가 멀더라도 최소한 이완된 느낌 등과 같은 어떤 보상이나 수행의 진전이 있기를 바란다. 그러나 앉아서 무언가를 구하기 위해 정진을 한다면 그런 것은 찾을 수 없다. 또한 그것은 진정한 수행이 아니다. 들숨과 날숨을 바라보는 이 단순한 행위를 떠나서 따로 있다는 생각을 떨쳐버리기 전까지는 수행을 시작했다고 할 수 없다. 비록 우리가 소위 말하는 깨달음을 성취했다 할지라도 무엇이 달라지겠는가? 나는 어떻게 달라졌는지 모르겠다. 아무리 깨달았더라도 우리는 여전히 숨 쉬는 순간순간 속에서 삶을 바라보아야 한다.

우리가 무기형을 받아 평생 동안 감옥에서 살아야 한다거나, 영원히 언덕 위에다 둥근 바위를 올리는 일을 반복해야 한다고 가정해보자. 수행의 관점에서 하나의 전략은 사실을 분명히 바라보고 사실로부터 일어나는 모든 느낌들을 잘 살피는 것이다. 괴로움의 대부분은 그 주위에서 일어나는 느낌들, 즉 좀 색다른 것을 해야 한다든지, 좀더 다양한 것을 해야 한다든지, 거창하게 인류의 공익을 위해 무언가를 해야 한다는 것에서 비롯된다. 수행을 시작한 사람이라면 누구나 이런 느낌을 가져본 적이 있을 것이다. 그러나 수행은 자연스레 흐르면서 이루어지는 것이지 억지로 한다고 되는 것이 아님을 어느 시기가 되면 알게 된다. 예외는 없다. 남아 있는 영원한 세월 동안 그저 열심히 바위를 밀어 올리는 것뿐.

이런 상황 속에서 우리가 해야 할 일은 언덕 위에 둥근 바위를 밀어 올리듯 단지 밀어 올리는 것에 대한 순간순간의 경험과 함께하는 것이다. 밀어 올린다는 생각에 잡혀 있으면 안 된다. 그저 단순히 밀고 또 밀어 올릴 뿐이다. 어떤 보상이나 성취욕도 다 놓아버려라. 그렇게 밀고 또 밀면 의미 있는 무언가를 얻게 될까? 무엇을 얻든 얻지 못하든 순간순간 밀고 또 밀어 올릴 뿐이다.

수행은 현재의 순간과 아주 세심하고 친밀한 연결 고리를 형성하는 것이다. 둥근 바위를 밀어 올리고, 또 밀어 올리는 것이다. 이것은 매우 경이로운 경험이다. 지금 해야 하는 일에 대한 장황한 시나리오 대신 그냥 둥근 바위를 밀어 올리는 것이다. 그냥 설거지를 할 뿐이다. 세금계산서를 작성할 뿐이다. 숨을 관찰할 뿐이다.

수행을 하거나 살아가면서 문제라고 생각하는 것들은 거의 비슷한 상황에서 생긴다. 나 자신이 그런 경험을 했고 수많은 수행자들이 그렇다는 말을 들었다. 따라서 이 말은 신뢰해도 좋다. 자신의 수행에 대해서 실망하는 사람들은 대부분 스스로 실망스런 상황을 만든 것이다. 우리는 그럴 듯한 사람이 되려고 한다든지 대단한 목표에 도달해야 한다는 생각을 갖지 말아야 한다는 말을 수시로 들어왔다. 하지만 수행하려고 앉아 있으면 무언가 되려고 하고 어디엔가 도달하려고 한

다. 이런 바람을 중심으로 온갖 생각들이 일어나고 그로 인해 괴로워
진다.

　고통스런 삶에서 벗어나는 유일한 길은 숨에서 숨으로 이어지는
삶의 참모습을 깨어 있는 마음으로 지켜보는 것이다. ‘30여 년 동안
이 보잘 것 없는 일에 매달렸는데도 아무 것도 이루지 못했단 말인
가?’ 라고 한탄할 것이 아니다. 스즈끼 선사가 말한 초심으로 돌아가
순간순간의 삶을 늘 새로운 마음으로 맞이해야 한다. 항상 처음처럼
매순간의 숨을 신선한 기분으로 지켜봐야 한다. 실제 수행에 있어서
숨을 내쉬는 순간은 죽음을 향한 삶이며 숨을 들이쉬는 순간은 태어
남을 위한 삶이다. 이처럼 숨과 함께 매 찰나 나고 죽는 것이며, 그래
서 모든 것은 늘 새로운 법이다.

　많은 사람들이 아픈 경험 때문에 과거에 집착한다. 베트남 전쟁
에 참전했던 사람들을 만나보면 전쟁의 기억들을 떨쳐버리지 못한
다. 사람을 죽인 사실에 대한 죄책감이나 자신이 얼마나 많은 것을
바쳐 전쟁에 임했는지에 대한 자부심이 기억 속에 남아 있다. 내가
만나본 나치 강제수용소에 있었던 사람들 역시 50년이 지난 지금까
지도 과거의 몸서리치는 기억들을 떨치지 못하고 가슴에 품고 있었
다. 그들의 삶에 있어서 가장 생생하고 쓰라린 것은 수용소에 대한
기억이었다.

　수행은 어떤 식으로든 그런 경험들을 무시하거나 과소평가하지
않는다. 확실하게 직면해서 슬픔을 드러내 온전히 경험해야 한다.
우리 모두는 과거에 겪었던 쓰라린 고통의 경험을 안고 산다. 하지만
이런 과거를 과감하게 뚫고 지나 현재의 삶에 이르러야 한다. 삶은

값진 선물이고, 우리의 전부며, 항상 지금 진행되고 있다.

이 책의 독자 중에는 수행의 입문자가 아닌 분들도 있을 것이다. 몇 년 동안 수행을 해왔고 매일매일 수행을 충실히 실천하는 사람일지도 모른다. 여러 권의 수행 관련 도서도 읽었고 다양한 수행센터에서 수련한 경험도 있을 것이다. 지난주 3, 4번 정도는 좌선이 정말 잘 됐다. 그런 경험을 갈망하면서 오늘도 앉아 정진을 해보았다. 그런데 오늘은 영 달랐다. 엉뚱한 생각들이 가득 차서 도무지 집중이 되질 않는다. 그래서 이런 생각을 하게 된다. '이 번뇌 망상만 일어나지 않는다면, 이놈의 성적인 환상만 떨쳐낼 수 있다면, 공포에서 벗어날 수만 있다면 수행을 잘할 수 있을 텐데!' 수행이란 이 모든 것을 열린 마음으로, 있는 그대로 받아들여 면밀히 살피는 일이다. 둥근 바위를 밀어 올리는 것처럼 지금 삶의 모습을 있는 그대로 반복해서 받아들이는 것이다.

깨달음이란 저 멀리 존재하는 것이 아니다. 밀어 올린 둥근 바위가 언덕 정상에 멈추는 순간이 깨달음이라고 생각하면 안 된다. 정상에 멈춘다면 그 다음에는 무엇을 할 것인가? 깨달음은 바로 밀어 올리는 과정 가운데 있다. 어떤 일을 하든 괴로움과 회한을 가져다주는 모든 것을 놓아버리는 속에서 깨달음의 참모습이 나타나는 것이다.

결국 문제는 '나라는 것'에 귀결된다. '나라는 것'이 둥근 돌을 밀었으며, 그 돌을 정상에 머물게 했다. 그리고 그 돌을 보고 있다. 깨달음은 이 '나라는 것'을 모두 떨쳐버리고 그저 밀어 올리는 일 가운데 드러난다. 어떤 특정한 종류의 둥근 돌을 가지고 있든지 이런 방하착(放下着)의 태도로 밀어 올리고 그저 바라보는 것이다. 진부한 일이든 혹은 가장 어려운 일이든 간에, 어떤 문제에 처했을 때 수행이 삶에 도움이 되지 않는다면 무슨 소용이 있겠는가? 수행은 삶 전체를 위한 것이다. 어느 한 부분을 나누어 오직 정신적인 것만을 수행이라 하지 않는다. 수행은 따로 존재하는 것이 아니다. 순간순간의 삶 전체가 바로 수행이다.

제3장

숨과 마음에 대한 관찰

1. 개구리처럼 앉아 있기

우리는 처음 8단계의 관법의 세계를 살펴보았다. 그것은 우리가 존재한다는 사실을 알지 못했거나, 혹은 당연하게만 여겼던 세계다. 예를 들면 호흡이라는 하나의 매혹적인 세계가 있다. 틱낫한 스님은 50년 동안 호흡을 관찰해왔고, 그것은 여전히 흥미를 더해갈 뿐이라고 말한다. 몸이라는 거대한 세계는 탐구해볼 만한 대단한 가치를 지니고 있다. 특히 이제 막 수행을 시작해, 오랫동안 그로부터 멀리 떨어져 있었다는 것을 알게 된 우리들에게는 더욱 그렇다.

희열이나 평화로움과 같은 구체적인 감정의 세계는 매력적이다. 너무 유혹적일 지경이다. 그리고 일반적인 감정의 세계가 존재한다. 우리가 그것들을 알게 될 때, 그 감정들은 예전처럼 그렇게 낯설거나 위협적이지 않다. 우리는 감정들과 친해진다. 그 감정들에 더 이상 짓눌리지도 않는다.

심념처와 함께 우리는 또 하나의 거대한 세계, 즉 훨씬 더 복잡한 마음의 세계의 문 앞에 서 있다. 빨리어로 찌따(*citta*)라고 하는 이것은 일반적으로 우리가 마음이라고 생각하는 것 이상을 의미하는데, 오히려 mind/heart에 가깝다. 이것은 생각하는 마음을 포함하지만 그보다 훨씬 더 크다. 만약 《호흡관법경》 전체가 자기 인식에 대한 것이라면, 우리는 이제 막 그 풍요로운 근원에 도달했다.

마음은 우리가 이제까지 향해왔던 곳이다. 불교가 훌륭히 설파하고 있듯, 모든 것은 마음에서 나온다. 그리고 마음은 분명 많은 문제들이 시작되는 곳이기도 하다. 우리가 중요한 여덟 번째 관법, 즉 정신적인 작용을 가라앉히는 것을 포함한 처음 8단계의 관법과 함께 수행해온 것은, 마음을 공부하는 아홉 번째 관법을 시작할 준비를 갖추는 일이었다.

이들 초반의 관법은 여전히 인식의 풍요로운 근원이기도 하며, 마음 그 자체를 향해 효과적으로 나아가기 위해 필요한 평정에 도움이 되었다. 마음에 고요함이 없다면 성찰은 어렵다. 조금이라도 명상수행을 해본 사람이라면 생각이 얼마나 압도적인 것인지, 얼마나 강렬하게 사람을 사로잡는 것인지 잘 알 것이다. 처음 8단계의 관법은 이러한 고요함을 계발하도록 도와준다. 그와 함께 마음은 점점 더 맑은 거울 같아진다.

우리 문화는 고요함을 일종의 느긋한 둔감함과 연결하곤 한다. 이를테면 여름날 오후, 힘든 하루 일을 마치고 해먹에 누워 있는 것 같은 느낌 말이다. 다른 한편, 우리는 깨어 있으면서도 마치 위험이나 경제적인 어려움에 부딪혔을 때처럼 긴장하는 경우가 많다. 우리는 이 2가지, 즉 느긋하지만 둔감하거나 깨어 있지만 긴장하는 상태 사이를 왔다 갔다 한다. 우리는 깨어 있음을 위기상황과 연결시킨다.

하지만 이 양극은 인간 의식에 본래 있는 것이 아니다. 우리가 이 수행을 통해 천천히 배우는 것은 온전히 깨어 있는 고요함이다. 그것은 스즈끼 선사가 자주 이야기하던, 백합 잎 위에 앉아 있는 개구리와 같다. 어찌 보면 개구리는 작은 붓다처럼 그저 휴식을 취하고 있는 듯 보인다. 하지만 파리가 앞으로 날아오면 개구리는 여태껏 깨어 있었음을 단숨에 증명해 보인다. 파리로서는 매우 불행한 일이지만….

사람들이 수행에서 어려움을 느끼는 부분은 저마다 다르다. 하지만 대부분은 더욱 미세한 것을 향해 정진해간다. 이제 아홉 번째 관법과 함께 우리 앞에는 전혀 새로운 단계가 펼쳐진다.

9. '마음을 경험하면서 들이쉬리라'며 수련하고,
   '마음을 경험하면서 내쉬리라'며 수련한다.

탕 호이(Tang Hoi)라는 큰 스님은 이 관법에 주석을 달았다. 그는 상좌불교의 가르침인 이 호흡관법수행과 선을 베트남에 들여온 탁월한 스승이었다. 틱낫한 스님은 자신의 뿌리를 이 스님에게서 찾는다. 탕 호이에게는 분명하고 고무적인 마음을 탐구하기 위한 모든 준비를 시사하는 방법이 있었다. 그는 호흡관법수행의 명확한 이해에 대해 말한다. 그것은 호흡을 분명하게 바라보고, 호흡에 지속적으로 주의를 기울인다는 의미다.

"수행자가 호흡의 과정을 이해하면 마음은 빛으로 타오른다. 그 빛으로 깊이 관찰하면, 그가 보지 않는 어떤 것도 수행자의 마음속으로 들어가지 못한다."

그것은 마치 우리가 마음이라고 부르는 어둡고 그늘진 곳, 우리가 이해하지 못하는 수많은 일들이 일어나는 그곳이 커다란 빈 방처럼 갑자기 밝고 분명해지는 것과 같다. 탕 호이에 따르면 그런 변화를 가져오는 것은 호흡에 집중하는 것이다.

물론 처음 8단계의 관법을 다 거치고도, 마음에 대해 많은 것을 보지 못했을 수는 없다. 특히 느낌에 대한 관법에서 느낌에 대한 반응을 이야기할 때 우리는 마음의 측면들을 다룬 적이 있다. 처음 2가지 관법까지 거슬러 올라가보면, 숨이 길든 짧든 우리는 마음을 이용하고 있었다. 그리고 당신이 첫 번째 가르침대로 호흡만을 따라갈 때, 거기서 쉽게 볼 수 있는 것은 혼란에 빠져 있는 마음이다. 그 혼란스러운 곳을 살펴본다는 것은 사뭇 두려운 일이다. 하지만 이제 우리는 바라볼 수 있는 마음에 대해 말하고 있다. 그 마음이 어느 정도 고요함에 이르렀기 때문이다. 또한 이제는 다양한 마음상태들을 더 편하게 느낀다.

2. 당신도 마음의 노예인가?

붓다는 우리가 마음의 노예라는 것을 거듭 강조하셨다. 우리 마음속에 들어 있는 것에 대한 집착 때문에 우리는 자신과 다른 사람들에게 고통을 주는 행동을 일삼는다. 붓다 가르침의 목적은 이러한 집착으로부터 우리를 자유롭게 하는 것이고, 그 마음에 자유자재해지도록 하는 것이다. 하지만 억지로 그렇게 만들 수는 없다. 우리를 마음의 진정한 파수꾼으로 만드는 것은 분명하게 보는 일이다.

마음에는 3가지 측면이 있는데 이에 대한 이해는 대단히 중요하다. 빨리어로는 이것을 '낄레사(*kilesas*)'라고 하고, '오염' 또는 '독'으로 번역한다. 탐욕, 미움, 그리고 어리석음이 그 3가지다. 이 관법에는 다른 측면들도 있지만, 그러한 상태들을 알게 되는 것이 그 핵심이다. 마찬가지로 그런 독으로부터 자유로울 때의 마음을 아는 것 역시 중요하다.

첫 번째 탐욕은 원함, 욕망, 또는 갈망으로 번역된다. 그 갈망은 현대의 성적(性的)인 의미가 아니라 아무 것에나 갖는 갈망을 의미한다. 그것은 사람에 대한 것일 수도 있지만, 음식이나 술, 돈, 물질적인 소유, 명예, 권력에 대한 것일 수 있다. 또한 정치적인 세계에서, 어떤 특정한 결과에 대한 바람일 수도 있다. 심지어는 어떤 정신적인 성취, 호흡관법수행에 통달한다거나 깨달음을 얻는 것에 대한 바람일 수도 있다.

그것은 가 닿고, 붙들고, 집착한다. 그것은 아주 자연스러운 인간의 기능이다. 그것은 우리가 먹을 것을 구하고, 머리 위에 지붕을 얹고, 종족을 번식하는 것을 가능하게 한다. 그리고 온갖 종류의 범죄, 심지어 전쟁에까지 이르게 하기도 한다.

간단한 예를 하나 들어보겠다. 나는 인터뷰에서 종종 수련생들에게 나와 함께 선문답으로 들어가길 권한다. 최근에 한 인터뷰에서 나는 이렇게 말했다. "지금 마음속에 무엇이 있는가?" 나와 함께 앉아 있던 여인은 그 순간 맑고 고요하고 평화로운 마음을 갖고 있었다. 하지만 이윽고 아주 작은, 하지만 분명히 알 수 있을 만한 생각이 그녀에게 떠올랐다. "나는 이것이 끝나는 것을 원하지 않아." 그것이 아무리 자연스럽고 해롭지 않은 것처럼 보인다고 해도 그것은 하나의 욕망이었다. 그녀는 고요함 가운데서 아주 작은 파문 내지는 고통을 보았다. 그녀가 그것을 보았기 때문에, 그것은 사라졌다. 그런 다음에 마음이 어땠느냐고 나는 물었다. "아주 좋았어요. 그 욕망이 사라지고 난 다음에는." 그녀는 대답했다.

어떤 낄레사에 대해서든 그것이 첫 번째 질문이다. 그것이 지금 존재하는가? 중요 과제 중 하나는 오로지 그것을 보는 일이다. 당신이 서로 다른 종류의 욕망을 본다면 어떤 것들은 다루기가 쉽고 어떤 것들은 꽤 어렵다는 것을 알게 될 것이다. 마음이 무엇에 사로잡혀 있는지, 마음이 하루를 어떻게 보내는지를 보는 것은 매우 놀라운 일이기도 하다. 그것은 당신이 실제로 하고 있는 것, 또는 당신이 누구라는 스스로의 인식과 첨예하게 대립하는 것일 수도 있다.

이 관법은 순간순간 마음을 온전히 경험하는 것에 관한 것이다. 그것은 워크숍이나 수련회에서, 또는 책을 읽거나 치료를 통해서 얻을 수 있는 자기 인식이 아니다. 당신은 절대로 그것을 획득할 수 없다. 그것은 지속적인 활동이고, 평생에 걸친 노력이며, 마침내 성취감을 맛볼 수 있는 어떤 유한한 과정이 아니다. 만족은 실천하는 가운데 온다. 우리 자신에 대해 뭔가를 볼 수 있다는 것은 아름다운 일이다. 우리가 바라보는 모습이 특별히 경이롭지 않을 때에도 그것은 여전히 아름답다.

앞서 여인과의 인터뷰는 아주 좋은 예다. 고요함, 그 고요함을 영속시키고 싶은 바람, 그 바람에 흔들리는 고요함, 그 바라는 마음을 봄, 바라는 마음의 사라짐. 그 바라는 마음을 사라지게 한 것은 '보는 것'이었다. 우리가 하고 있는 수행의 어떤 부분은 무슨 일이 일어났는지를 분명하게 보는 일종의 재교육이다. 당신은 가르치는 사람이기도 하고, 배우는 사람이기도 하다. 당신은 이런 책을 읽거나 테이프를 들을 수 있고, 강연회에 갈 수도 있다. 그 모든 것들은 당신을 바른 길로 향하게 한다. 하지만 궁극적으로 당신은 불교를 공부하는 것이 아니다. 당신은 당신 자신을 공부하는 것이다. 만약 당신이 불교에 대해 모든 것을 알고 있으면서도 자신에 대해서는 모르고 있다면, 당신은 이제껏 모든 핵심을 놓쳐온 것이다. 스즈끼 선사가 말했듯이 "당신이 당신일 때, 선이 선이다."

나는 10년 전, 위빠사나에 대한 10주간의 수행을 지도하며 이 이치를 절실히 깨달았다. 거기에는 불교에 특별한 관심을 가진 2명의 박사와 정치학 박사학위를 가진 유고슬라비아의 열혈 마르크스주의자가 있었다. 그들 셋은 모두 하버드에서 공부하고 있었다. 마르크스주의자는 종교가 바보들을 위한 학문이라는 자신의 태도를 분명히 했다. 그는 불교에 열렬했던 여자친구 때문에 명상을 배우는 중이었다. 자기가 아무런 관심도 보이지 않으면 여자친구를 잃을까봐 두려웠던 것이다. 한편 두 불교인은 꽤 진지했다.

10주 후, 마르크스주의자는 수행을 아주 훌륭히 마쳤고 내적으로도 많은 성장을 했다. 그것은 그가 가르침을 잘 따르고 매일 성실하게 수행했기 때문이다. 한편 두 불교인 학자들은 아무것도 이루지 못했다. 그들은 붓다의 마음에는 관심이 지대했지만, 자신의 마음에는 거의 관심이 없었다. 그들에게는 수행의 핵심이 빠져 있었던 것이다.

당신이 자신의 마음에 관심을 갖고 있다고 상상해보자. 그리고 어떤 주어진 상황에서 그 마음이 갈망한다고 하자. 그것을 비난하지 말라. 그저 바라보아라. 마치 인터뷰에서 여인이 그랬던 것처럼. 하지만 나는 당신을 설득하지는 않을 것이다. 당신 스스로 직접 보아야 한다. 거기에 고통이 있음을 보아야 한다. 보고 있으면 욕망은 사라질 것이다. 그리고 단 한 순간이라도 당신은 호흡과 함께 머물 것이다. 당신은 욕망이 없는 마음으로 산다는 것이 얼마나 좋은 일인지 알게 된다.

그 단순한 바라봄, 상상할 수 있는 가장 소박한 방식으로, 마치 생애 처음 있는 일인 것처럼 바라보는 것은 일종의 본질적인 지혜다. 갈망할 때 우리는 고통스럽다. 그 깨달음은 우리가 사는 방식을 혁명적으로 바꿀 수 있다. 하지만 그것을 듣는 것만으로는 충분하지 않다. 당신 스스로 보아야 한다. 당신이 직접 탐구해봐야 한다.

두 번째 낄레사는 미움 또는 혐오다. 그것은 어떤 의미에서 첫 번째 것과 반대다. 탐욕은 가 닿고 집착하는 것이지만, 미움은 일어나는 것이 싫을 때 그 상황을 거부하고, 그로부터 물러나고, 피하려 하는 것이다. 우리는 거기서 벗어나려 하고, 우리를 거슬리게 하는 것을 없애고 싶어 한다. 탐욕은 거기 있지 않은 어떤 것을 원할 때 일어나지만, 혐오는 우리가 원하지 않는 어떤 것이 거기 있을 때 일어난다.

이런 상태의 가장 분명한 증거는 화다. 다시 강조하건대, 우리는 수행하기 위해서 화와 전쟁하는 것이 아니다. 화에 대해 우리는 아무

것도 하려고 들지 않는다. 뭔가를 하면 더욱 싫어질 뿐이다. 우리는 화가 날 때, 그 마음이 어떤지 단지 바라본다. 우리는 화를 존경으로 대하고, 잘 보살펴주며, 그것을 철저히 경험한다.

세 번째 낄레사는 어리석음 또는 혼돈인데, 딱 꼬집어 말하기가 더 어렵다. 일례로 마음이 어두울 때를 들 수 있다. 그것은 마치 마음에 그늘이 드리워져 있는 것 같아서 우리는 분명하게 볼 수가 없다. 우리는 혼란스럽고, 확신하지 못하며, 결정을 못 내린다. 그것은 자기 회의 안에서 맴도는 것과 같다. 우리는 우리가 현명한지 바보 같은지, 지켜보고 있어야 하는지 행동을 해야 하는지 알지 못한다.

무언가를 갈망할 때 우리는 마음속에 있는 대상을 과대평가하는 경향이 있다. 그래서 그것을 원하고 그게 아주 훌륭할 것이라고 생각한다. 반면 싫다고 느낄 때 우리는 그것들을 과소평가한다. 누군가를 싫어하면서, 그가 세상에서 가장 경멸할 만한 벌레 같은 사람이라고 생각한다. 우리가 미혹에 빠질 때, 그것은 마치 우리가 뭐가 뭔지를 모르는 것과 같다. 삶에 중심이 없는 것이다. 우리는 무엇이 옳고 그른지, 앞으로 나아가야 할지 뒤로 물러서야 할지, 수행하러 가야 할지 아니면 앉아서 뭐라도 해야 할지, 어쩌면 불교에 관한 책이라도 읽어야 할지 도대체 알지 못한다.

어리석음 또는 무명은 근본적인 낄레사다. 이 무명으로부터 다른 낄레사들이 나온다. 분명하게 볼 수 없기 때문에, 우리는 우리를 행복하게 하지 않는 것들을 추구하고, 즐겁지 않은 것에 성을 내며, 실제로는 우리를 해롭게 할 수도 없는 것들로부터 도망치느라 많은 시간을 보낸다.

이런 상태들은 전혀 낯설지 않다. 우리는 그 모든 것들에 매우 익숙하다. 문제는 우리가 '그것들과 함께 수행할 수 있는가'다. 단정 짓지 않고, 그것들을 바꾸려 들지 않고, 특히 어떤 행동을 취하지 않고 그것들을 바라볼 수 있는가? 욕망을 느낄 때 우리는 대개 어떤 행동을 취하고 싶어 한다. 케이크를 먹든 상을 타든 무엇을 하든 말이다. 만약 혐오를 느끼면 거기서 빠져나오고 싶어 하고, 어떤 식으로든 그 상황을 없애려고 한다.

이중에서 가장 어려운 것은 혼란일 것이다. 우리가 사는 세상은 단호함, 강함, 대담함, 무엇을 할지 아는 것에 대단한 가치를 부여한다. 그래서 우리는 혼란스러울 때 하나 아니면 다른 하나를 선택하고 싶어 하고, 불편함에서 벗어나려고 한다. 수행의 과업은 혼란과 함께 머무는 것이며, 혼란의 에너지가 정말로 어떤 것인지 바라보는 것이다. 혼란을 분명하고도 깊이 바라보는 것은 참된 분명함과 단호함으로 가는 가장 좋은 방법이다.

나는 몇 년 전 대학교수로 있을 때, 이 낄레사와 흥미로운 조우를 한 적이 있다. 해마다 가을이면 4학년 학생들이 나를 찾아와서는 다음 해에 뭘 해야 할지 모르겠다는 이야기를 하곤 했다. 취업, 대학원 진학, 직업학교에 가는 것, 당분간 여행을 하는 것 등 온갖 있을 법한 선택들에 둘러싸인 채 말이다. 그들의 부모도 자식의 일 때문에 걱정에 싸여 있기는 마찬가지였다. 그것은 매우 팽팽한 긴장의 상황이었다.

당시 나는 명상수행을 시작했었고, 내가 배운 것을 학생들에게 조금씩 적용해보곤 했었다. 그저 "잘 봐라. 너는 지금 혼란스럽다. 그리고 그건 아무렇지도 않은 일이다."라고 말하는 식으로 말이다.

학생들은 거짓된 명료함을 억지로 만들어내려고 했다. 하지만 나는 그들에게 혼란을 그냥 내버려두라고 권했다. 왜냐하면 그것이야말로 그 순간의 진실이었기 때문이다. 그것을 어떤 중대한 실패(24살이나 되었으면서도 어떻게 살아야 하는지조차 모르다니!)가 아니라 다른 것과 마찬가지로 왔다가 가는 하나의 정신적인 상태로 바라볼 수 있게 하기 위해서였다.

그 해가 저물 무렵, 학생들 가운데 90% 정도가 마음을 굳혔다. 그들은 내게 와서 치과학, 법학, 사회사업 등 자신이 내린 결정을 단호하게 발표했다. 하지만 대부분은 아주 확신이 없어 보였다. 그들은 불안을 견딜 수 없었고, 무엇이라도 선택해야만 했던 것이다. 나는 항상 자신의 혼란을 당당히 인정할 줄 알았던, 결정을 내리지 않은 채 학교를 떠난 극소수의 학생들을 칭찬했다.

당신이 혼란을 느낄 때, 그것을 수행의 걸림돌로 여기지 말라. 그것은 당신의 수행이다. 그 순간의 당신의 삶이다. 그 혼란과 함께 머물며 그것을 철저히 탐구하라. 혼란이 당신을 분명함으로 이끌고 가도록 맡겨두어라. 그 끝에 떠오른 결정은 훨씬 더 믿을 만한 것일 확률이 높다. 불편하게 느껴지는 상황에 반응하는 것은 놀란 자아가 아니다. 그것은 서서히 펼쳐지는 자연스러운 과정이다.

로렌스 쉐인버그(Lawrence Shainberg)의 《불확실한 선(Ambivalent Zen)》에서 큐도(Kyudo) 선사는 그것을 아름답게 묘사하며, 의심에 빠진 제자에게 이렇게 충고하고 있다. "결정할 수 없다고요? 아, 대단한 결정이군요. 래리 씨! 제 스승은 '만약 네가 혼란스럽다면 그냥 혼란스럽도록 내버려두어라. 혼란 때문에 혼란스러워하지는 마라'

고 말씀하셨습니다. 아시겠어요? 그 혼란을 철저히 겪으세요. 그러면, 장담하건대 아무 문제도 없답니다."

3. 저 구름 너머 하늘이 있다

아홉 번째 관법의 과제는 마음을 있는 그대로 완전하고도 철저하게, 우리가 가진 만큼의 분명함으로 경험하는 것이다. 마음챙김으로 분명히 보면 어떤 마음상태도 결국은 힘을 잃고 약해진다. 그럴 때 우리는 어떤 마음상태들이 일어난다고 해도 더 이상 우리를 괴롭힐 만한 힘을 지니지 못한다는 것을 보기 시작한다. 우리는 더 이상 그들의 명령을 따라 자동적으로 행동하지 않는다.

그러면 만약 견디기 힘든 감정이 일어나거나 화나 두려움 같은 강한 감정이 밀려올 때도 그렇게 많은 고통을 느끼진 않을 것이다. 우리는 이런 마음상태들과 친해졌다. 그것은 우리가 그들과 맺는 관계를 변화시킨다. 마음상태들은 우리 자신의 의식 창고인 심장에서 나온다. 우리는 자신을 그들과 동일시하거나, 그들에 저항하거나, 그들을 거부하는 대신 이러한 상태들을 다정하게 바라보는 법을 배우게 된다.

핵심은 우리 마음을 바꾸는 것이다. 항상 이런 마음상태와 싸우거나 그 속에서 길을 잃게 되는 전쟁터를 평화롭게 공존하는 곳으로 변화시키는 것이다. 그러면 의식 속에 있는 이 방문자들은 그런 힘을 갖지 못하게 된다.

우리가 열세 번째 관법에 도달했을 때 궁극적으로 보게 되는 것은 그것들이 영원하지 않으며, 실체적인 자아를 갖고 있지 않다는 사실이다. 지금 우리는 주로 그런 마음상태들을 인식하고, 그것들에 가까워지는 법을 배우고 있다. 하지만 가끔은 그것들이 일어났다 사라지는 것을 알아차리게 될 때도 있다.

그것은 우리가 앞서 이야기했던 모기에 물린 일과 같다. 가까이서 바라보면, 화는 일정한 감정의 흐름이 아니고 강도가 계속 변해가는 복잡한 상태다. 그러다 마침내 모두 사라져버린다. 화는 왔다가 사라지는 에너지의 흐름이다. 그것은 결코 인간을 특징짓는 요소가 될 수 없다. 그것은 어떤 지속적인 실체도 갖고 있지 않다.

호흡, 느낌, 마음상태 등 그 모든 것이 왔다가 사라짐을 보게 될 때, 우리는 '하고 있는 자아'라는 관념 전체가 상상일 뿐이라는 사실을 알게 된다. 이제껏 쌓아온 관념이 무너지면서, 아니면 최소한 약해지면서 우리는 무거운 짐을 내려놓게 된다. 우리는 이러한 새로운 자기 인식을 마음껏 기뻐하고 축하할 수 있다. 그것은 운명처럼 항상 지고 다녀야 할 지겨운 숙제가 아니라, 삶을 가볍게 만드는 유익한 수행이다. 우리는 수행의 중심에서 어떤 기쁨을 발견한다.

때가 되면 당신은 그것들을 놓치지 않고 거듭 보게 되며, 그러면서 마음상태들은 힘을 잃는다. 화나 욕망 또는 두려움이 찾아온다는 것이 반드시 문제는 아니다. 이는 '두려운 것은 괜찮다'라는 이데올로기가 아니라 실제적인 사실이다. 당신은 두려워한다. 그리고 그것은 괜찮다. 그러면 이러한 마음상태들을 직시하고, 직접 경험하는 일이 쉬워진다. 마치 매순간의 호흡이 자신의 본성을 따르도록 내버려두는 일이 쉬워졌던 것처럼.

그때 이 마음상태들은 약해지고 서서히 사라지기 시작한다. 수행의 목적은 모든 것을 왔던 곳으로 돌아가게 하는 것이다. 그것은 고요함에서 나오고 고요함으로 돌아간다. 마음이 고요하고 흔들림이 없을 때, 시간에 대한 심리적인 감각은 사라지고 거대한 광활함이 펼쳐진다. 그것은 거기, 우리의 혼란 너머에 줄곧 있었다.

옛사람들은 구름 너머에 있는 하늘을 이야기했다. 마음이 낳은 것들은 구름과도 같다. 어떤 것은 아름답고 어떤 것은 어두워서 한바탕 비를 뿌릴 것 같다. 하지만 그것들은 모두 마음이라는 하늘에 피어나는 구름이다. 하늘은 광활하고, 아름다우며, 변하지 않는다. 그것은 태어나지 않았고, 죽지도 않는다.

우리들 대부분은 구름의 차원에서 산다. 우리는 하늘이 존재한다는 사실을 간신히 알 뿐이다. 하늘로 가는 방법은 구름을 공부함으로써, 다정하고도 편견 없이 제대로 관찰함으로써 구름을 가로지르는 것이다. 때가 되면 구름들은 사라진다. 우리가 그것에 깨어 있을 때, 느낌이 사라지는 것처럼 말이다. 그러고 나면 우리는 뭔가 전혀 다른 것, 즉 광활하고 고요하며, 힘과 사랑과 우리에게 필요한 모든 자양이 가득한 그 무엇을 알게 된다. 우리는 그것이 항상 거기 있었다는 사실을 알게 된다.

4. 마법에서 풀려나기

낄레사를 다른 각도에서 볼 수도 있다. 즉 무슨 일이 일어나고 있는지를 조금 다른 방식으로 보는 것이다. 수행의 역할이 찌따, 즉

mind/heart를 지키는 것이라고 해보자. 왜냐하면 그것이 우리가 가진 가장 귀한 재산이기 때문이다. 어떤 의미에서 그것은 우리가 가진 전부다. 우리 자신이다. 호흡관법수행 또는 마음챙김 자체는 때때로 마음의 파수꾼이라고 불린다.

여기, 우리 앞에 한 편의 서사극이 있다. 우리가 상상할 수 있는 가장 중요한 싸움이 벌어지고 있다. 한편에는 낄레사, 즉 탐욕, 미움, 그리고 어리석음이 있다. 다른 한편에는 외롭게 서 있는 마음챙김과 지혜가 있다. 마음챙김과 지혜는 빨리어로 사띠빤냐(*satipanna*)라고 한다. 사띠(*sati*)는 '마음챙김'이다. 빤냐(*panna*)는 구별, '분명한 봄'이다. 사띠빤냐는 마음챙김이며 바로 그 순간에, 직접적으로 정확히 보는 것을 동반한다.

우리들 대부분에게는, 낄레사가 지혜보다 훨씬 더 강하다. 우리는 삶의 대부분을 탐욕과 미움 그리고 어리석음 속에서 보낸다. 물론 우리는 그런 상태들로 인해 자신이 행동한다고는 생각하지 않는다. 우리는 자신을 위해서 일하고 있다고 생각한다. 그리고 우리가 원하는 것이 이로운 것이라고 생각한다. 그렇게 생각하는 것은 널리 퍼져 있는 강력한 무명 때문이다.

깨어난다는 것은 마침내 무명을 뚫고 바라보는 것이다. 하지만 수행을 시작할 때, 마음은 몇 년 동안 계속되어온 이런 상태들 때문에 지치고 숨이 막혀 있다. 우리는 조금씩 다른 문제 꾸러미를 들고 나타난다. 어떤 사람은 자주 탐욕스러워진다. 어떤 사람은 화를 잘 낸다. 또 어떤 사람은 자주 혼란스럽다. 우리는 누구나 바깥세상에서 어느 정도 시간을 보낸다. 충동을 잘 살피지 않으면, 우리는 어떤 만족도 가져다주지 못할 행동을 저지르게 된다. 그것을 아는 사람들 가운데 극히 일부만이 그에 대해 무언가 하기를 원한다. 그들은 진리를 찾는 수행을 시작한다.

그들은 하나같이 낄레사가 강하다는 사실을 발견한다. 지혜는 약하다. 이는 우리가 수행의 전체적인 구조, 즉 스승, 수행처, 수련회, 공동체를 필요로 하는 이유 가운데 하나다. 왜냐하면 특히 처음에는 지혜가 도움을 필요로 하기 때문이다. 하지만 사실 우리가 필요로 하는 모든 지혜는 우리 안에 있다. 서사극이 일어나고 있는 바로 그곳에 이미 있다. 가장 나쁜 적은 우리 바깥에 있지 않다. 그것은 우리 자신의 마음속에 있다. 그리고 가장 좋은 친구도 우리 마음속에 있다.

이 수행과 함께하는 재교육의 가장 급진적인 측면 가운데 하나는, 우리의 문제를 밖에서 찾지 않고 항상 안을 살펴본다는 점이다. 낄레사는 우리가 바깥을 보게 하는 데 천재적이다. 그것들은 우리를 계속 사로잡혀 있게 만든다. 따라서 우리는 결코 마음을 들여다보지 않는다.

우리는 개인적인 차원에서만 그런 실수를 하는 것이 아니다. 사회 전체가 그런 실수를 한다. 우리는 국경 남쪽에 있다고 믿는 마약 거래자를 추적하느라 온갖 시간과 돈을 허비한다. 우리는 그들을 소탕하려고 한다. 우리는, 그들이 왜 그토록 마약을 필요로 하는지, 마약이 필요한 이유가 무엇인지에 대해서는 결코 먼저 묻지 않는다.

정도가 그리 심하지는 않지만, 그와 관련하여 내가 가장 좋아하는 예는 우리 할아버지의 경우다. 그는 넥타이라는 것을 가져본 적도 없는 러시아 시골에서 이 나라까지 왔다. 하지만 이곳에서는 가끔 특별한 때 넥타이를 매야만 했다. 그는 넥타이 매는 것을 끔찍이도 싫어했다. 왜냐하면 그것을 제대로 매느라 너무 애를 먹어야 했기 때문이다. 한쪽 끝이 언제나 길게 매어져서 문제였다.

할아버지가 이 까다로운 일을 수행하려고 할 때마다 집안은 소란스러워질 수밖에 없었다. 우리들은 할아버지가 넥타이를 맬 때까지 잠자코 기다렸다. 몇 차례의 헛수고를 거듭한 끝에, 결국 할아버지는 침을 뱉으며 러시아말로 욕설을 하곤 했다. "크리스토퍼 콜럼버스! 콜레라에나 걸려라!" 할아버지는 완벽하지만 다소 장황한 논리를 갖고 있었다. 그는 자신이 넥타이를 매는 데 실패한 것을 넥타이를 매야만 하게 만든 그놈의 나라를 발견한 유럽사람 탓으로 돌렸던 것이다.

우리는 자신의 문제를 찾기 위해 자신의 내면을 제외한 모든 곳을 보고 싶어 한다. 하지만 그렇게 하는 한 우리는 그 문제들의 뿌리에 결코 닿을 수 없다. 몇 년 전 내가 아주 분명한 결론을 얻었을 때, 나의 수행은 진정한 전환점에 도달했다. 그 결론은 고통으로부터 도망칠 수 없다는 것이었다. 그 사실에 대한 깨달음은 내게 전혀 새로운, 전에는 결코 가져본 적이 없는 수행의 힘을 주었다.

그것은 붓다가 말씀하신 것이기도 하다. 우리 삶에 대한 분명한 사실이 바로 우리 앞에 있다. 우리는 이제껏 그것을 무시해왔다. 무명이 바로 그것이다. 반면 수행은 지금 당장, 있는 그대로의 경험과 함께하는 것을 가장 중요한 과제로 삼는다.

수행의 어려움은 한 시간 동안 앉아 있는 일, 또는 주말 내내 앉아 있는 일, 또는 3달간 안거하는 것을 배우는 데 있지 않다. 그리고 그런 일들만큼 어렵지도 않다. 정작 어려운 것은 지금 여기서 무슨 일이 일어나는지 주목하는 일이다. 우리가 그렇게 하지 못하게 가로막고 있는 것이 바로 낄레사다. 그들의 마법을 깨는 길은 가서 똑바로 보는 것이다. 이런 마음의 상태를 있는 그대로 바라보는 것이다. 그것이야말로 무명에서 나와 자유로 나아가는 길이다.

5. 어떻게 공격할 것인가?

내가 줄곧 이야기한 이 서사극, 무명과 지혜 사이의 대전투는 각기 다른 전통 속에서 다양하게 수용된다. 마하 부와 스님의 타이 포리스트(Thai forest) 전통의 가르침에서 보면, 낄레사는 적이다. 그들은 영리하고 강력하다. 그리고 마음을 휘감아버린다. 그들은 우리의 친구로 가장할 수 있을 만큼 영리하고, 어떨 때는 우리가 알아보지도 못할 만큼 미세하다. 이것은 전쟁이다. 우리는 하나도 남김없이 그들을 섬멸해야만 한다.

나는 마하 부와 스님이 바로 내 옆에 있던 스님을 아주 혹독하게 꾸짖는 것을 본 적이 있다. 그 스님은 무심결에 자칫 잘못하면 떨어질 수도 있는 탁자 모서리 가까이에 컵을 두었던 것이다. 나는 타이 말을 할 줄 모른다. 그래서 그들이 하는 말은 모두 통역을 거쳐야만 했다. 마하 부와 스님은 주위를 둘러보고는 내 통역자를 찾아서 말했다. "그에게 말해라. 나는 사람이 아니라, 낄레사를 공격하고 있는 것이다." 그는 내가 그 차이를 확실히 이해하기를 바랐다.

처음에는 그런 수사법이 마음에 들지 않았다. 이게 바로 불교인가? 그것은 너무 공격적이었다. 하지만 그 전통은 옛날 경전으로 거슬러 올라가서 "네 걸음을 살펴라. 여기 네 목숨이 위험에 처해 있다. 네가 사랑하는 사람들의 목숨도 마찬가지다. 주의를 기울여라!"라고 말하고 있다. 그것은 수행의 절박함을 알리는 것이다. 그리고 우리가 무엇을 맞닥뜨리고 있는지를 상기시킨다. 틱낫한 스님은 또 다른 전통을 대표한다. 요컨대 그의 전략은 낄레사에 대한 사랑을 강조하는 것이다. 예수가 원수를 사랑하라고 말한 것처럼. 그것은 당신이 걱정에 시달리는 극한 상황을 자초하지 않게 하고, 갈등과 몸부림으로 가득 찬 이분법을 만들어내지 않게 한다. 당신은 낄레사를 낯설고 이질적인 것이 아니라, 당신의 일부로, 사랑으로 받아들여야 할 것으로 보게 된다. 틱낫한 스님은 옛 전통을 대표하기도 한다. 그 전통은 이분법적이고 공격적인 성향을 가진 서양인들과 함께 수행하기 위해 일부러 도입한 것이다.

이 2가지 접근에는 다 진리가 들어 있다. 나는 사람들을 가르치고 수행하는 것을 더 하면 할수록 낄레사가 정말 강력하고 위험하다는 사실을 더욱 여실히 알게 된다. 반면 수행자들은 그것을 너무 가볍게 생각한다. 낄레사는 엄청난 해를 끼칠 수 있다. 그들이 안 나타났기를 바라면서 공격하는 것은 소용이 없다. 우리는 그들을 의식의 일부로 받아들여야 한다. 그리고 그들을 있는 그대로 잘 볼 수 있도록, 우리가 그들을 정말로 알 수 있게 되도록 그들을 활짝 피어나게 해야 한다. 그리고 그들이 사라지도록 내버려두어야 한다. 그렇다고 너무 부드러운 태도를 취해서는 안 된다. 왜냐하면 그렇게 하는 것은 그들의 영향력에 대한 마땅한 존경을 보여주는 것이 아니기 때문이다. 하지만 우리는 그들을 공격해서도 안 된다.

이 2가지 접근은 근본적으로 은유다. 그것들은 장점과 문제점을 다 가지고 있다. 어떤 언어를 사용한다 해도 모든 것을 다 표현할 수는 없기 때문이다. 마하 부와 스님은 미움을 키우려고 하는 것이 아니다. 틱낫한 스님은 알아차리지 못하는 것을 장려하고 있는 것이 아니다. 수행은 어떤 언어로 낄레사를 규정하는가에 관한 것이 아니다. 수행은 낄레사에 바로 주의를 기울이는 것, 그것을 분명히 보는 것이다. 우리를 자유롭게 하는 것이다.

6. 이제 시작할 때다!

우리가 다루는 것이 몸소 해야만 하는 육체노동과 같은 것임을 상기하면 도움이 된다. 특히 우리가 경전에 더 깊이 들어가고, 그 가르침이 점점 더 복잡해질 때 더욱 그렇다. 당신은 이 모든 것들에 대해 원하는 대로 이야기할 수 있지만, 결국 핵심은 지금 이 순간 당신의 마음을 있는 그대로 지켜보는 것이다. 당신이 책을 읽고 있는 지금 이 순간에도 말이다. 당신은 이 과제로부터 결코 도망칠 수 없다. 당신이 도망친 적이 있다고 생각하거나, 마음을 관찰할 필요가 없는 상황에 있다고 생각할 때, 그것 역시 마음속에 있는 또 하나의 생각일 뿐이다. 당신이 도망쳤다고 생각하는!

사람들은 만족을 위해서, 때로는 정신적인 만족을 위해서 아주 많은 일을 시도한다. 그들은 자신을 소진시키며 뛰어다닌다. 붓다의 가르침은 모든 것이 당신이 있는 그곳에, 바로 지금 존재하고 있다는 것이다. 당신의 고통도, 그 고통의 끝도 바로 여기에 있다. 당신이 어디로 가야 할 이유는 하나도 없다. 당신에게 필요한 것은 마음을 들여다보는 일뿐이다. 마음은 그 자체로 하나의 우주다. 실로 무한한 우주다. 그것은 바로 그 순간, 그것을 가로지르는 에너지에 의해 물들여진다. 그것은 대부분 우리가 이야기했던 3가지, 탐욕, 미움 그리고 어리석음 가운데 하나다.

붓다는 우리가 어떻게 욕망 혹은 욕망의 실현을 행복으로 착각하는지에 대해 이야기 하나를 들려주셨다. 어느 숲 속에 나병 환자가 하나 살고 있었는데, 그는 끔찍한 아픔과 가려움으로 고통 받고 있었다. 그가 고통에서 벗어나는 유일한 길은 커다란 구덩이를 파고 그 안을 불타는 나무로 채운 후, 뜨거운 숯을 만들어 그 숯에 몸을 문지르는 것이었다. 그는 또 다른 종류의 고통을 일으키는 것에서만 위안을 얻을 수 있었다.

병이 나은 그는 도시로 나가 정상적인 삶을 살게 되었다. 얼마 후 그는 숲으로 돌아가볼 기회가 있었다. 거기서 그는 옛날에 자기가 그랬던 것처럼, 고통에서 벗어나기 위해 뜨거운 숯에 몸을 문지르는 나병 환자들을 보았다. 그는 그들을 차마 바라볼 수 없었다. 그것은 너무 고통스러웠다.

붓다는 우리 삶이 바로 그와 같다고 말씀하신다. 하나의 고통, 하나의 욕망에서 벗어나기 위해 우리는 또 다른 고통을 만들어낸다. 그 고통을 없애기 위해 우리가 좇았던 모든 것들과 함께. 우리가 겪는 고통에서 벗어난 건강한 사람에게는 고통을 덜어보겠다는 희망으로 그 모든 고통에 자신을 몰아넣고 있는 우리를 바라보는 일이 고통스럽게 느껴진다.

만약 이 이야기에 공감할 수 없다면, 만약 욕망이 고통이라고 생각하지 않는다면 문제될 것이 없다. 그저 이런저런 것들을 갈망하면서, 모든 사람이 그렇듯 당신 자신을 만족시키려고 애쓰면서 돌아다니면 그만이다. 우리 문화는 그런 활동들을 바탕으로 구축되었고, 우리는 세상에서 가장 거대한 소비문화를 갖고 있다. 우리는 이것이 더 낫다, 저게 더 낫다 하면서 점점 더 할 일을 많이 만들어낸다. 그럼에도 우리가 더 행복해지는 것 같지는 않다.

우리는 언젠가는 소유가 행복을 가져다주지 않는다는 사실을 알게 될 것이다. 걱정에서 벗어날 수 없다는 사실을 깨달았을 때 나의 수행이 시작되었던 것처럼, 욕망이 고통이라는 것이 명확해질 때 누군가는 수행을 시작할 것이다. 그는 마음을 성찰하고 욕망을 볼 것이다. 그와 동시에 고통이 피할 수 없는 욕망의 일부라는 사실을 알게 될 것이다.

단지 그것을 보는 것, 그것이 첫걸음이다. 그 다음에는 그것과 함께 있어야 한다. 진정으로 눈을 마주하고 만나야 한다. 고통의 한 형태인 욕망이 거기 있는 한, 당신은 욕망과 함께 있어야만 한다. 그러고 나서 당신은 욕망이 사라지는 것을 본다. 당신은 그런 식으로 욕망을 갖는다는 것이 어떤 것인지를 알게 된다. 당신은 시작부터 끝까지, 그 경험 전체를 이해하게 된다. 그것을 충분히 경험하면, 당신은 그에 대해 더 이상 걱정하지 않는다. 그것은 여전히 오래된 욕망일 뿐이기 때문이다.

그것은 당신이 음식, 섹스, 돈, 권력, 명예 같은 욕망의 대상들을 다 포기한다는 것을 의미하지는 않는다. 당신이 더 이상 그것들의 노예가 아니라는 사실을 의미한다. 당신은 그것을 취할 수도 있고 그것을 떠날 수도 있다. 심지어 명예 같은 것들도 마찬가지다. 명예 자체는 고통이 아니다. 명예는 단지 많은 사람들이 당신이 누구라는 것을 알고 있다는 사실에 지나지 않는다. 하지만 명예에 잘 대처할 수 있는 사람은 매우 드문 것 같다. 그것은 온갖 종류의 욕망, 붙들고 집착하는 것의 대상이 된다.

욕망이 없을 때, 당신이 그런 종류의 고통을 경험하고 있지 않을 때, 마음이 어떤지를 바라보는 일 또한 중요하다. 당신은 마음이 맑아지는 순간에 이를 수 있고, 그 고요함과 숨결을 따라갈 수 있으며, 거기서 어떤 즐거움을 찾을 수 있다. 욕망의 괴로움이 그곳에 없기 때문이다. 욕망 속에는 평화로움이나 기쁨이 없지만, 욕망이 부재할 때는 아주 평화롭고 기쁘다는 것을 당신은 보기 시작한다. 그것은 당신이 깨달아야 할 중요한 사실일 수 있다. 마음은 자연스럽게, 분명함과 내면적인 고요를 향해 흘러가기 시작한다. 그것은 법문을 필요로 하지 않는다. 마음은 만족을 즐기고 소중히 여긴다.

똑같은 것이 혐오에도 들어맞는다. 화는 그 좋은 예다. 화는 우리를 고통으로 이끌 뿐만 아니라, 그것이 충분히 멀리 나간다면 감옥에서의 한평생으로 귀결될 수도 있다. 화 자체가 고통이다. 그것은 마음속에서 타오르는 불길이다. 대개 우리는 불을 끄는 것보다, 누가 불을 냈는지에 훨씬 더 많은 관심을 갖는다. 우리는 화를 일으키는 대상에 대해서 계속 이야기한다. 그러면서 우리 자신은 타들어간다. 만약 당신이 불타고 남아 있지 않다면, 누가 불을 냈느냐가 무엇을 달라지게 한단 말인가?

이 수행의 과제는 오직 불을 직시하는 것이다. 불길 속에 있는 것이 어떤 것인지, 화와 함께 불타오르는 것이 어떤 것인지를 탐구하라. 순진한 마음으로 그것에 다가가라. 그것에 자신을 열고, 그 안에서 있어라. 그것을 끄려고 노력하지 마라. 화가 무엇이라는 개념에 의존하지 말고, 화라는 말조차도 없이 바라보아라. 그저 그 에너지를 응시하라. 불타오르게 하라. 그것과 의식적으로 조우하라. 그것이 당신에게 끼친 고통에 대해 직접 배울 수 있도록.

마음속에 화가 없을 때, 푸념이나 불평과 같은 사소한 화조차 없을 때, 그 마음상태에는 또 다른 측면이 있다. 아마 당신은 가장 훌륭한 부모, 또는 가장 훌륭한 형제나 자매를 만나지 못했을지 모른다. 혹은 가장 좋은 학교에 가지 못했을 수도 있고, 원만한 첫 번째 결혼 생활을 누리지 못했을 수도 있다. 하지만 이 순간 무슨 이유에서인지, 그 모든 것이 더 이상 당신을 괴롭히지 않는다. 당신은 고요하고 평화롭다. 당신은 혐오를 느끼지 않는다. 그것을 바라보는 일은 매우 중요하다. 그것은 당신의 에너지를 다시 조율하는 과정의 시작이다.

마지막 마음의 상태는 혼돈이다. 같은 곳을 빙빙 맴돌 때 마음이 어떤지를 보아라. 마음이 두 갈래일 때, 마음이 그늘져 있을 때, 곤혹스러운 느낌이 들 때 그 마음의 상태를 보아라. 마음이 무디거나 갈등을 겪을 때, 머뭇거려지고 자신이 없을 때 그 마음을 이해하라. 그리고 혼란이 없을 때 모든 것이 명쾌할 때의 마음도 이해하라. 하늘은 파랗고, 수풀은 푸르다. 배고플 때 당신은 그 사실을 안다. 또는 배고픔으로 착각했던 느낌이 다시 들 때, 당신은 그것이 단지 마음속에 있는 욕망이라는 사실을 깨닫는다. 그러고 나면 마음이 맑을 때 그것이 어떤 것인지를 알게 된다. 그것은 그 길의 중요한 부분이다.

아홉 번째 관법의 과제는 이 모든 상태에서 마음을 아는 것이다. 물론 좌선하고 있을 때만 국한되지는 않는다. 마음의 상태들은 항상 일어난다. 수행은 호흡과 함께, 그것들을 더욱 직시하고, 그것들이 일어나고 있다는 사실을 아는 것이다. 지금은 원하고, 지금은 불타오르고, 지금은 혼란스럽고, 지금은 그것들이 부재함을 아는 것이다. 그 모든 것이 일어날 때, 마음챙김과 의식적인 호흡을 놓쳐서는 안 된다. 당신은 이런 마음상태가 일어나게 만들거나, 일어나지 않게 만들려고 노력하지 않는다. 그것들은 저절로 일어나고, 당신은 그저 바라볼 뿐이다.

붓다가 거듭 설한 집착을 예로 들어보자. 붓다는 자신의 가르침 전체가 이 말로 요약될 수 있다고 말씀하셨다. 그 어떤 상황 아래서도, 그 어떤 것에도 집착하지 말라. 하지만 집착은 아주 자연스러운 현상이다. 우리는 사람, 개념, 물질적인 소유에 집착하게 된다.

그러므로 우리는 집착을 알아차리고, 바라보는 법을 배운다. 집착이 일어날 때, 우리는 잘 알아차리게 된다. 그리고 때가 되면 그것은 그다지 큰 문제로 다가오지 않는다. 집착을 완전히 내려놓기까지는, 그것 또한 커다란 한 걸음일 수 있다. 우리가 아무런 집착 없이 누군가를 사랑하는 일이 가능할까? 만약 그럴 수 없다면 집착하고 있다는 것은 볼 수 있을까? 그리고 그 과정에서, 우리를 사로잡는 집착이 약해지는 것을 볼 수 있을까? 우리는 집착이 파괴적인 것이 되지 않게 할 수 있을지도 모른다. 그리고 흔히 붙잡으려 하는 것을 수반하는 그 고통에서 어느 정도 아픔을 덜 수 있을지도 모른다.

대부분의 사람들은 이 수행이 깊어졌을 때, 자신이 어떻게 변할 것인가에 대한 상을 갖고 있다. 철저히 현재에 머물며, 집착이나 화, 혼돈으로부터 자유로운 모습을 그린다. 우리는 이상적인 것과는 매우 거리가 먼, 현재 우리 모습에 대한 상도 갖고 있다. 그러나 이 수행은 그런 상을 뛰어넘는다. 이 수행은 당신이 집착할 때, 화가 날 때, 심지어는 당신이 자신에 대한 상을 갖고 있을 때, 그것들이 어떤지를 정확히 본다. 그것은 당신이 어때야 하는지를 마음속에 그리지 않는다. 그것은 단지, 지금 이 순간에 어떤지를 살펴볼 뿐이다.

7. 닭이 사람보다 낫다

처음 타이의 숲에 수행하러 갔을 때, 나는 그곳이 조용하고 아름다울 거라고 생각했다. 그곳은 사실 보스턴의 가장 번화한 곳보다도 시끄럽다. 왜냐하면 그곳에는 끔찍할 만큼 끊임없이 시끄럽게 울어대는 야생 닭들이 있기 때문이다.

그곳에 있는 나의 스승, 붓다다사 스님은 서양인들을 정말로 좋아했다. 하지만 가끔 우리를 꾸짖기도 했다. 그는 종종 "닭들을 보면 창피하지 않느냐? 그것들은 불면증도 없고, 두통도 없고, 위궤양도 없다. 또한 안절부절못하는 긴장도 없고, 정신 장애도 없다. 닭들은 마약 없이도 잘 살지만 사람들은 엄청난 마약이 필요하다. 닭들은 잠도 잘 자고, 마음도 평화롭다. 인간으로 태어났기 때문에 우리는 신경과민이 될 특권을 얻었다. 하지만 그것은 축복인가, 저주인가? 너무 늦기 전에 부디 호흡관법수행 같은 진리의 길을 찾아라. 행복하게 살아라. 더 이상 닭에게 창피당하지 말고."

어떤 면에서 아홉 번째 관법은 닭처럼 되는 법을 배우는 것이다. 우리는 한동안 그것을 수행한다. 그리고 탐욕, 미움, 어리석음의 온 갖 미세한 차이들에 지친 척하지 않고 그 다음 여정으로 나아간다.

이전의 관법들을 되돌아보고, 이런 마음상태들이 그 모든 것의 일부였음을 아는 것도 유익한 일이다. 당신이 몸에 초점을 맞추고 있었을 때, 아니면 당신이 그저 호흡을 따르고 있었을 때, 당신이 알아차렸던 그 수많은 변화들은 마음상태와 관련이 있었다. 비록 그 당시에는 우리가 언급을 하지 않았지만 말이다.

우리가 마음의 상태들에 좀더 익숙해졌을 때, 그 어떤 것이 일어난다 해도 그것을 곧바로 관찰할 수 있다는 자신감을 갖기 시작했을 때, 우리는 열 번째 관법을 수행할 준비를 갖추었다고 느낄 것이다.

10. '마음을 기쁘게 하면서 들이쉬리라'며 수련하고,
    '마음을 기쁘게 하면서 내쉬리라'며 수련한다.

당신이 정말로 이 관법을 수행할 준비가 되었다는 것은 아주 기쁘고 즐거운 일이다. 당신은 실제로 마음을 행복하게 만드는 법을 배운다. 삶의 많은 것들이 마음을 기쁘게 한다. 당신은 무엇이 마음을 기쁘게 하는지, 그 일부를 벌써 알고 있다. 칭찬을 받았을 때, 일을 잘했을 때, 승진했을 때, 돈을 벌었을 때, 멋진 식사를 했을 때, 사랑을 나누었을 때, 좋은 영화를 봤을 때 당신은 마음이 기뻐지는 것을 경험했다.

그러나 이 열 번째 관법은 뭔가 다른 것을 가리킨다. 그것은 '진리로 마음을 기쁘게 할 수 있는가?' 다. 붓다는 법이 가장 크고 가장

미묘한 즐거움이라고 말씀하셨다. 그것은 우리가 말했던 기쁨들과 분리된 것이 아니다. 하지만 열 번째 관법에서 당신은 물질적이거나 감각적인 수단을 통해서 행복해지는 것이 아니다. 당신은 붓다의 길을 수행하는 기쁨으로 행복해진다.

나는 이 행복을 경험했다. 나와 함께 수행했던 수많은 사람들 역시 그 행복을 맛보았다. 나는 지금 깨달음을 말하는 것이 아니다. 나는 단지 이러한 가르침들에 생명을 불어넣을 수 있었던 행운에 대한 고마움을 말하고 있는 것이다.

그것은 물론 감상적일 수 있다. 신비롭거나 이념적이거나 낭만적일 수도 있다. 내가 1960년대에 처음 진리에 대한 사랑을 갖게 되었다고 생각했을 때, 그것은 좀 다른 것이었다. 아마 내가 이 수행에 대단한 믿음을 갖고 있었다고 말할 수 있을 것이다. 그 믿음은 행복을 포함한다. 하지만 그것은 삶에 의해서 검증된 믿음이 아니었다. 당시 내 수행은 그렇게까지 깊이 나아가진 못했었다.

그때 우리는 동양의 위대한 수행 지도자가 얼마나 경이로운가에 대해 온갖 낭만적인 생각을 갖고 있었다. 우리 중 몇몇의 삶에 커다란 변화가 왔고, 변화는 믿음이 훨씬 굳건해지도록 만들었다. 하지만 그 믿음은 완전한 우리 것이 아니었다. 우리는 그처럼 온전한 믿음을 갖지 못했다. 왜냐하면 우리가 진리의 열매를 맛보지 못했기 때문이다. 우리들이 가진 힘과 흥분의 대부분은 장차 놀라운 결과를 가져오게 될, 대단한 정신적 여정에 대한 환상에서 비롯되었다. 수행의 진정한 열매는 이런 섬광 같은 상상보다 훨씬 더 만족스럽다. 하지만 우리는 아직 그 열매를 그다지 맛보지 못했다.

만약 한동안 수행을 계속한다면 당신은 확실한 기쁨을 발견할 것이다. 그것은 믿음이나 이념 또는 상상과는 무관하다. 명상수행은 정말로 맛볼 수 있는 행복을 가져다준다. 이제 나는 그 행복을 가져올 수 있는 몇 가지 방법을 제안하고 싶다.

8. 기쁨으로 가는 길

수행의 어떤 지점에 이르지 않았다면, 아직 당신은 열 번째 관법을 수행하기 위한 준비가 되어 있지 않은 것이다. 당신이 몸과 느낌, 마음을 비교적 쉽게 가라앉힐 수 있을 때까지, 그리고 지금 이 순간 있는 그대로 당신에게 일어나는 일로 돌아가는 것을 더욱 자주 기억할 수 있을 때까지는 아직 준비가 안 된 것이다. 당신은 두려움이나 외로움 같은 고통스러운 의식에 짓눌리지 않는다. 아마도 그들은 기를 쓰고 나타날 것이다. 하지만 그들이 의식 안에 존재하는 한, 당신은 그들과 완전히 함께 할 수 있고 그들이 사라지는 것을 볼 수 있다는 사실을 안다. 그것들은 문제가 아니다.

이러한 기쁨으로 가는 길에는 기본적으로 2가지가 있다. 하나는 삼매수행 또는 마음 집중의 수행에서 온다. 집중된 마음은 행복한 마음이다. 수행 경험이 별로 없는 사람들도 호흡에 지긋이 머물러 있었던 순간에 이 사실을 경험했다. 그것은 뭔가 다른 일이 일어난다는 말이 아니다. 마음 집중 자체가 바로 기쁜 일이다. 당신은 호흡과 함께 하는 법을 더 지속적으로 배우게 된다. 그리고 거기서 어떤 기쁨이 온다.

그것은 강요될 수 없다. 시절 인연이 무르익었을 때, 마치 꽃이 피어나듯이 자연스럽게 온다. 그 일부는 당신이 걱정을 뒤에 남겨두었다는 것과 관계가 있다. 다른 하나는 집중된 마음의 자연스러움과 관련이 있다. 마음을 빨리, 그리고 쉽게 집중시킬 수 있는 것은 훌륭한 능력이다.

이 관법에서 기쁨으로 가는 또 하나의 길은 위빠사나, 즉 지혜 자체다. 당신은 사물을 아주 분명하게 들여다볼 수 있다. 그 바라봄은 집중된 마음에서 얻은 것을 뛰어넘는 기쁨을 준다. 그 길로 가는 고전적인 방법은 열 번째 관법의 관점에서 다른 모든 관법을 되짚어보는 것이다. 이것은 단순한 들숨과 날숨에서 시작한다. 아주 숙련된 사람들은 단지 몇 분 안에 들숨과 날숨에서 기쁨을 경험할 수도 있다. 그들은 모든 관법을 처음부터 끝까지 반복할 것이다. 호흡 전체를 느끼는 기쁨, 몸을 가라앉히는 기쁨, 당신에게 찾아오는 마음상태들에 편안히 자신을 맡길 수 있는 자신감에서 오는 기쁨. 당신은 특별히 만족스러웠거나 당신을 기쁘게 했던 관법을 수행할 수도 있다.

다섯 번째 관법은 기쁨에 눈을 뜨게 한다. 여기서 우리가 말하는 기쁨은 또 다른 미세한 차원을 포함한다. 그것은 무언가를 끝낼 수 있는 데서 오는 기쁨, 그것을 효율적으로 할 수 있는 데서 오는 기쁨이다. 당신은 삶의 다른 측면을 통해, 이를테면 당신이 통달한 어떤 형태의 예술이나 특별히 잘 만든 음식, 심지어는 단순한 집안일에서 그 느낌을 알고 있다. 그것은 처음부터 시작해서 중간을 거쳐 끝까지 가는 느낌, 당신 자신을 온전히 던져 그것을 통과해내는 느낌이다.

그 기쁨의 또 다른 모습은 우리가 말하는 것이 사실임을 보게 될 때 나타난다. 당신은 수행이 평화를 가져온다는 사실에 대해 읽었고,

그런 일이 일어나기를 기다려왔다. 마침내 어느 날 당신이 평화로운 행복에 빠졌음을 알게 될 때, 기쁨은 바로 거기 있다. 당신이 그토록 오랫동안 원하던 것을 찾은 것이다.

과거에 당신은 그처럼 분명하게 알아차리지 못했을 것이다. 하지만 여기 열 번째 관법에서는 분명히 알아차린다. 당신은 모든 관법을 두루 거쳐왔고, 그것들을 실천할 수 있음을 본다. 그것은 마치 레퍼토리를 구축한 음악의 거장이 된 듯한 느낌이다. 당신에게는 마음에 기쁨을 가져오는 9가지의 길이 있다. 그리고 그 활동 자체에 본질적이고도 열렬한 기쁨 같은 것이 있다. 거기에 자아가 끼어들 수는 있지만, 자아가 그 느낌의 일부인 것은 아니다. 그것은 마치 사람들이 몇 년째 색다른 과일이 얼마나 맛있는지 당신에게 이야기하는 것과도 같다. 마침내 당신은 그것을 맛보고 '응! 바로 이 맛이야' 라며 감탄한다. 당신은 더 이상 그것을 믿음으로 받아들이지 않는다. 당신은 그것을 경험한 것이다.

잠시 다섯 번째 관법, 즉 호흡과 몸을 가라앉히는 데서 자연스럽게 오는 기쁨으로 돌아가보자. 여기서 당신이 마음을 챙기는 대상은 기쁨 자체가 아니라 그 기쁨을 얻을 수 있었던 데서 오는 만족감이다. 그것은 배움의 기쁨과도 같다. 우리의 학교들은 대부분 그 기쁨을 죽여버렸고 배움을 경쟁이나 좋은 직업을 얻는 도구로 만들어버렸다. 하지만 순수한 배움에는 소크라테스와 플라톤 그리고 크리슈나무르티가 말했던 것과 같은 진정한 기쁨이 있다.

그전까지 당신은 이 기쁨에 대해 읽고 듣기만 했지만, 이제 비로소 당신의 것으로 만들었다. 그것은 효율적으로 뭔가를 잘해낼 수 있는 능력에 대한 기쁨, 완전히 온 마음으로 사는 기쁨이다. 그것은 단순한 기쁨이 아니다. 기쁨으로 들어갈 수 있었던 것에 대한 만족감이다. 당신은 성찰하는 삶에서 찾을 수 있는 커다란 기쁨을 이제 막 맛보기 시작했다.

마음챙김으로 이 기쁜 마음을 볼 수 있을 때, 당신은 그것이 무상하다는 사실을 보게 된다. 우리는 그런 행복에 자연스럽게 집착하게 되고, 그것이 사라질 때 고통스러워한다. 만약 이 연결고리를 보고 그 과정에서 집착을 놓을 수 있을 때, 우리는 위빠사나의 기쁨, 통찰에서 오는 기쁨을 맛볼 수 있다.

당신은 지금 기쁨과 기쁨의 성취를 본다. 하지만 그와 함께 뭔가 더 깊은 것도 보고 있다. 그것은 당신이 발견한 일시적인 감정의 고양이 아닌 진정한 핵심이다. 이 수행은 고양된 감정이나 기분 좋은 상태에 머무는 것에 대한 것이 아니다. 그것은 단 한순간도, 좋은 기분이 영원하다거나 당신이 늘 행복할 수 있다는 것을 내비치지 않는다.

비록 그것이 무상하다 할지라도 마음이 이렇게 기쁘게 되는 것은 매우 가치 있는 일이다. 그 이유 중 하나는 그것이 우리가 어렸을 때 가졌던 배움에 대한 사랑을 되살려주기 때문이다. 그것은 사랑을, 경쟁적이고 목표지향적인 제도권 교육의 분위기에서 상처받았던 그 사랑을 내게 되돌려주었다.

그것은 수행이 되고 있다는 느낌, 이 모든 상태가 가능하다는 느낌을 갖게 해준다. 붓다는 그의 가르침이 고통과 고통의 끝에 관한 것이라고 말씀하셨다. 그것은 마치 원대한 프로젝트처럼 들린다. 하지만 당신은 이제 고통을 소멸할 가능성이 정말로 있다고 느끼기 시작한다. 그것은 절실한 바람에 지나지 않는 것이 아니다. 그것은 수행에 신선한 힘을 불어넣고, 당신이 전혀 새로운 방식으로 방석에 앉게 만든다.

최근에 나는 음악의 거장 예후디 메뉴인(Yehudi Menuhin)에 관한 다큐멘터리를 보았다. 바이올린을 연주할 때 그에게서 뿜어져 나오는 기쁨을 보고 나는 특별한 감동을 받았다. 수행에 몰입할 수 있는 힘이 커질 때, 수행자에게도 이런 기쁨이 찾아온다. 이 기쁨은 다양한 정신적, 신체적 상황에서 편안함을 느낄 수 있는 힘이 커질 때, 집중된 마음의 기쁨에 들어갈 수 있는 힘이 커질 때, 그리고 낄레사의 불길에 둘러싸여서도 평정을 유지한 채 앉아 있을 수 있는 힘이 커질 때 찾아온다. 붓다는 그 어떤 것이 와도 즉각 볼 수 있는 데 통달하셨다고 한다. 우리는 붓다와 함께하기 시작했고, 진리 수행의 세계에 발판을 마련했다.

배움에는 끝이 없다. 붓다조차 고통을 여읜 후에도 더욱 맑아지기 위해서 끝없이 수행하셨다. 그것은 그 기쁨의 또 다른 측면이다. 우리가 그것을 수행하는 한 그 기쁨은 계속 깊어질 것이다. 내가 가장 좋아하는 인용구 가운데 일본의 예술가 호쿠사이(Hokusai)의《후지산의 100가지 풍경(The hundred Views of Fuji)》서문이 있다. 우리가 진리 수행을 향해갈 때, 예술에 대한 그의 태도에서 뭔가 유익한 것을 배울 수 있을 것이다.

6세 때부터 나는 사물의 형상을 그리는 데 심취했다. 50세가 되었을 때, 나는 무한한 디자인을 만들어냈다. 하지만 70세 이전에 내가 펴낸 것들은 하나같이 생각할 가치도 없다. 73세에 비로소 나는 자연과 동물, 식물, 새, 물고기 그리고 곤충들의 실제 구조에 대해 조금이나마 이해하게 되었다. 그렇기 때문에 나는 80세에도 여전히 더 진보할 수 있을 것이다. 90세일 때 나는 사물의 신비를 꿰뚫어볼 수 있을 것이다. 100세에는 틀림없이 놀라운 경지에 이를 것이다. 그리고 110세일 때, 내가 하는 모든 것과 나는 하나가 되고, 점 하나 선 하나까지도 다 살아 있을 것이다. 나는 내가 사는 만큼 오래 살 이들에게 내가 한 약속을 지켰는지 지켜봐주기를 청한다.

한때는 호쿠사이였고 지금은 과코 로진(Gwako Rojin)인 나, 그림에 미친 노인이 쓰다.

9. 나는 사라진다

열한 번째 관법은 인간에게 매우 중요하면서도, 우리들 대부분이 거의 경험해보지 못한 마음상태를 다룬다.

11. '마음을 집중하면서 들이쉬리라'며 수련하고,
   '마음을 집중하면서 내쉬리라'며 수련한다.

이 관법은 마음이 집중되었을 때와 그렇지 않을 때, 그 마음을 아는 것에 대한 수행이다. 여기서 집중의 대상은 집중 자체만큼 강조되지 않는다. 만약 당신이 고전적인 방식으로, 즉 첫 번째 관법에서 시작해 한번에 하나씩 다른 관법으로 옮겨가는 식으로 수행해왔다면, 이 명상적인 수련은 쉽고도 순조로울 것이다. 당신은 이를 통해 마음

집중을 상당히 계발하게 될 것이다. 만약 열 번째 관법에서 마음을 기쁘게 하는 것을 수행했다면, 당신은 훨씬 더 강한 상태에 도달해 있을 것이다. 왜냐하면 그런 명상적인 기쁨은 집중된 마음이 일어나는 것을 극적으로 도와주기 때문이다.

우리는 《호흡관법경》에 대한 토론의 도입 부분에서 변덕스런 마음에 대해 이야기했다. 아무런 영양가도 없는 많은 것들, 심지어는 플라스틱 뼈다귀라도, 나타나는 것이라면 무엇이든 좇아가는 습관에 대해서 이야기했다. 우리는 사자의 마음과 같은 것, 깊고 흔들리지 않는 마음, 누군가 던지는 가짜 뼈다귀를 향해 저절로 달려가지 않는 마음을 닦고 싶었다.

《호흡관법경》 전체는 마음을 길들이는 긴 과정을 따라간다. 그것은 마음을 깨뜨리는 것이 아니라 매우 부드럽게 대하는 것이다. 속단하거나 비난하지 않고 호흡에 마음을 가져가거나, 아니면 마음이 원하는 대로 하게 내버려두고 그저 관찰하는 것이다. 옛 사람들은 이 두 번째 과정에서 거친 소의 이미지를 사용했다. 당신은 그 소가 달릴 수 있는 커다란 목장을 마련해 소를 길들인다. 그 과정의 일부는 그것이 어떻게 되어가는지, 느낌이 어떻게 마음상태가 되고 그 마음상태가 어떻게 번성하는지를 보는 일이다.

당신은 그것들을 공부했기 때문에 이미 익숙해져 있다. 당신은 마음이 호흡에서 달아나는 것을 알아차렸고, 수천 번 그 마음을 다시 제자리로 돌려놓았다. 그리고 가장 초기 단계에서도 지혜는 드러난다. 왜냐하면 당신이 알아차릴 수밖에 없는 것 가운데 하나는 당신이 계속 똑같은 뼈다귀를 좇는다는 사실뿐만 아니라, 그것들이 애당초 추구할 만한 가치조차 없다는 사실이다. 그 뼈다귀들은 진짜 플라스틱으로 만들어졌다. 당신이 이 사실을 알아차릴 때 그것들은 점점 매력이 없어진다. 당신은 그저 호흡에 집중하는 것이 얼마나 아름다운 일인지 알기 시작한다.

당신은 자문한다. 만약 이것이 매우 만족스럽고 저것은 만족스럽지 않다면, 나는 왜 이건 거의 하지 않고, 저건 이다지도 많이 하는 것일까? 당신은 자신 안에 누릴 수 있는 평화로움 같은 것이 있다는 사실을 보기 시작한다. 집중된 마음의 가치에 대한 확신은 커지고, 당신은 자연스럽게 그것을 닦는 데 더 관심을 갖게 된다.

집중된 마음을 닦는 데 매우 도움이 되는 것은 계율(*sila*)이다. 우리는 아직 그것에 대해서는 이야기하지 못했다. 그것은 10계와 같은 단순한 도덕적 명령이 아니다. 그것은 우리 스스로 문제를 일으키게 되는 전형적인 상황에 대해 경고하는, 보다 지적인 지침이다. 계율은 살생하지 말고, 훔치지 말고, 말을 그릇되게 사용하지 말고, 성적인 에너지를 잘못 쓰지 말고, 마음을 흐리게 하는 물질을 취하지 말라고 가르친다.

때때로 사람들은 수행이 오직 앉아 있는 것이라고 생각한다. 그들은 아침저녁으로 좌선하며, 가끔 수련회에 나가기도 한다. 그리고 나머지 시간에는 뭘 하든지 상관없다고 생각한다. 하지만 당신의 삶이 혼란에 빠져 있다면 어떻게 마음을 모을 수 있을 것인가? 좌선과 계율은 서로 영향을 끼친다. 일상생활을 반듯하게 하는 것은 마음을 집중하는 데 도움이 된다. 당신의 마음이 더 강해지고 집중되었을 때, 문제를 일으킬 행동을 보고 다스리는 것을 더 잘하게 된다.

어느 정도 마음 집중을 닦았을 때, 당신은 그것과 거의 놀 수 있게 된다. 나는 타이에 있을 때, 마음만 먹으면 깊은 집중의 상태, 즉 앞서 이야기한 자아나로 들어갈 수 있는 스님들과 함께 수행했다. 그들은 자아나로 들어가기 위해서 특별한 자세를 취할 필요도 없었다. 그것은 마치 엘리베이터에 들어가서 버튼을 누르는 것처럼 일어났다. 그들은 아주 순식간에 지하 2층에, 저 깊은 심연에 가 있었다.

당신이 열한 번째 관법을 정말 잘하게 될 때, 우리가 열 번째 관법에서 했던 것과 같은 것을 할 수 있다. 모든 관법을 하나씩 되짚어보고, 그 안에서 마음 집중이 어떤 역할을 하는지 보는 것이다. 다섯 번째 관법, 즉 기쁨에 대한 관법을 예로 들면 당신은 기쁨 그 자체에 대해서는, 기쁨과 함께 오고 기쁨을 가능하게 만드는 마음 집중에 대해서만큼 관심이 없을 것이다.

당신은 마음 집중을 매우 가깝게 알게 되고, 수행에서 그것을 어떻게 활용할 수 있는지를 발견한다. 예를 들면 몸에 통증이 있을 때, 즐겁지 않은 느낌에 관심이 고정돼 있을 때, 마음은 그 아픔을 더 큰 정신적 고통으로 바꾸는 이야기를 꾸며낼 시간이나 여력이 없다. 고통을 고립시키는 마음 집중의 힘은 고통의 강도를 감소시키기도 한다. 마음 집중은 스트레스가 있을 때 진정한 벗이 된다.

마음 집중이 커지면 장애들, 즉 탐욕, 화, 불안, 둔감함 그리고 의심 등이 약해진다는 사실을 당신은 알아차리게 된다. 결국 이제껏 호흡으로부터 당신을 떼어놓은 것이 바로 이 장애들이다. 호흡으로 거듭 돌아가 서서히 호흡과 함께 머무는 것을 배우게 되면, 당신은 호흡에 더 가까워질 뿐만 아니라 그것이 과연 무엇인지를 알게 된다.

마음 집중에서 기쁨이 나오고, 그 기쁨에서 깊은 평화가 나온다.

평화 다음에는 훨씬 더 깊은 상태가 오는데, 그것은 한곳에 초점을 두는 마음이다. 그것은 마음이 호흡에 완전히 몰입되는 경지다. 마치 당신이 그 속으로 사라지는 것과 같다. 그 상태에는 놀라운 기쁨과 평화로움이 있다. 그것은 일종의 양식이다. 이때 마음은 극도로 고요하다. 그 상태에서 나올 때, 당신은 그것이 얼마나 소중한 것이었는지 안다. 당신에게는 훨씬 더 많은 에너지가 있다. 당신은 더욱 분명하고, 더욱 다정해진다. 이상하게 들리겠지만, 당신은 더 명석해지기까지 한다. 우리들 대부분에게 그와 같은 마음 집중은 정말로 힘든 과제이고, 많은 수행을 거쳐야만 얻게 되는 열매다. 그것은 주말 워크숍에서 일어날 수 있는 일이 아니다.

실제로 당신에게 일어난 일은 마음이 힘을 모았다는 것이다. 그동안 마음은 온통 뛰어다니며 심각하게 힘을 낭비해왔다. 그처럼 무엇을 좇는 행위를 멈출 때, 당신이 낭비해온 그 힘은 당신 손 안에 있게 된다. 당신은 그 힘을 모아 현실의 가장 깊은 진실을 꿰뚫어본다.

완전히 집중된 마음의 상태를 아나빠나사마디(*anapanasamadhi*)라고 부른다. 당신이 조금이라도 그 맛을 보게 된다면 당신은 그것을 경험하기 위해 무엇이든 하고 싶어 할 것이다. 그것은 당신 자신을 보살피는 길이다. 마음 집중의 한가운데서, 당신이 그 내면의 기쁨을 맛볼 수 있게 하는 것이다.

그 기쁨은 분명 감각적인 것이 아니다. 그것은 감각적인 대상에 집착하지 않는 데서 온다. 감각적인 대상은 어느 정도 당신을 그 내면의 공간으로부터 멀어지게 만든다. 당신은 호흡을 따르려고 노력하지만 편안함, 음식, 섹스, 낯선 곳으로의 여행에 대한 생각들은 당신을 호흡에서 멀어지게 한다. 하지만 호흡과 함께 머물고, 의식 속에 깊이 가라앉는 것을 배울 때, 당신은 감각적인 기쁨과는 전혀 상관없는 본래적인 행복이 거기 있다는 사실을 발견하게 된다. 그것은 이제까지와는 전혀 다른 새로운 균형을 당신 삶에 가져다준다.

이 말은 당신이 더 이상 감각적인 즐거움을 누리지 않는다는 뜻이 아니다. 더 이상 집착하지 않을 때, 당신은 그것을 다른 식으로 즐길 수 있다. 당신은 그것을 필요로 하지 않는다. 그것은 당신에게 절실하지 않다. 이제 당신에게 본질적인 내면의 기쁨이 있기 때문이다.

10. 집착을 똑바로 보라

열두 번째 관법, 마음에 대한 관법의 마지막은 우리가 기대하는 것처럼 매우 자연스럽게 열한 번째 관법을 따른다.

> 12. '마음을 해탈케 하면서 들이쉬리라'며 수련하고,
> '마음을 해탈케 하면서 내쉬리라'며 수련한다.

우리는 지혜, 진정한 위빠사나에 대한 관법을 수행하려는 순간에 와 있다. 왜냐하면 붓다가 여기서 처음으로, 그의 모든 가르침의 기본인 해탈에 중점을 두라고 말씀하시기 때문이다. "그저 거대한 바다에 있는 것처럼, 거기에는 단지 한 가지 소금의 맛이 있다. 그렇듯 이 가르침과 수행에는 오직 한 가지 자유의 맛이 있다."라고 붓다는 말씀하셨다. 우리가 지금껏 거쳐온 모든 단계에는 알아차리든 알아차리

지 못하든, 마음을 해탈케 하는 것, 내려놓는 것에 대한 관심이 어느 정도는 항상 있었다. 이 관법에서는 비록 경전의 끝에 등장하는 해탈의 경지는 아니더라도 어느 정도의 내려놓음에 대해 설하고 있다.

한 가지의 해탈은 바로 열한 번째 관법에서 나오는데, 마음이 점점 더 집중되면 어떤 경향들은 정지한다. 우리는 이미 무언가를 원하는 마음에 대해 이야기한 바 있다. 그 마음은 매우 집요하고 집중을 어렵게 한다. 또한 성내는 마음도 있다. 그 마음은 아침 일찍 맛본 모멸감을 끝없이 곱씹는다. 그리고 별로 힘이 없거나 무딜 때의 마음이 있다. 그 반대도 있다. 극도로 불안할 때, 그 마음은 치달리는 것을 멈출 수 없다. 근심과 의심으로 가득 찬 마음도 있다. 그 마음은 멈추지 않고 모든 것을 캐묻는다. 스승, 가르침 그리고 가장 중요한 마음까지도.

이 모든 경우에서도 마음은 이런 경향들에 집착하게 된다. 그 경향들은 매우 강력하고, 마음이 자유로워지는 것을 원하지 않는다. 그것들은 지금 당장의 관심을 원하며, 호흡에 매우 위협적인 적이다. 한 가지 해탈은 오직 더 지속적으로, 호흡과 함께 머무는 법을 배우는 것이다. 이런 마음의 상태가 일어나도 당신은 옛날보다 더 빨리 그것들을 다잡고, 거기서 더 잘 헤쳐나올 수 있다. 비록 일시적이긴 하지만 이것도 일종의 해탈이다. 왜냐하면 그 마음상태와 동일시하는 순간, 거기에 집착이 있고 그것이 고통을 낳기 때문이다.

호흡에 그대로 머물 수 있는 능력과 함께 어떤 만족감이 온다. 그것은 평화로움이며 기쁨이다. 이제 장애의 영향력이 약해지기 시작한다. 당신은 그 장애에서 어느 정도 벗어났기 때문에 더 이상 그것들을 키우지 않는다. 이전에 당신이 알아차리지 못했을 때, 당신은 마치 작정하고 탐욕과 성냄 그리고 의심을 수행하는 사람 같았다. 당신은 그런 경향들을 더 강하게 만들고 있었다. 당신이 그것들을 갈고 닦기를 멈출 때, 그 경향들은 약해진다.

그것들을 약하게 만드는 또 하나의 강력한 요인은 호흡과 함께 머물면서 당신이 느끼는 행복감이다. 당신이 정말로 그 행복을 알게 될 때, 장애에 끌려들어가는 것을 피하는 일은 훨씬 쉬워진다. 장애는 의식적인 호흡이 가져온 고요한 만족감과 전혀 어울리지 않는다. 당신이 충직하게 따르던 것이 바뀌면 평생의 습관도 달라진다. 하지만 그것이 하룻밤 사이에 일어나지는 않는다. 호흡에 주목하면 기쁨이 오고, 장애에 집착하면 고통이 온다는 것을 우리는 거듭 보아야 한다.

열두 번째 관법의 핵심은 그 해탈을 느끼는 것이며, 마음이 아무것에도 집착하지 않을 때 어떤지를 보는 것이다. 또한 해탈이 부재할 때, 마음이 집착하고 매달릴 때, 그 마음을 알아차리는 것이다. 집착은 나쁘고 놓아버리는 것이 좋다는 새로운 철학에 너무 갑작스럽게 찬동하지는 말라. 그저 이 두 상태를 관찰하고, 그것들이 어떻게 작동하는지 스스로 보아라. 집착하지 않는 확실한 길은 집착에 대해 공부하고, 관찰하고, 이해하는 것이다. 놓아버리려고 노력하는 것은 어딘가 잘못되었다. 그것은 밀어내려고 기를 쓰는 것과 같다. 우리의 수행은 단지 집착을 관찰하는 것이다.

당신이 집착의 상태와 정말로 친해질 때, 거기에는 어떤 생각도 끼어들지 않는다. 놓아버리려는 바람도 없다. 당신은 집착하고 있다는 느낌에 자신을 맡긴다. 비록 집착을 고통스러운 것으로 인식한다

고 해도, 그로부터 도망치려고 노력하지 않는다. 집착이 불필요하다
는 사실을 볼 때까지 당신은 고통스럽게 머문다. 그리고는 본능적으
로 내려놓는다.

만약 당신이 정말로 집착과 친할 때 가끔 생기는 일은 집착 자체
가 변한다는 것이다. 그리고 당신은 자신이 자유롭다고 느끼고 있음
을 발견하게 된다. 어쩌면 그 상태는 단지 몇 순간만 지속될지도 모
른다. 하지만 당신은 그 상태가 어떤 것인지를 본다. 당신이 그 느낌
에 대해 뭔가 하려고 노력하지 않기 때문에 그 일은 가능하다. 당신
은 그것을 그냥 내버려둘 뿐이다.

열두 번째 관법은 이제 집착과 놓아버림의 길을 가르친다. 당신
은 그것들을 분명하게 봄으로써 배운다. 마음이 집착할 때 그 마음을
살피고, 마음이 집착하지 않을 때 그 마음을 살핌으로써 당신은 그
길을 배운다. 그리고 온전한 정신의 표현으로, 마음은 점점 자유와
평화와 기쁨을 향해 가고 싶어 한다. 그리고 어린 시절부터 추구해야
할 것들이라 배워왔고, 행복으로 이끄는 것처럼 보이지만 실제로는
그렇지 않은 것들, 이를테면 뭔가 쌓아올리는 것, 어딘가에 도달하는
것, 어떤 사람이 되는 것을 멀리하고 싶어진다. 당신은 삶을 바라보
는 놀라운 새 길을 발견한다.

온갖 종류의 집착과 그로 인해 고통을 받는 많은 경우가 있다. 언
젠가 나는 가난에 허덕이는 라틴 아메리카 사람들에 관한 기사를 읽
은 적이 있다. 어떤 이들은 많은 것을 소유하지 못했다는 사실 때문
에 고통을 받고 있었다. 최근 몇 년 사이 그들은 텔레비전을 갖게 되
었다. 그를 통해 그들은 자신들이 갖고 있지 않은 것들을 보게 되었

다. 인터뷰에 응했던 어떤 사람은 다른 사람들이 가진 것을 갖지 못하는 데서 오는 고통을 아주 정확하게 묘사했다.

이와는 대조적으로, 온갖 종류의 골동품으로 가득 찬 대단히 아름다운 집을 가진 내 친구가 있다. 그의 집은 마치 박물관 같다. 내가 앞서 말한 라틴 아메리카 사람들의 기사를 읽었을 무렵이다. 누군가 그 친구의 집에 와서 그가 가장 아끼는 물건 하나를 실수로 깨뜨렸다. 그는 완전히 망연자실한 채 몇 주를 보내야 했다.

여기, 갖지 못한 것에 대한 가난한 이들의 고통이 있다. 그리고 너무 많이 가진 부자들의 고통이 있다. 이 고통은 둘 다 마음속에 있다. 어떤 사람들은 너무 많이 가져서 고통 받고, 어떤 사람들은 충분히 갖지 못해서 고통 받는다. 이들 중 그 어느 것도 처음부터 잘못된 것은 없다. 문제는 우리가 그것을 어떻게 쓸지 모른다는 것이다. 우리의 마음이 그것을 문제로 만든다.

승가는 소유를 최소화함으로써, 이 어려운 문제들에 대처한다. 많은 승려들은 돈에 손대지 않고, 금욕을 실천하며, 수수한 승복 몇 벌만을 지니고, 하루에 한 끼만 먹는다. 이렇게 하는 것은 상황의 한계를 바꾼다. 여전히 고통이 찾아온다 해도, 팽배한 삶의 자극으로부터 그들은 어느 정도 보호된다. 사실 재가자로서 우리는 이런 식으로 문제를 다룰 수 없고, 그러려고 해서도 안 된다. 우리에게 음식은 중요한 부분이고, 우리의 사랑은 섹스를 포함한다. 우리는 돈도 필요하다. 이런 형태의 에너지를 효과적으로 다루는 법을 배우는 것은 매우 중요하다. 두려움 때문에 그들에게서 도망쳐서는 안 된다.

집착이 흔히 일어나는 또 다른 경우는 우리의 견해나 의견과 관련이 있다. 이 집착은 세상을 거의 파괴하는 지경까지 이른다. 사람들은 민족적, 종교적, 정치적, 또는 경제적 관념 때문에 독선적인 전쟁을 벌인다. 심지어 더 작은 규모에서도, 저녁 식탁에 둘러앉아서든 교직원 휴게소에서든 의견 때문에 엄청난 고통이 생겨난다. 하지만 의견 자체에 문제가 있는 것은 아니다. 문제는 의견에 대한 우리의 맹렬한 집착이다.

내가 스승들과 함께 공부하면서 수행을 제대로 하기 위해 학문의 세계를 떠날 때, 많은 친구들과 동료들이 그에 격분했다. 한 사람은 내가 '동양의 난센스' 때문에 정신에 바쳤던 삶을 배반했다며 나를 비난했고, 5년 동안 내게 말조차 걸지 않았다. 그는 붓다의 지혜를 함께 나누려는 나의 뜻에 전혀 관심을 기울이지 않았다. 우리 두 사람 모두에게 그것은 고통스러운 시간이었다.

문제가 되는 또 다른 영역은 종교적 의식과 의례들이다. 이것들은 붓다도 언급한 적이 있다. 어떤 수행에든 아름다운 의식이 있고, 거기에는 합당한 이유들이 있다. 제단에 절을 하는 것이나 다른 수행자에게 절을 하는 것에는 다 그럴 만한 이유가 있는 것이다. 하지만 그런 의식에 집착하는 사람일수록 그 이면에 있는 정신을 잊어버린다는 사실을 우리는 잘 안다. 그들은 의식을 따르지 않는 사람들을 맹렬히 비난한다.

마지막으로 가장 심각한 것이자 나머지 모두를 관통하는 것은, 나 또는 나의 것이라면서 사물에 집착하는 것이다. 그러면 모든 것이, 심지어는 우리가 하는 수행조차도 문제가 될 수 있다. 이것을 할 수 있고, 저것을 믿을 수 있고, 이 모든 것을 소유할 수 있는 사람이

나라고 생각할 때 문제가 생긴다. 결국 모든 고통의 본질은 나, 또는 나의 것인 양 사물에 집착하는 것이다. 그것은 최고의 중독이다.

열두 번째 관법이 다루는 것은 아주 간단하다. 당신은 앉아서 호흡과 함께 머물며, 집착할 때와 하지 않을 때 그것을 알아차린다. 모든 정신의 작용은 당신이 가까이서 관찰할 때 스스로를 해방시킨다. 그렇지 않으면 그냥 내버려두어라. 그냥 내버려둔다는 것은 내려놓는다는 것과 같은 말이 된다.

만약 인연이 무르익어 내가 말한 강렬한 행복, 마음이 고요해질 때 일어나는 평화로움에 당신이 다가가기 시작한다면, 당신은 거기에 엄청난 깊이가 있음을 알게 될 것이다. 그때 마음은 매우 놀라운 정도까지 몰입할 수 있다. 당신은 특별한 고요함, 정말로 깊은 침묵 속에 빠지게 된다. 처음에는 다소 불편함과 두려움이 있다. 그 상태가 너무 낯설기 때문이다. 자아도 그 상태에 놀라게 된다. 거기에 자아가 깃들 곳이 없기 때문이다. 하지만 결국 그 걱정은 약해지고, 당신은 고요함 속에 아름답게 서 있는 자신을 발견한다. 당신이 그곳에서 나올 때, 당신의 삶은 더 수월해질 것이다.

하지만 그곳이 너무 아름다워서 당신은 집착하지 않을 수 없게 된다. 내가 일찍이 기쁨과 행복감에 대해서 말한 것과 마찬가지로 너무 좋은 것에는 집착하기 마련인 것이다. 당신은 집착하지 않는 것을 배울 때 그곳을 발견했지만 결국은 그곳 자체에 집착하게 되었다. 당신은 평화로운 상태에 있지만, 거기에는 미세한 고통이 있다. 다른 모든 것과 마찬가지로 그 상태는 변하고, 그것에 집착하려 할 때 당신은 고통 받는다.

그럼에도 불구하고 마음먹은 대로 스스로에게 집중할 수 있는 마음을 갖는다는 것은 대단히 도움이 된다. 때때로 당신의 삶을 둘러싼 상황이 불가항력적일 때, 어떤 것도 억압하거나 부정하지 않고 단순히 거기서 잠시 벗어나 평화로운 곳에 머물 수 있다는 것은 그나마 다행이다. 이것은 우리 수행에서 흔히 번갈아 일어난다. 한거하며 앉아 있는 것, 그리고 세상으로 걸어 나가는 것, 고요한 상태로 들어가는 것, 나와서 무슨 일이 일어나든 더 잘 대처할 수 있게 되는 것… 이것은 훌륭한 능력이다.

이 단계에서, 비록 삶이 이렇게 깔끔하게 움직이지 않는다고 해도, 그리고 당신의 수행 또한 그렇게 순탄하지 않다 해도 우리는 이제 우리 몸에 익숙해졌다. 우리는 느낌들을 친밀하게 관찰했고 마음 그 자체도 살펴보았다. 그리고 이제, 우리가 몸과 느낌, 그리고 마음의 방식에 그다지 사로잡혀 있지 않기 때문에, 그리고 비록 다 사라지지는 않았다고 해도 장애들이 더 이상 불가항력적인 것이 아니라는 것을 보기 시작했기 때문에, 우리는 훨씬 더 깊은 순수한 위빠사나, 몸과 마음의 본성을 깊이 바라보는 단계로 들어갈 준비를 갖추었다. 그것이 바로 법념처의 주제다.

제4장

숨과 법에 대한 관찰

호흡은 당신을 니르바나까지 데려갈 수 있다. 당신은 알고 있다.
— 후앙 (*Fuang*) 스님

1. 수행자는 눈을 감지 않는다

《호흡관법경》에 대해 서른한 번째 법문을 하던 중, 내게 인도 여행의 행운이 찾아왔다. 나는 아나따삔디까(*Anathapindica*)가 보시한 수행처가 있었던 제따와나(*Jetavana*)를 방문했다. 약 2,500여 년 전 어느 보름날, 붓다께서 맨 처음 경을 설하셨던 바로 그곳이었다. 그 경은 자연이 작용하는 16가지 원리에 대한 가르침을 설하고 있다. 하지만 자연은 우리 밖에 있는 어떤 것이 아니다. 그러므로 그 경은 인간에 대한 16장의 수업이기도 하다.

그 가르침은 소박하고 단순하게, 가능한 한 가장 기본적인 작용에서 시작해 호흡과 몸의 습관, 그리고 느낌의 본성, 마침내는 다양한 마음상태들을 들여다본다. 이런 현상들을 관찰하는 것은 새나 식물 또는 자연의 다른 측면들을 관찰하는 일과 같다. 거기에는 끝도 없는 다양성이 있다. 그리고 항상 변한다. 예를 들어 당신은 스스로를 행복한 사람이거나 비관적인 사람, 또는 우울한 사람이라고 생각할 수 있다. 하지만 당신이 얼마간 마음을 관찰한다면, 그것이 온갖 변화를 겪고 있으며 인간의 모든 가능성을 다 드러낸다는 사실을 곧 알게 될 것이다.

열세 번째 관법에 이르렀을 때 이미 당신은 체계적이고 철저한 방법으로 자신을 탐구할 기회를 가졌다. 기간은 중요하지 않다. 어떤 사람들에게는 몇 달, 또 어떤 사람들에게는 몇 년이 될 수도 있다. 붓다의 말씀을 직접 들었던 스님들 역시 그렇게 정진했다. 그들은 아주 헌신적인 수행자들이었으며, 특히 계율을 청정하게 지키는 측면에서 이미 상당한 수행을 한 사람들이었다. 왜냐하면 붓다의 가르침에서는 늘 계율이 강조되었기 때문이다. 그들은 마음의 상태가 항상 오가는 것을 지켜보며 3개월간의 안거를 끝낼 무렵에 있었다.

그들의 상당수는 몇 년째 수행하는 중이었다. 그들은 더없는 행복과 평화로움을 어느 정도 경험했을 것이다. 그리고 다른 것들, 예를 들면 자비관 같은 것도 수행했을 것이다. 또한 평정심, 탁 트인 광활함 같은 것도 계발했을 것이다. 그 결과 그 어떤 것도 그들이 균형을 잃게 만들지 못했다. 그것은 모두 거대한 공간 안에서 일어나기 때문이다.

그들은 죽음에 대해 우리 모두가 갖고 있는 두려움을 약화시키기 위해, 그리고 수행에 바친 우리의 삶에 대해 스스로 감사할 수 있도록 죽음에 대해서도 성찰했을 것이다. 그것은 붓다 당시에 흔한 일이었다. 《법구경(Dhammapada)》을 빌어 말하건대, 수행하는 하루는 수행하지 않는 수백 년의 삶보다 더 귀중하다.

어쨌든 그 스님들이 경전에 귀를 기울이고 있었고, 그들은 어떤 면에서 가장 중요한 열세 번째 관법에 이르게 될 것이다. 어떤 면에서 이 법념처는 나머지 3가지 염처를 모두 포함한다. 이제부터 그것을 자세히 다룰 것이다.

13. '무상을 관찰하면서 들이쉬리라'며 수련하고,
    '무상을 관찰하면서 내쉬리라'며 수련한다.

무상은 그리 대단한 뉴스거리가 아니다. 시인, 철학자, 작곡자 등 온갖 예술가들은 인간이 존재한 시간만큼이나 오랫동안 무상을 주장해왔다. 중요한 것은 당신이 '어떻게 그와 함께 수행하는가'다. 불교 수행은 단순한 철학적 성찰이 아니다. 그것이 비록 도움이 된다고 할지라도 말이다. 고등학교나 대학 시절의 사진을 꺼내서 당신이 어떻게 변했는지 살펴보라. 우리는 모두 항상 여전히 젊다고 느낀다. 우리는 종종 똑같은 것 같다고 말한다. 하지만 당신이 어떻게 보이는지 살펴봐라.

당신은 이 현상을 도시, 나라, 문명 전체라는 더 거시적인 차원에서 바라볼 수 있다. 캠브리지에서 가장 생동감 넘치고 신나는 곳 가운데 하나인 하버드 광장은 끊임없이 변한다. 아직도 내겐 언젠가 6개월의 안거에서 돌아왔을 때의 기억이 생생하다. 그곳에는 우리들이 어울려 다니던 옛날풍의 아늑한 레스토랑이 있었다. 머핀과 커피를 즐기고, 앉아서 신문을 읽고, 친구와 얘기를 나누는 그런 곳 말이다. 그런데 안거를 마치고 돌아와보니 그 자리에 세련된 옷가게가 들어서 있었다. 안에는 온갖 매혹적인 자태로 서 있는 마네킹이 가득했다. 나는 그것을 보며 무상을 뚜렷이 실감했다. 새로 생긴 옷가게를 계속 들여다보며, 나는 옛날의 레스토랑을 추억했다. 내가 그토록 좋아했던 그곳은 이제 더 이상 존재하지 않았다.

훗날 인도를 여행하던 중, 나는 불교 조각의 위대한 편린들을 간직하고 있는 박물관에 가게 되었다. 어떤 것들은 1,000년을 훌쩍 넘긴 것도 있었다. 아무리 그곳이 인도라 해도 그 박물관이 있던 도시의 가난과 질병은 너무도 끔찍했다. 나는 아이들 사이에 널리 퍼진 눈병과 영양 실조에 더욱 마음이 아팠다.

옛날에 그 도시는 대단히 번성했고, 많은 스님들이 머물던 절도 있었다고 한다. 바로 그 스님들을 모시던 불자들이 박물관에 소장된 물건들을 수집했을 것이다. 그러나 지금 남은 것은 질병으로 가득 찬 극심한 가난의 도시뿐이었다. 나는 다시 한번 무상을 절감했다.

타이의 스승 아잔 차 스님은 무상을 가르치기 위해서 가끔 물질 세계를 이용하곤 했다. 한 번은 죽음이 멀지 않은 나이든 불자에게 이렇게 말했다. "당신의 몸은 집안에 있는 오래 쓴 그릇들과 비교할 수 있습니다. 컵, 컵 받침, 접시 등과 말이지요. 처음에는 모두 깨끗하고 반짝반짝했겠지요. 하지만 오래 쓰고 난 지금은 다 닳아빠지기 시작했습니다. 어떤 것들은 벌써 깨지고, 아예 없어져버린 것도 있지요. 그리고 남아 있는 것들도 퇴색해가고 있습니다. 그것들은 견고한 형태를 갖고 있지 않습니다. 그것이 그들의 본성입니다. 당신 몸도 마찬가지입니다. 당신이 태어나던 바로 그 순간부터 몸은 끊임없이 변해왔습니다. 어린 시절과 청년기를 지나, 당신은 이제 노년에 이르렀지요. 당신은 그 사실을 받아들여야 합니다. 붓다께서는 내면 적인 것이든 신체적인 것이든 모든 조건이 무아라고 하셨습니다. 변한다는 것이 그것들의 본성입니다. 그것을 분명하게 볼 수 있을 때까지 이 진리를 성찰하십시오."

무상을 볼 때 나타날 수 있는 반응은 계속 변하는 대상에 집착한다는 사실에 대한 어쩔 수 없는 권태로움이다. 관찰하지 않고 사는 동안은 이것을 잘 배우지 못한다. 우리는 같은 행태를 거듭 반복한다. 매년 똑같은 새해 다짐, 다시 시작하는 부질없는 사랑, 배우자와의 똑같은 논쟁. 어쩌다 무상의 본질을 바로 볼 때 사람들은 마침내 이해한다. 변하는 것에 집착하는 일이 현명하지 못하다는 사실을. 그것을 지혜라고 부르고 싶다면 그래도 좋다. 이 전통에서 지혜란 분명하고 철저하게 바라보는 것이다. 말 자체는 지혜가 아니다. 바라보는 것이 지혜다.

집착에 대한 아주 극적인 이야기로, 인도에서 전해 내려오는 것이 있다. 이 이야기는 인도인들이 애완동물로 기르기 위해서 원숭이를 잡는 방법과 관계가 있다. 그들은 그루터기에 코코넛 껍질을 달아놓고, 그 껍질 안에 나무 열매를 넣어둔다. 껍질 둘레에 미끼가 될 만한 것들도 몇 가지 함께 놓아둔다. 그것에 마음이 끌린 원숭이는 미끼를 먹고는 나무 열매를 얻기 위해 그 껍질에 다가간다. 그러고는 껍질을 꽉 움켜쥔다. 원숭이는 껍질에서 손을 뺄 수가 없다. 이윽고 사냥꾼이 와서 원숭이를 잡아간다.

나무 열매를 포기했다면, 원숭이는 자유로워질 수 있었을 것이다. 먹을 것이 부족했던 것도 아니다. 그 곳은 정글이었고 먹을 것 또한 지천에 널려 있었다. 사냥꾼이 다가오면 원숭이는 무척 무서워한다. 하지만 여전히 나무 열매를 잊을 수가 없다. 무지와 탐욕이 어울려 고통을 낳는다. 집착을 놓을 수 있다면 고통도 피할 수 있을 텐데, 원숭이는 그렇게 하지 않는다.

가끔 어떤 원숭이는 상황을 분명히 이해하고는 열매를 그냥 둔다. 그리고 자유를 향해 도망친다. 당신은 어떤 원숭이인가?

맨 처음 이 법문을 할 때쯤, 나는 '새총(The Slingshot)'이라는 스웨덴 영화를 보았다. 스웨덴의 사회주의자 가족에 대한 영화였다. 그들이 피임과 여성의 권리를 선동하고 있을 때, 집회 현장에 나타난 경찰이 폭력을 휘두르며 사람들을 해산시켰다. 그리고 그 집의 어린 아들은 서까래로 올라가서, 아버지가 두들겨 맞는 장면을 보게 된다. 아들은 눈길을 돌렸다. 도저히 그 장면을 볼 수가 없었던 것이다. 감옥에서 돌아온 아버지는 아들을 옆에 앉히고 말했다. "나는 네가 눈을 감는 것을 보았다." 그는 말했다. "잘 들어라, 아들아. 혁명가들은 결코 눈을 감지 않는다."

이것이야말로 내가 수행자들에게 하고 싶은 말이다. 우리는 지금 무엇에 대해서든 계속 눈을 뜨고 있는 법을 배우고 있다. 어린 아들이 보인 반응은 자연스러운 것이었다. 우리 중 그 누구도 피와 폭력을 보고 싶어 하지 않는다. 자기 아버지와 관련이 있을 때는 더욱 그렇다. 하지만 이 수행은 결국 모든 것을 분명히 직시하며 마주할 때 최악의 두려움이나 실망조차도 대처할 수 있다는 사실을 가르쳐 준다.

어쨌든 피하는 것은 해결책이 아니다. 그것은 엄청난 힘의 낭비다. 유일한 해결책은 지금 당장 있는 그대로의 삶으로 돌아가, 가까이서 모든 것과 직접 만나는 것이다. 스승의 역할은 그 사실을 거듭 말해주는 것뿐이다. 수행자는 눈을 감지 않는다!

2. 찰나조차 변해간다

붓다 가르침의 중심에는 무상이 있다. 많은 자연의 법칙이 있지만, 무상이야말로 붓다가 가장 직접적으로 설하신 것이다. 무상은 공, 모든 존재가 겪어야 하는 고통에 대한 더 깊은 이해, 그리고 고통의 소멸 등 다른 모든 것으로 들어가는 문이다.

우리는 무상을 배우는 법을 이야기해왔다. 고등학교 졸업앨범을 본다거나, 옛날 동네를 걸어보는 방식들은 다 외면적인 것이다. 붓다는 내면으로부터, 우리의 몸과 마음을 통해서 이 가르침을 보아야 한다고 강조하신다. 당신은 은하수나 하늘, 자연 현상을 관찰하는 대신, 자신이 끊임없는 변화의 흐름 속에 있는 에너지의 장이라는 사실을 보아야 한다. 당신은 내면의 눈으로 그것을 본다. 그 눈은 당신이 항상 뜨고 있기를 원하는 바로 그 눈이다. 그것은 당신이 삶을 발견할 때, 그 삶과 꾸밈없이 친밀하게 마주하고 있는 당신의 일부다.

이 관법은 위빠사나 수행의 핵심이다. 계속 변하는 모든 작용의 본질을 분명하게 보는 것, 그것이 바로 통찰의 핵심적인 의미다. 내가 이 책 머리말에서 이야기한 붓다다사 스님을 만났을 때, 그는 이 경전의 참된 가치를 보여주었다. 그는 이들 관법을 수행하는 방법 중

하나는 무상의 관점에서 이전의 12가지 관법을 되짚어보는 것이라
고 했다.

이렇게 하면 강조점이 약간 달라진다. 처음 2가지 관법을 수행할
때, 우리는 호흡을 관찰했다. 하지만 이제부터는 특히 그 호흡이 어
떻게 변하는지를 관찰한다. 단순한 들숨과 날숨에서도 무상의 진리
는 확연히 드러난다. 들숨과 날숨은 결코 똑같지 않다. 당신은 그 사
실을 본다. 마치 당신이 살던 동네가 변해버렸음을 알아차리는 것처
럼. 관건은 그것을 당신 가슴 속에 새기는 일이다.

수행에서 강조하는 것은 '이 순간에 정확히 무슨 일이 일어나고
있는가' 다. 이 가르침을 제대로 배우기 위해 현재에 머무는 것은 매
우 중요하다. 예를 들면 숨이 들어오고 나갈 때, 당신은 텅 빈 상태로
그것을 관찰하려고 노력해야 한다. 모든 작용의 탄생과 소멸을 바라
보아야 한다. 당신은 몸과 마음의 모든 작용이 의식을 관통해가는 것
을 관찰할 수 있다.

이렇게 수행하는 것은 동네 주변의 건물들을 바라보는 일보다 훨
씬 더 효과적일 수 있다. 그것은 단순한 성찰이나 상상, 논리가 아니
라 그 순간에 분명하게 보는 것이다. 당신이 보고 있는 것은 당신이
무상이라는 사실이다.

이 당연한 법칙이 지속되는 것을 일정 기간 동안 바라보는 일 또
한 중요하다. 앉아서 호흡을 관찰할 때 우리는 호흡이 몸에 미치는
영향뿐만 아니라, 그것이 경험하는 수많은 변화들까지도 알아차린
다. 당신은 깊은 삼매로 들어갈 수도 있다. 그것은 기쁨의 상태를 일
으킨다. 하지만 그 기쁨이 아무리 극적이고 강렬하다 해도, 그것은

계속 변하며 언젠가는 끝나고 만다.

기쁨 너머에는 깊은 평화로움, 깊은 적막, 그리고 고요가 있다. 거기에도 미세한 변화와 차이가 있다. 그리고 결국에는 그 상태를 끝나게 하는 무언가가 온다. 그것은 바깥에서 나는 소리, 아니면 내면의 놀란 생각일 수도 있다. 그리고 그것 역시 사라진다.

당신은 이 깊고 극적인 느낌뿐만 아니라, 온 종일 일어났다 사라지는 수많은 느낌들과 함께 수행할 수 있다. 우리는 좋은 느낌들은 갖고 싶고, 나쁜 느낌들은 피하고 싶은 마음으로 인해 행동하게 된다. 그 느낌들이 얼마나 무상한지 보는 것은 우리에게 중대한 영향을 미칠 수 있다. 우리는 더 이상 좋은 느낌들을 그렇게까지 쫓지 않으며, 나쁜 느낌들을 피하지도 않는다.

마음 자체에서 무상을 공부하는 일은 더욱 의미심장하다. 아홉 번째 관법을 되새길 때 당신은 마음을 만나게 된다. 당신은 마음상태가 온 종일 변하는 것을 관찰한다. 마음은 당신을 놀라게 할 수도 있다. 몸이 하고 있는 일이나, 당신이 자신에 대해 갖고 있는 상과 전혀 다른 곳에 있는 그 마음 말이다. 이것은 진정한 자기 인식이다. 남들이 말하는 우리 모습이나, 우리 스스로 생각하는 이상적인 모습이 아닌 매순간 우리가 실제로 어떠한지에 대한 인식이다.

우리는 열세 번째 관법의 관점에서 마음에 대한 관법을 할 수 있다. 앞서 마음의 기쁨에 대해 이야기했는데, 그 기쁨은 진리를 통해 나온 것이다. 하지만 수행은 쉽게 변하는 야릇한 버릇을 갖고 있다. 어느 날 당신은 고요히 앉아서, 마치 수행의 대가라도 된 것 같은 기쁨을 맛본다. 하지만 그 다음 날은 수행이라고는 한 번도 해보지 않은 사람처럼 느껴진다. 당신은 호흡이 들어오고 나가는 콧구멍조차 제대로 찾을 수 없다.

열한 번째 관법의 깊은 집중에도 똑같은 현상이 일어난다. 마음 집중에 깊이 몰입하면, 마음이 계속 변한다는 사실과 그 역시 다른 모든 것과 마찬가지로 사라진다는 사실이 분명해진다. 열두 번째 관법에서 우리는 마음을 해탈시키는 기쁨을 경험한다. 그것은 무언가 떠나갈 때 그냥 가도록 내버려둘 수 있음이 얼마나 멋진 일인지 보는 것이다. 하지만 다음 순간, 당신은 무언가에 다시 집착한다. 어쩌면 마음을 해탈시킬 수 있었다는 자랑스러움에 대한 집착일지도 모른다.

3. 내려놓으면 가벼워진다

열세 번째 관법을 수행할 때는 현상의 끊임없는 변화에 주목한다. 하지만 무상이 붓다께서 가르치셨던 것의 전부는 아니다. 무상은 현상을 궁극에까지 이끌지 못한다.

붓다는 어렴풋하게나마 거의 동시대에 살았던 사상가를 언급하신 적이 있다. 붓다다사 스님은 붓다가 아마 헤라클레이토스를 말했을 것이라고 생각한다. 소크라테스 이전 그리스 철학자인 그의 글은 단편적으로만 남아 있다. 그는 "똑같은 강물에 두 번 발을 담글 수 없다"는 아주 유명한 말을 남겼다.

하지만 그가 남긴 글로 살펴보건대 헤라클레이토스는 자아를 살펴보는 것을 강조하지 않았다. 그는 자연에 변화가 있다는 사실을 보았지만, 그것을 인간의 입장에서 강조하지는 않았다. 그는 붓다처럼 진일보한 결론을 이끌어내지 못했다.

빨리어로 무상은 아니짜(*anicca*)다. 그리고 이것과 아주 깊은 관계가 있는 말은 바로 불교의 핵심 용어인 둑카(*dukkha*)다. 이것은 대개 '고통'으로 번역한다. 하지만 그러한 번역은 둑카의 의미를 잘 포착해내지 못한다. 또 다른 다소 어색한 번역은 '불만족스러움'이다. 그것이 원래 의미에 좀더 가깝다. 둑카는 모든 삶에 깔려 있는 기본적인 불만족스러움이다. 그것은 가장 분명한 형태의 고통인 질병, 늙음, 그리고 죽음뿐만 아니라, 즐겁다고 생각하는 순간에도 기본적인 불만족이 존재한다는 사실을 포함한다. 항구적이지 않은 것은 그 어떤 것도 궁극적인 만족을 줄 수 없다.

둑카는 아니짜와 불가분의 관계에 있다. 그것은 하나가 다른 하나에서 나왔다는 말이 아니라, 그 둘을 같은 사실의 양면으로 볼 수 있다는 뜻이다.

얼마 전 나는 일본에서 일어난 가공할 만한 지진에 관한 다큐멘터리를 보았다. 나는 넓은 관점에서 보면 그것이 지극히 자연스러운 현상이고, 몸에서 일어날 수 있는 변화처럼 지구의 단순한 재구성이라는 생각이 들었다. 하지만 어떤 이들의 관점에서 보면 그것은 아주 고통스러운 사건일 뿐이다.

더 흔히 볼 수 있는 예들도 많다. 사람이 북적거리는 방에 앉아 법문을 듣는데, 당신의 방광이 차오른다. 그것은 자연스러운 현상이고, 언제나 일어날 수 있는 일이다. 그 일은 대단히 불편할 수도 있고, 심지어는 당혹스러울 수도 있다.

붓다는 진정으로 무상을 보는 것은 기본적인 인생의 고통을 보는 것이라고 말씀하신다. 고통은 엄청난 아픔과 걱정에서부터, 가장 행복한 순간에도 있는 매우 작은 불만족스러움에 이르기까지 매우 광범위하다.

많은 사람들은 불교의 핵심이 고통이라는 말을 듣고는 다시는 법문을 들으러 오지 않는다. 그들이 회피하는 것은 삶의 문제이지 불교 교리가 아니다. 당신에게 완벽하게 멋진 집이 있었는데 어느 날 허리케인이 와서 휩쓸어가버린다. 당신은 남부럽지 않은 결혼생활이라고 생각했는데 배우자가 갑자기 떠나버린다. 소련은 붕괴되고 유럽 전역에서 갈등이 불거져나온다. 옛 친구는 알 수 없게 변해가고, 둘 사이의 우정은 끝난다 등등.

하지만 우리는 대부분 그 사실을 알아차리지 못하고 그럭저럭 살아간다. 그러나 마침내 알아차릴 때 그것은 매우 설득력이 있다. 그러면 붓다는 그 고통을 끝낼 방법이 있다는 놀라운 말씀을 들려준다. 그것은 고통을 겪지 않을 것이라는 뜻이 아니라, 수행이 어떻게든 마음에 영향을 미칠 것이고 그 마음이 크게 달라지리라는 의미다. 가장 힘든 경우를 예로 들어보자. 몸은 병들고 늙고 그리고 죽는다. 하지만 그때조차 마음이 꼭 고통스러워야 하는 것은 아니다.

무상은 실제고 고통도 실제며 질병, 죽음, 전쟁, 자연 재해 모두가 다 실제다. 핵심적인 것은 마음이 어떻게 반응하느냐다. 그것이 아픔과 정신적 고뇌의 차이를 만든다.

무상의 가르침에 들어 있는 것은 아니짜와 둑카에 이은 세 번째 개념이다. 그리고 아마 붓다 가르침 중에서 가장 이해하기 어려운 부분일 것이다. 실제로 당신이 수행을 처음 한다면 그것은 아주 당황스러울 수 있다. 부디 낙심하지 말기를! 진일보한 수행자들에게도 종종 그것은 어려운 문제였다. 내가 지금 이야기하는 것은 바로 아나따 (*anatta*), 즉 무아다.

사람들은 기쁨이나 깊은 행복의 상태와 같은 것에 대한 이야기만을 듣고 싶어 한다. 내가 무아에 대한 이야기를 시작하자마자 보게 되는 것은 눈살을 찌푸리고 불만스러워하는 표정들뿐이다. 나중에 나는 온갖 어려운 질문세례를 받는다. 이를 테면 '만약 무아가 진실이라면 깨닫는 것은 무엇인가?' 와 같은 질문 말이다. 실제로 나는 한동안 그에 대한 이야기를 피했다. 하지만 사람들이 좋아하든 좋아하지 않든, 무아는 붓다 가르침의 핵심이다.

붓다는 자아에 어떤 지속적인 핵심도 없다고 했다. 자아는 영구적인 실체를 갖고 있지 않다. 어찌 보면 이 말은 아주 이상하게 들린다. 왜냐하면 우리 삶 전체가 지속적으로 변하는 그 자아라는 개념을 위해 영위되기 때문이다. 그것은 마치 우리가 자아에 고용되어 (그것도 풀타임으로) 끊임없이 그것을 구축하려고 노력하는 것과 같다. 그것은 더 많은 돈, 더 많은 소유, 더 큰 명예, 더 나은 섹스, 더 큰 차, 새로운 집을 원한다. 만약 우리가 다른 종류의 사람이라면 더 나은 명상 수업, 더 깊은 삼매, 지금 당장의 깨달음의 체험을 원할 것이다.

모든 것을 나 또는 나의 것으로 연결시키는 이 과정은 지속적으로 일어나며, 자아의 존재에 그 기초를 두고 있다. 붓다에 따르면 그것은 어리석은 일이다. 그것은 매우 고차원적인 환상이다. 우리는 모두 그 환상을 갖고 있다. 그것은 가장 극단적일 때, 정신 질병으로 나타나기도 한다. 그것은 모든 고통의 핵심이다.

불교의 가르침을 요약해달라는 부탁을 받았을 때, 붓다는 이렇게 대답했다. 약간 바꿔 말하면, 그 어떤 상황에서도, 그 어떤 것도 나 또는 나의 것으로 집착하지 말라는 것이다. 당신은 우리가 거쳐온 12가지 관법 중 어떤 것으로 돌아가도 좋다. 그리고 어떤 식으로든, 우리가 그 모든 것을 나 또는 나의 것으로 주장하고 있음을 볼 것이다.

우리 몸을 예로 들어보자. 몸은 무게가 불어나기도 하고 줄기도 한다. 여기 저기 늘어지기 시작하고 흰 머리도 생겨난다. 우리는 그것을 자신을 향상시키거나 비난하는 계기로 삼는다. 우리는 몸이 갖고 있는 물리적 상태에서 정신적인 우주 전체를 빚어낸다. 그것은 기운이 없거나, 허리가 아픈 것과 같은 단순한 느낌, 우울함이나 기쁨 같은 좀더 복잡한 정신적인 작용에도 그대로 적용된다. 우리는 그것들과 동일시하거나 그로부터 자아를 만들어낸다. 이것은 일찍이 내가 자기화라고 언급했던 과정이다.

하지만 이 모든 것들은 날씨와도 같다. 그것들은 오고 간다. 우리가 그것에 대해 할 수 있는 일은 아무것도 없다. 만약 그것들을 자아로 받아들이면 우리는 실망할 것이다. 왜냐하면 그것들은 단지 변할 뿐이기 때문이다.

이 가르침이 우리에게 말하는 것은, 일어나는 모든 것이 사라지기 때문에 스트레스나 고통은 피할 수 없는 삶의 일부라는 사실이다. 이렇듯 변하는 것들에 집착하기 때문에, 그것들에서 자아를 만들어내기 때문에 우리는 고통을 자초하게 된다. 당신이 자아와 동일시하는 그것들은 단지 당신이 겪어가는 마음상태일 뿐이다. 그들은 존재하지만, 당신이 생각하는 것과 같은 방식으로 존재하지 않는다. 그들은 자아가 아니다.

우리는 마음상태의 내용에 단단히 사로잡혀 있다. 특히 미국 문화에 사는 사람들이 거기에 엄청난 관심을 기울인다. 심리치료나 심리분석 같은 경우가 그렇다. 그들은 어떤 정신적인 작용의 근원을 찾는 데 몇 년의 시간을 보낼지도 모른다. 하지만 그것은 불교 수행의 대상이 아니다. 열세 번째 관법을 행하는 것은 우리의 관점에 극적인 변화를 가져올 수 있다. 당신은 그 내용에서 물러나, 어떤 의미에서는 내용이 중요하지 않다는 것을 본다. 왜냐하면 무엇이 되었든, 그것은 사라지기 때문이다. 모든 정신적인 작용도 다른 것들과 똑같다. 그 어떤 것도 영속적인 실체를 갖고 있지 않다.

우리는 그런 관점을 중요하지 않다고 치부하거나, 심지어는 그에 대해 분개한다. 우리가 가진 중요한 관념들과 비교해보면 무상은 추상적이고 부적절하고 실용적이지 못한 것만 같다.

숙련된 스승이신 붓다는 집착이 생각의 과정을 거치도록 허락하신다. 그는 12가지의 관법, 그중에서도 특히 심념처를 관찰해보라고 한다. 하지만 어떤 시점에서 우리는 보고 또 보고, 마침내 이제 됐다고 할 지경에 이르게 된다. 우리는 정신작용의 내용에 대해 수도 없이 듣고, 점점 그것들이 지겨워진다. 이제 정신작용을 지나 더 깊은 지혜로 나아갈 준비가 된 것이다.

4. 도망치는 것은 부질없는 것

　구체적인 예를 들어보자. 그것은 두려움이라고 부르는 마음상태다. 흔히 그것에 대처하는 방식은 두려움이 찾아올 때 뭔가 다른 일을 하는 것이다. 당신은 한밤중에 일어나서 책을 읽거나 텔레비전을 본다. 마음을 딴 곳으로 돌리기 위해 즐거운 생각을 꾸며낸다. 어쩌면 실제로 당신의 두려움에 대해 생각할 수도 있다. 일기장에 적기도 하고, 그날 밤 그 순간에 왜 그런 두려움을 경험하고 있는 것일까, 또는 과거의 어떤 정신적 외상이 그 두려움을 야기한 것일까 등을 분석하기도 한다. 당신은 신경안정제를 먹거나 술을 마실지도 모른다. 아니면 친구에게 전화를 걸 수도 있다. 최악의 경우에는 1, 2시간쯤 두려움에 혼쭐이 날 수도 있다. 알아차림을 완전히 놓치고, 그 두려움과 자신을 동일시하면서 말이다.

　이 모든 경우, 당신은 두려움에 대처하는 것이 아니다. 당신은 그것을 문제로 바라본다. 두려움이 제대로 다루어지지 않았기 때문에, 자신을 ‘두려워하는 사람’이라고 생각할 때까지 그것은 반복적인 문제가 된다. 두려움과 당신을 동일시할 때면 똑같은 과정이 언제든 되풀이된다. 내가 왜 이 두려움을 겪고 있는 것일까? 라고 말하는 순간 당신은 그 두려움을 나 또는 나의 것으로 만든다.

　수행은 두려움을 그렇게 자아의 일부로 바라보지 않는 것을 제안한다. 그저 두려움이라는 에너지의 흐름에 관심을 전적으로 기울여라. 당신 자신을 두려움에서 분리시키지 말라. 그렇다고 동일시하지도 말고 단지 마음챙김을 다하라. 이 말은 위험하고 무섭게 들린다.

우리는 흔히 두려움을 마주하기를 두려워한다. 하지만 당신이 그럴 수 있게 될 때, 사실 그 일은 그렇게 겁나는 것이 아니다. 그것은 다른 대안보다 실행하기 쉽다. 당신은 두려움이 강렬한 신체적 감각과 무력하게 만드는 생각들로 이루어졌음을 본다. 그런 생각들 중 하나는 너무 두려워서 이 두려움에 맞설 수 없다는 것일 수 있다. 여기서, 그리고 다른 많은 비슷한 상황들에서 생각은 현실을 규정하는 데 동참했다가 금방 사라진다. 당신은 스스로 객관적인 진실이라고 믿었던 것, '나는 두려움에 맞설 능력이 없다'는 생각과 함께 남겨졌다. 그것은 관찰할 수 있다. 그렇기 때문에 대처할 수 있는 것이다.

내가 말하는 것은 마술이 아니다. 그것은 수행이다. 예술과 과학 사이에 있는 어떤 것이다. 그것은 분명히 배울 수 있다. 실천함으로써 배울 수 있는 것이다. 나는 그것 말고 다른 방법은 알지 못한다.

처음에는 시도만 할 뿐, 해낼 수 없을 수도 있다. 그렇다 할지라도 의식적인 호흡과 함께 거기 머물 수 있는 데서 오는 어떤 안도감이 있다. 그것은 더 큰 맥락 속에 두려움을 집어넣는다. 아마 당신은 과거에 그랬던 것처럼 계속 도망칠 것이다. 하지만 당신은 도망치고 있다는 사실을 본다. 그것도 역시 가치 있는 수행일 수 있다. 왜냐하면 그런 식으로는 안 된다는 것을 당신이 보기 때문이다. 마음은 도망치는 것을 계속 보는 일에 싫증이 난다.

마침내 당신은 두려움과 함께 머물 수 있는 상태에 도달한다. 그 때까지 그것이 얼마나 괴물처럼 느껴졌든, 이제 당신은 두려움을 관찰할 수 있고, 그렇기 때문에 직면할 수 있음을 안다. 당신은 그것에 대처할 수 있다.

당신은 도망치는 것이 부질없음을 깨닫는다. 그것은 통하지 않는다. 그것은 결코 통한 적이 없다. 두려움과 함께 머무는 것에는 훨씬 더 큰 만족이 있다. 당신은 마음 깊은 곳으로부터 그것이 올바른 일임을 안다. 당신은 그 두려움이 영원히 지속되지는 않는다는 사실에 자신감을 얻는다.

이런 식으로 직접 대처한다고 해도 두려움이 오랫동안 지속될 수 있다. 하지만 거기에는 변화가 있다. 머지않아 그 에너지는 약해지고 마침내 사라진다. 그 과정 내내 두려움과 함께 머무는 것은 두려움이 사라지리라고 머릿속으로 이해하는 것과는 다르다. 그것은 다른 종류의 앎이다. 그것은 두려움에 대한 우리의 관계 전체를 바꾼다.

우리는 두려움이 소유하거나 통제할 수 있는 것이 아니라는 사실을 본다. 우리는 그렇게 할 수 있는 것처럼, 마치 우리가 두려움을 느끼지 않을 수 있어야 하는 것처럼 살아왔다. 그러나 우리가 할 수 있는 것은 다만 두려움을 현명하게 만나는 일뿐이다.

이 시점에서 내 경험을 얘기하는 것이 도움이 될지도 모르겠다. 그것은 두려움과의 조우에 대한 이야기다. 2차대전 당시 나는 어린 아이였다. 진주만 습격이 있었을 때 나는 9살이었는데, 전쟁에 아주 관심이 많아서 매일 신문에 난 기사를 탐독했다.

나는 뉴스에 나오지 않는 이야기도 들었다. 홀로코스트가 사람들에게 알려지기 오래 전에, 미국의 유태인들은 유럽에서 끔찍한 악몽이 일어난 사실을 알고 있었다. 어쩌면 그 이야기들이 처음에 비밀스럽게 전해졌기 때문에, 내게 깊은 인상을 남겼고 내 의식 속 깊숙이 묻혔던 것 같다.

몇 년 후 나치즘에 엄청난 관심을 갖게 된 나는 그것과 관련된 것이라면 무엇이든 읽었다. 20살에 나는 미국 육군에 징병되었다. 그리고 훈련이 끝난 후 워싱턴으로 가라는 명령을 받았다. 하지만 나는 독일에 가고만 싶었다. 그래서 미국에 남아 있기를 원하는 병사(아이가 하나 있는 기혼자였다)와 가는 곳을 바꾸기로 했다. 나는 홀로코스트가 어떻게 일어날 수 있었는지, 독일인들에게서 직접 알아내리라고 마음먹었다. 나는 유태어를 할 수 있었다. 유태어는 독일어에서 파생되었기 때문에 나는 독일인과의 의사소통이 가능했다. 나는 굉장히 환영을 받고 있다고 느꼈다. 그리고 많은 독일인들을 개인적으로 알게 되었다. 하지만 내가 홀로코스트에 대한 이야기만 꺼내면 그들은 단 한 마디도 말하지 않았다. 나는 처음보다 홀로코스트에 대해 더 알게 된 것도 없이 독일에서 돌아왔다.

사회심리학 분야에서 학문적인 경력을 쌓기 시작했을 때도, 나는 전체주의적인 집단 시설, 즉 감옥, 군대, 정신병원, 격리 수용 시설 등에 특별한 관심이 있었다. 석사학위논문도 정신병원의 격리 수용 시설에 있는 만성 정신분열증 환자들의 종족 관계에 대한 연구였다. 그 주제 이면에서도 2차대전 기간 동안 강제 수용소에 있었던 유태인에 대한 나의 집착을 볼 수 있었다.

이제 나의 이야기는 뒤로 넘어간다. 몇 년이 지난 후, 나는 베리의 통찰명상수행원에서 혼자 6개월 동안의 겨울 안거를 하고 있었다. 나는 거기서 3, 4달 째 머물고 있는 중이었다. 내 마음은 매우 고요했고, 어쩌면 매우 상처받기 쉬운 상태였다. 어느 날 오후, 내가 방에서 수행하고 있을 때였다. 몇몇 수행자들이 기숙사로 들어와 부츠의 눈을 털기 위해 바닥을 쿵쿵 차기 시작했다. 갑자기 나는 나치 독일에 있었다. 극도로 생생한 이미지 말고는 달리 어떻게 그것을 설명해야 할지 나는 알지 못한다. 쿵쿵거리는 부츠 소리는 나를 잡으러 오는 나치 친위대의 군화 소리였다.

나는 이전에도, 그리고 그후에도 전혀 경험해보지 못한 공포 같은 것을 느꼈다. 마음속에 계속 떠올랐던 그 끔찍한 이미지들이 진짜 현실처럼 느껴졌다. 나는 전율했다. 속이 다 울렁거렸다. 나는 땀에 젖은 채 울부짖으며, 감정적인 고통뿐만 아니라 깊은 육체적 고통을 겪고 있었다. 그것은 지극히 복잡하고, 현실인 것만 같은 마음상태였다.

나는 그 때 몇 년을 수행해왔었고, 상당한 삼매의 경지를 이루었었다. 어떤 면에서는, 만일 내가 그처럼 준비되지 않았었다면 그토록 깊은 두려움이 찾아오지 않았을 것이라는 생각이 든다. 내 마음 한 구석에는 내가 베리에 있으며 모든 것이 괜찮다는 사실을 알고 있었다. 하지만 대부분의 나는 격렬한 고통 속에 있었고, 자신이 커다란 위험에 빠져 있다고 믿었다.

나는 그 이미지들과 육체적, 정신적 고통에 온전히 주의를 기울이려고 노력했다. 한동안 마음을 챙기고 있었으며, 그러다 무심결에 놓쳐버리고 다시 그것들에 사로잡혔다. 그 순간으로 나를 되돌리기 위해서 호흡에 의지하기도 했다(나는 경험이 별로 없는 수행자들에게 그것이 매우 효과적인 수행 단계라고 강조하곤 했다. 어려운 마음상태들을 다루기 위해서 반드시 완전한 마음챙김이 있어야만 하는 것은 아니다). 이 과정은 어느 정도 계속되었다. 한 시간, 아니면 한 시간 반쯤이었을까.

매스꺼움이 솟구쳐올 때, 처음에는 마음을 챙길 수가 없었다. 나는 붓도(Buddho)라는 말을 스스로 반복했고, 그것은 마치 주문처럼 나 자신을 호흡에 일치시키도록 만들었다. 그러자 매스꺼움이 사라졌다. 하지만 그 말을 놓쳤을 때 매스꺼움은 다시 찾아왔다.

마침내 주의집중이 확고해졌다. 더 이상 도망치려고 시도하거나 자기 몰두에 빠져들지 않았다. 두려움의 에너지에 대한 완전한 친밀함과 자기의식 속에서 관찰자를 분리하지 않는 관찰이 있었다. 그 알아차림의 도움으로 매스꺼움은 사라졌다. 그것은 전적으로 두려움의 작용이었던 것 같았다. 그처럼 긴 시간이 지난 후 모든 것이 지나갔다. 나는 그것이 얼마나 오랫동안이었는지조차 알지 못한다. 그 끔찍한 이미지들은 사라졌다. 나는 오랫동안 흐느꼈고 깊은 평화의 느낌이 이어졌다.

그날 후로 많은 것들이 달라졌다. 일찍이 내가 가졌던 관심은, 심리치료학자들이 대체공포라고 부르는 것이었음이 분명했다. 나는 깊이 파묻혀 있었던 공포 때문에 홀로코스트에 대한 지적인 관심을 갖게 된 것이다. 나는 그날 이후, 나치에 대한 편집증적인 집착을 더 이상 갖지 않게 되었다. 그리고 내 삶에는 훨씬 더 큰 평화로움이 찾아왔다.

하나의 중요한 감정과 깊은 조우를 한 후, 나는 다른 경우에도 그렇게 할 수 있게 되었고 다른 부정적인 감정도 더 잘 다룰 수 있게 되었다. 그토록 복잡한 두려움도 움직이는 에너지의 한 형태일 뿐이라는 것을 나는 보았다. 나 자신과 그것을 동일시하지 않을 때, 그 두려움을 훨씬 더 잘 다룰 수 있다는 것을 알게 되었다.

집착은 갈망이거나 밀쳐내기일 수 있다. 어느 쪽이든 그것은 고통을 야기한다. 집착을 멈추는 법을 배운다면, 우리는 그 순간 있는 그대로의 삶과 함께 머물 수 있다. 그리고 때가 되면 그것을 놓을 수 있다. 분명하게 보는 것은 지혜의 한 형태다. 우리가 어떤 것들에 집착하려 하거나, 그렇게 할 수 없는데도 멈춰 있게 하려고 하는 것은 지혜롭지 못하다.

진실은 우리가 아무것도 소유할 수 없다는 것이다. 우리의 몸도, 우리 마음속에 있는 내용까지도 말이다. 이것은 사실 좋은 소식이다 (비록 자아를 위해서는 아니겠지만). 자아는 즉시 적응한다. 훌륭한 수행자가 되리라고 결심함으로써, 자신을 진정으로 꿰뚫어보고 유명한 수행자가 되리라고 결심함으로써. 지혜는 사물을 나 또는 나의 것으로 집착하는 데서 오는 짐을 내려놓게 도와주었다. 우리는 그 짐을 내려놓을 수 있다. 그것은 우리 삶을 비할 수 없이 가볍게 만들 것이다.

나는 일본에서 보았던 진리에 대한 이미지를 생생히 기억한다. 그것은 커다란 배낭을 메고 해변을 따라 걸어가는 선승에 대한 만화였다. 그 짐은 너무도 무거워서 그의 발걸음은 마치 분화구 같은 발자국을 만들었다. 그 배낭에는 '나'라고 써 있었다. 그것은 우리가 내려놓아야 하는 짐이다. 그렇게 할 때 우리 삶은 비할 수 없을 정도로 가벼워질 것이다.

5. 지혜는 행복하게 사는 예술이다

빨리어인 위빠사나는 '통찰'로 번역된다. 그리고 내가 상좌불교의 전통에 따라 가르치는 수행은 미국에서 통찰명상으로 알려지게 되

었다. 통찰명상수행원이 설립되었을 때, 그리고 내가 캠브리지통찰명
상수행원을 시작했을 때, 우리는 위빠사나 대신 insight(통찰)를 선택
했다. 외국어가 불교로부터 사람들을 멀어지게 할 것이라고 느껴서
였다.

문제는 insight란 단어가 다양한 뜻을 갖고 있다는 것이다. 사람
들은 가끔 그것이 치료나 꿈의 분석, 또는 일기 쓰기 같은 데서 쓰는
통찰을 의미한다고 생각한다. 그런 통찰은 명상에서도 나타나며, 그
것은 매우 가치 있는 것일 수도 있다. 하지만 위빠사나는 매우 특정
한 의미를 지니고 있고, 이 마지막 법념처에 상세히 설명된 지혜를
의미한다. 무상을 보는 것은 그 모든 것을 보는 것이다.

열세 번째 관법은 우리가 처음 2가지 관법에서 호흡에 친밀해진
것처럼 무상에 가까워질 것을 요구한다. 그러한 앎은 생각이 아니라
예리하게 바라보는 일을 수반한다. 관법의 대상이 무엇이든, 당신에
게 와서 스스로 무엇인지 말하게 하는 것이다. 이런 수준의 관법은
매우 깊이, 우리의 모든 이해를 넘어서는 곳까지 나아갈 수 있다. 그
곳은 말로 표현하려는 시도 자체가 무의미한 지점이다. 그 깊은 곳에
서 고와 무상, 그리고 무아는 다 똑같다. 불의 일부가 열과 색깔이듯,
고와 무아는 무상의 일부다.

미시적인 것에서 우주적인 것에 이르기까지, 당신이 어떤 수준에
서 바라보기를 원하든 모든 것은 지속적인 변화 속에 있다. 그것은
커다란 불확실성에 이르게 되고, 사람들은 그것이 불가항력적이라
고 느낀다. 허리케인이나 지진 같은 자연 재해, 또는 갑작스런 질병
처럼 개인적인 불행이 있을 때, 이 모든 것은 분명히 고통을 야기한

다. 하지만 다른 식으로 바라보면, 그것들은 단지 항상 변하는 사물의 본성을 반영하는 것일 뿐이다. 그것은 전혀 개인적인 것이 아니라고, 아마도 우주는 말할 것이다.

나는 오랜 안거를 통해 이 원리를 가장 잘 볼 수 있었다. 거기서는 변화의 깊은 미세함이 분명하고, 모든 것이 끊임없이 달라진다. 당신은 의식과 생각이 끝없이 오가는 소리를 듣는다. 그것들은 일관성이 있거나 서로 조화를 이루지 않는다. 제어할 수 있거나 예상할 수 있는 것도 아니다. 그들은 그저 나타나고 사라진다. 마치 하늘의 구름처럼. 이 과정을 보는 것이 바로 무상을 보는 것이다.

무상은 불교의 보석 가운데 으뜸이다. 만약 모든 것이 지속적으로 변한다면 그 무엇도 영속성 있는 실체적 핵심을 갖지 않을 것이다. 물론 어떤 것이 다른 것보다 좀더 오래 지속될 수는 있다. 그리고 변화가 항상 즐겁지 않은 것만은 아니다. 고통이 사라질 때, 변화는 좋은 일이다.

하지만 이것들을 단지 믿음의 차원에서만 받아들이지 않는 것이 중요하다. 사람들은 종종 불교 공동체와 관련을 맺고 뭔가 좋은 것, 이를테면 어느 정도의 고요함 같은 것을 얻게 된다. 그리고 새로운 친구들과, 읽어야 할 한 꾸러미의 책도 생긴다. 그들은 모든 것이 공하다는 말을 듣고, 그 말에 동의하고 싶어 한다. 왜냐하면 그들이 그 그룹에 속해 있기 때문이다. 그들은 그 믿음에 집착하게 되고 그 집착은 고통을 낳는다.

우리는 궁극적인 진리를 믿음과 같은 것으로 만들어서는 안 된다. 물론 우리는 이론을 듣는다. 하지만 그것을 듣고 나서는, 그것들이 과연 맞는지 스스로의 경험을 살펴보아야 한다. 우리에게는 그저 탐구에 필요한 만큼의 믿음만 있으면 된다.

진정한 과제는 보고 듣고 배우는 일이다. 우리 모두는 이 일을 스스로 해야 한다. 자아가 하나의 환상이라는 사실을 보는 해방의 힘을 스스로 발견해야 한다. 당신이 다른 것을 볼 때 그렇게 하듯이 한 번 이상 직접적이고도 분명하게, 가끔은 영원히 당신을 바꿀 확실한 에너지와 함께 그것을 볼 수 있어야 한다. 당신이 아무도 아니라는 것, 당신이 평생 가졌던 그 모든 두려움은 스스로 있다고 믿었던 자아와 관련되었음을 아는 것은 아주 경이로운 일이다. 당신은 승진시키고, 보호하고, 유지하고, 잘 입히고, 세상에 선보여야 할 것이 하나 줄어든 셈이다.

어떤 경우든 경험의 이 3가지 측면은 불교적 사고에서 빠져나갈 수 없이 연결돼 있다. 무상, 고 그리고 무아. 이것들은 불교의 삼법인(三法印), 즉 고귀한 법의 징표다. 이 개념들에 대한 통찰이 없다면, 당신이 수행에서 보고 있는 것은 흥미롭고 소중한 것일 수는 있지만 결코 불법(佛法)일 수 없다.

무아를 살펴보는 실질적인 방법에 대해 이야기해보겠다. 이것은 높은 단계의 수행이다. 그럼 이제 당신이 3개월 동안 안거 중이라고 상상해보자. 그 안거는 특별히 《호흡관법경》에 초점이 맞추어져 있다. 전체의 핵심은 이전에 알아채지 못했던 것을 알아차리는 것이다. 당신은 아주 간단한 일, 당신과 평생 함께해온 호흡에서부터 시작한다. 그로부터 자연스럽게 몸으로 이동한다. 왜냐하면 호흡이 거기서 일어나기 때문이다. 그리고 새로운 방식으로 몸에 익숙해진다. 마치 그것이 천천히 둘러보는 거대한 저택인 것처럼 말이다.

당신은 몸에서 감각들을 알아차리기 시작한다. 무릎이 쑤신다거나 허리가 아프다는 식으로. 그리고 마침내는 고요히 앉아 있는 것, 호흡과 함께 머무는 일에서 오는 깊은 평화의 느낌까지도 알아차리게 된다. 그 평화로움 속에서 당신은 마음을 알아차린다. 안거 초반에는 그것이 이런 과정들로부터 당신의 주의를 빼앗는 것처럼 느껴졌었다. 하지만 이제 어느 정도 고요함에 이르렀기 때문에, 그것은 관법 자체의 대상이 될 수 있다. 당신은 우리가 마음이라고 부르는 거대하고 매력적이며 끝없이 변하는 과정을 본다.

그러고 나면 당신의 스승은 말한다. "이제 위빠사나를 수행할 시간이다."

그 무렵 당신은 삼매에 강해지고 믿을 만해지는 지점에 이르게 된다. 당신은 마음먹은 대로 삼매로 들어갈 수 있고, 고요해질 수 있고, 집중할 수 있게 된다. 그것은 몇 년의 수행 끝에 가능할 수 있다. 하지만 몇 년이 걸리지 않을 수도 있는데, 어떤 사람들은 꽤 빨리 배우기도 한다. 당신은 앉아서 호흡을 알아차린다. 하지만 아주 정확히 한 점을 알아차리는 것은 아니다. 당신은 콧구멍이나 가슴 또는 배를 주목하지 않는다. 하지만 훨씬 더 열린 방식으로 몸 전체에, 앉아서 숨쉬고 있는 몸의 파노라마 같은 모습에 주목하고 있다.

당신이 이 호흡하는 몸, 의심할 여지없이 호흡이 일어나고 있지만 동시에 호흡하는 사람을 찾을 수 없는 그곳에 마음을 챙기는 단계까지 가는 것은 가능하다. 그것은 경이로운 느낌일 것이다. 왜냐하면 숨쉬고 있는 그것은 수행자로 가장하는 자아에 지나지 않기 때문이다. 숨쉬는 자는 멋진 정신적 풍모를 지녔다. 걸맞은 옷과 적당한 자세…. 하지만 거기에는 숨쉬는 자에 대한 자의식이 있다. 제대로 수행하려고 노력하는 그 사람에 대한 인식이 있다. 그것이 사라질 때, 거기에는 단지 앉아서 숨쉬며 그것을 아는, 몸의 순진무구함만이 있을 뿐이다.

그것이 바로 이 수행과 《호흡관법경》에 대해 너무도 많은 것을 내게 가르쳐 준 스승 붓다다사 스님과 함께한 오후에 내게 일어났던 일이다. 그가 "숨쉬는 자를 찾을 수 있는가?"라고 물었을 때 나는 아니라고 대답했다. 그는 "그렇다면 숨쉬는 사람이 없겠군"이라고 말했다. 나는 "잠깐만요, 내가 숨쉬는 사람입니다"라고 대답했다. 그는 "그것은 단지 하나의 생각일 뿐이네"라고 말했다.

당신의 알아차림에 비추어서 바라볼 때, 자아는 사라진다. 몸이 앉아서 숨쉬고 있을 뿐이다. 거기에는 숨쉬고 있다는 느낌이 있다. 무엇을 얻기 위해 숨을 쉬고 있다는 느낌이 아니다. 당신은 대단히 만족스러운 상태에서, 몸이 앉아서 숨쉴 수 있다는 것, 그렇게 하기 위해서 자아가 필요하지 않다는 것을 본다.

사람들은 때로 무아의 가르침에 대해 혼란스러워한다. 무아라는 말이 몸이 없음을 의미한다고 생각하면서. 붓다는 그렇게 말씀하지 않았다. 분명히 몸은 존재하며, 여기 있는 동안 우리의 순간들은 이 육신의 형상 속에 깃든 생명으로 구성돼 있다. 붓다의 생각은 한곳으로 치우치지 않은 것이다. 당신은 몸과 동일시하거나, 그것을 낭만적으로 만드는 데 갇히지 않는다. 그리고 그것을 부정하는 데도 빠지지 않는다.

몸과 너무 많이 동일시할 때 우리는 고통을 받는다. 이 상상의 안거에서 당신이 무릎에 고통을 느낀다고 해보자. 거기에는 마음챙김도 별로 없다. 당신은 고통과 동일시한다. 내 무릎이 나를 죽이네! 그러고는 스승에게 간다. 스승은 "무릎에서 일어나는 감각을 알아차리도록 노력해라. 오직 그것을 관찰해라"고 말한다. 그 말을 따라 수행하면 그런 의미의 자아는 사라진다. 그리고 종종 고통도 줄어든다. 그러다가 어느새 집중을 놓치게 된다. 그렇게 오래 걸리지 않아서 말이다. 이어서 갑자기 다시 고통이 기세를 더한다. 그리고 당신은 그것에 다시 주의를 기울인다.

당신은 그 현상 전체를 탐구한다. 그 결과, 고통이 당신이 아니라는 사실을 알아차린다. 그것은 어떤 조건들 때문에 몸에서 일어나는 자연스런 과정이다. 이것은 실질적인 문제다. 몸을 자아와 동일시하지 않을 때 그것은 당신의 삶을 돕는다.

그것은 느낌이나 마음의 상태에도 마찬가지다. 이 안거에서 마음이 매우 고요한 가운데, 점심식사 전에 좌선을 한다고 상상해보자. 당신에게는 거의 아무런 생각도 일어나지 않는다. 몸은 평화롭고 고요해진다. 호흡을 관찰하는 데도 전혀 힘이 들지 않는다. 당신은 자신이 얼마나 훌륭한 수행자인지를 생각하면서, 거의 하늘을 날 것 같은 기분으로 명상실을 빠져나온다. 이 황홀한 상태에서, 어쩌면 축하라도 하고 싶은 기분이 되어 당신은 보통 때보다 점심을 더 많이 먹는다. 게다가 그날은 아주 드물게도 쿠키까지 나오는 날이다. 당신은 3개나 집어먹는다.

점심식사 후에 당신은 갑자기 엄청난 포만감을 느낀다. 옛날 당신은 뚱뚱했던 적이 있었다. 식사 후 느끼는 포만감은 당신을 다시금 뚱뚱하다고 생각하게 만든다. 당신은 자신이 우스꽝스러운 뚱보 같다고 느끼며, 무거운 발걸음으로 방으로 돌아온다. 배는 아파오고 바지는 꽉 끼는 것 같다. '나는 하나도 변하지 않았어.' 당신은 생각한다. '나는 수행자가 아니야.'

만약 당신이 이 일로 스승을 찾아간다면, 스승은 몸의 느낌이든 마음의 느낌이든, 어떤 느낌에 집착하는 것은 잘못됐다는 사실을 알려줄 것이다. 당신은 그 모든 것이 자신에게 일어나고 있다는 생각을 만들어냈다. 먼저 당신은 좋은 느낌과 동일시했다. 그것은 당신이 좋은 수행자라는 이미지를 상기시켜주었다. 그러고 나서는 나쁜 느낌과 동일시했다. 그것은 불행한 과체중의 어린 시절 기억을 가져왔다.

하지만 그것들은 그저 느낌일 뿐이다. 자신에 대한 이미지와 기억은 단지 지각과 꼬리표일 뿐이다. 그것들은 당신이 아니다. 무아에 대해 이런 관법을 수행하는 것은, 생각은 그저 생각일 뿐이라는 사실을 보는 것이다. 당신은 자신이 느낌과 생각을 가졌다는 사실을 부정하지 않는다. 하지만 그것들을 자아로 여겨서는 안 된다.

그것이 지혜로운 길임을 당신 스스로 보지 않는 한, 이중 그 어느 것도 의미가 없다. 그것은 당신이 부처나 승가의 일부가 되려고 노력하는 것이 아니며 더 이상 자아를 만들어내지 않는다는 것이다. 그럼으로써 당신은 삶을 더 가볍게 만든다.

지혜는 행복하게 사는 예술이다. 그 지혜의 많은 부분은, 우리가 어떻게 불행하게 사는지를 보는 데서 나온다. 자아의 개념은 철학적인 믿음으로 받아들여지는 것이 아니다. 그것은 당신이 누구라고 생각하는지, 당신이 무엇을 하고 있다고 생각하는지를 주의 깊게 보는 것이다. 그럼으로써 당신이 진정 누구인지를 보는 것이다.

6. 마음 비우기

어떤 것과 자아를 동일시하기를 멈춘다고 해서 당신이 갑자기 사라지지는 않는다. 당신은 길을 잃은 것 같은 막막함을 느끼며 돌아다니지 않는다. 사실 당신은 그 어느 때보다 더 살아 있다고 느끼고, 더 잘 집중하며, 더 명석해진다. 하지만 그 명석함은 오랫동안 쌓아온 지식에 바탕을 두는 것이 아니다. 공은 알 수 있는 능력을 갖고 있다. 마음이 맑고 텅 비어 있을 때, 마음이 보는 것과 그 바라봄에서 나오는 행동은 훨씬 더 믿을 수 있다.

마음에 비추어서 무아의 가르침을 살펴볼 수 있다. 그 마음에서 우리는 탐욕, 미움 그리고 어리석음이라는 오랜 친구들을 본다. 예를 들어 우리는 앉아 있는 동안, 마음에 탐욕이 일어나는 것을 알아차린다. 우리는 탐욕이 일어나는 것을 통제할 수 없다. 그것은 스스로 원할 때 일어나고 사라진다. 탐욕은 우리를 행동하게 만드는데 그것은 바보 같은 행동인 경우가 많다. 그 까닭은 우리가 원하는 대상을 과대평가하기 때문이다. 그 때문에 우리는 고통 받는 자신을 발견한다.

우리의 탐욕이 그처럼 강한 것은 우리가 그것과 동일시하기 때문이다. 우리는 자신의 특정한 필요를 자아의 일부라고 여긴다. 그 에너지는 우리를 뒤덮고, 탐욕에서 나올 때 우리는 뭔가 후회스러운 일을 했음을 발견한다. 수행과 함께 우리는 욕망을 하나의 현상으로 관찰할 수 있는 능력을 계발한다. 우리는 욕망을 억누르지 않지만, 그 속에 빠지거나 길을 잃지도 않는다. 우리는 욕망을 그 자체로 본다.

이 극단의 어느 쪽에도 사로잡히지 않는 것이 중요하다. 정신적인 수행을 시작할 때, 사람들은 흔히 탐욕이 문제라는 말을 듣는다. 그들은 그런 문제를 원치 않기 때문에 탐욕이 일어나면 억누른다. 그것은 절대 통하지 않는다. 탐욕은 느껴질 때까지 계속 찾아온다. 수행의 길은 알아차림의 관점에서 탐욕을 살펴보는 일이다. 우리는 열림의 절대적인 예술을 배우고 있다. 우리의 수행, 집착하지 않음으로써 얻는 해탈은 바로 이 열림에서 꽃핀다.

우리가 그렇게 열리고 그것을 온전히 경험하면, 마음의 상태와 동일시하는 것이나 그것에서 자아를 만들어내려는 경향은 오래 가지 못한다. 어떤 것과 동일시하는 것은 진정한 자각과 공존할 수 없다. 호흡을 알아차리는 것과 같은 방식으로 우리가 마음의 상태를 온전히 알아차릴 때, 당신은 그것이 단지 거기 있음을 보게 될 것이다. 그것은 누구에게도 속해 있지 않은 것이다.

무아에 대한 마음챙김을 수행하기 위해, 당신은 앉아서 어느 정도의 평정과 분명함을 지닌 채 숨을 쉰다. 당신은 마음이 원하고, 원하고, 끝없이 원하는 것을 본다. 하지만 그 욕망과 동일시하거나 자아를 만들어내지 않는다. 당신은 그저 볼 뿐이다. 그것이 실체를 갖고 있지 않음을 본다. 그리고 그에 대한 집착을 끊는다. 그렇게 하든지, 아니면 그냥 집착하라. 그리고 당신이 불타오르는 것을 보아라. 어느 쪽이든 가치 있는 수행이다. 우리는 의식 속으로 들어오는 것을 제어할 수 없다. 우리가 할 수 있는 것은 그것과 새로운 방식으로 관계를 맺는 일이다.

마음에 대해서는 아주 방대한 저술이 있다. 붓다도 마음에 대해 많은 법문을 하셨다. 그리고 수 세기 동안 수많은 뛰어난 스승들이 수행의 경험에 대해 계속 이야기했다. 그런 글을 읽는 것도 좋다. 그 중에는 매우 고무적인 것들도 많다. 하지만 궁극적으로는 자신의 마음을 들여다보고, 그 진리를 스스로 보아야 한다. 우리 자신을 자유롭게 하는 데 붓다의 가르침을 쓸 수 없는 한, 그가 자유로워졌다는 사실은 우리에게 아무런 도움도 되지 않는다.

어느 날 붓다가 제자들과 함께 있다가 나뭇잎을 한 줌 집어들며 물었다. "더 많은 잎들이 숲 속에 있느냐, 내 손 안에 있느냐?" 그들은 물론 숲 속에 더 많이 있다고 대답하였다. "내가 너희에게 가르치는 것은 이 손 안에 있는 만큼이다. 오직 핵심적인 것일 뿐이다. 너희들을 고통에서 해방시킬 수 있을 만큼이다." 붓다가 손 안에 쥐고 있었던 것은 우리가 이미 언급한 바 있는 가르침으로 요약될 수 있다. 그 어떤 상황에서도, 그 무엇도 나 또는 나의 것으로 집착하지 말라. 만약 당신이 그 말을 들었다면 붓다 가르침의 전부를 들은 것과 같다. 만약 당신이 그것들의 열매를 맛보았다면 당신은 붓다 가르침의 열매를 맛본 것이다.

그 말들의 핵심에는 우리가 이야기해온 개념인 공, 또는 무아가 있다. 빨리어로 공은 순냐따(sunnata)다. 붓다는 그가 순냐따 위하라(sunnata vihara), 즉 공의 집에서 살았노라고 말씀하셨다. 바로 그의 가르침이 비롯된 곳이다. 다시 말하면 그의 마음은 비어 있었다.

붓다처럼 우리는 모두 텅 비어 있다. 그 어떤 것도 바꿀 필요가 없다. 문제는 우리가 그 사실을 보지 못한다는 점이다. 우리는 자신의 마음이 결코 공하지 않다고 느낀다. 우리는 자신이 누구인지, 자신이 누구였었는지, 자신이 누구일지에 대해서 끊임없이 흐르는 생각을 갖고 있다. 그리고 이런 정신적인 상태를 자아로 받아들인다. 우리는 다른 사람들에 대해서도 같은 종류의 생각을 갖고 있다. 그래서 우리의 개인적인 관계들이 그토록 엉망인 것이다. 이미지들이 또 다른 이미지들을 만나 충돌하는 것이다. 우리의 이미지가 공격받을 때 우리는 고통 받는다.

서양에서는 그 이미지가 정말 중요하고, 만족은 그 이미지들을 바꾸는 것과 관계가 있다고 생각하는 경향이 있다. 당신은 초라한 자기 이미지에서 좋은 쪽으로 나아간다. 의심할 바 없이 대단한 이미지를 향해 나아간다. 당신은 악몽에서 행복한 꿈으로 가고 있다. 수행의 관점에서 보면 이 모든 이미지들이 똑같다. 모두 똑같이 잘못되었다. 당신이 충분히 오래 수행한다면 당신의 모든 이미지들은, 심지어 깊이 간직해온 것들까지도 흩어져버릴 것이다. 당신은 모든 꿈도 접게 될 것이다. 당신은 깨어나게 될 것이다.

우리는 행복으로 가는 길이 자아를 강화시키는 것이라고 생각한다. 더 자신감 있게 만들고, 더 많은 돈을 갖게 하고, 더 많은 특권을 주고, 더 매력적으로 보이게 만들고. 수행은 그 어느 것에도 반대하지 않는다. 하지만 그것들로 자아를 만든다면 당신은 고통 받는다.

언젠가 붓다는 "태어남이 고통이다"라고 하셨다. 그 말씀에는 다양한 층위의 의미가 깃들어 있다. 탄생의 물리적 과정에는 분명 고통이 있다. 그리고 일단 몸이 존재하기 시작하면 그것은 우리가 언급했던 온갖 고통에 놓이게 된다. 하지만 이 말에는 더 미세한 차원도 존재한다. 고통은 자아의 탄생을 통해 일어난다. 자아는 하루 종일 태어나고 소멸한다. 상황이 '나'에 대한 새로운 인식을 제공하기만 하면 언제든지 탄생한다.

그런 고통은 누구에게나 일어날 수 있다. 예를 들면 집없이 떠도는 노숙자에게도 일어날 수 있다. 그것은 단지 그 사람이 춥고 보호받지 못하고 음식이 충분하지 않다는 분명한 사실들에서만 오는 것이 아니라, 그가 그 상황과 자신을 동일시한다는 것에서도 온다. 나는 잘못 됐다, 나는 가치가 없다, 나는 부랑자라며 자신을 개입시키는 데서 온다. 부유함의 고통 또한 존재한다. 대공황 때 은행통장을 자기 자신과 동일시하던 사람들이 있었다. 그 돈을 잃었을 때, 그들은 자살을 택했다.

나는 한때 타이에 있는 캐나다인 스님을 알았던 적이 있다. 그는 겉에서 보면 완벽한 스님처럼 보였다. 하지만 그는 자기가 지독히 불행하다고 내게 고백했다. 그에게는 '나는 스님이다, 나는 스님이다'라는 생각이 끊임없이 떠오른다는 것이었다. 그가 스님의 이미지에 걸맞게 살고 있다고 생각할 때, 그는 즐거워지기도 했다. 하지만 그에 미치지 못한다고 생각했을 때 그는 고통스러웠다. 어느 쪽이든 그것은 짐이었다.

만약 어떤 남자가 매일 비싼 양복을 입고, 이태리제 신발을 신고, 가장 멋진 코트를 입고 월 스트리트로 향한다고 하자. 그는 남들이 다 그러기 때문에 그렇게 차려 입었다. 그렇긴 해도 그는 자신을 그것과 전혀 동일시하지 않았다. 앞의 스님은 비록 소박한 승복을 입고 있었지만, 어쩌면 스님보다 이 남자가 더 자유로웠을 것이다. 승가의 삶은 그 스님을 자유롭게 하지 못했다. 그것은 또 하나의 족쇄가 되었다.

수행과 모든 정신적인 삶의 마지막 질문은 '당신은 누구인가' 다. 처음에 당신은 틀에 박힌 생각으로 대답한다. 하지만 당신이 그 생각들을 주의 깊게 바라볼 때, 그것들은 더 이상 일어나지 않는다. 그 생각들은 어떤 본질적인 실체도 없이 오고 간다. 그것들이 사라질 때, 당신은 엄청난 깊이와 공간을 가진 아주 생생히 살아 있는 어떤 것과 만나게 된다. 그것은 그 안에서, 그곳으로부터 삶을 시작할 수 있는 광활하고 특별한 공간이다. 하지만 그것은 뭐라고 이름 붙일 수가 없다. 그것에 이름을 붙이자마자, 그리고 자아가 그것에 집착하자마자 그것은 사라진다. 당신은 다시 작은 사람이 된다.

이 수행의 메시지는 해탈이다. 비록 그것이 개인과 관련된 것처럼 보인다고 해도, 반드시 이기적인 것은 아니다. 물론 처음에는 어느 정도 그럴 수 있을 것이다. 문제는 모든 욕망과 함께 있는 자아다. 당신이 수행을 통해 더 성숙해지면, 당신은 자신만을 위해서 수행하는 것이 아니라 모든 존재를 위해서 수행한다는 사실을 보게 된다. 우리는 모두 같은 마음을 가졌다. 당신이 분명함과 온전함을 더 많이 닦는다면, 당신은 모든 이를 돕는 것이다.

7. 오직 그 산만 남을 때까지

이쯤에서 관찰의 과정을 다른 관점으로 보는 것도 도움이 된다. 바로 이 순간, 우리의 경험에만 주의를 기울이는 마음챙김은 모든 불교 수행의 기본이다. 그것은 으레 다양한 단계를 거친다. 맨 먼저, 관찰하려는 시도는 저마다의 조건에서 나온다. 이를테면 이 문화의 틀 안에서 고유한 경험과 성취가 있는 미국인이라는 조건 말이다. 이 조건에서 벗어나기는 어려운 일이다.

자신의 심리를 통해서 관찰할 때 우리는 이기심에 영향을 받는다. 그럴 때 우리는 보이는 대상에 아무 이해관계가 없는 맑은 거울처럼 보이는 현상들을 비추지 못한다. 수행이 되어갈 때 그것은 변하기 시작한다. 그리고 어떤 특정한 관점을 통해서 보지 않는 순간들이 생기기 시작한다. 그때쯤 당신은 자신의 심리적 경향에서 벗어나 있을지도 모른다. 하지만 여전히 거기에는 자의식이 있다. 이 행위를 하고 있는 누군가가 있다. 그 때문에 분리와 왜곡이 있다. 뭔가 새로운 것을 배울 때 그것은 자연스러운 일이다. 그것은 마치 자전거를 타는 일과 같다. 처음에는 이 이상한 물건에 올라타는 것을 어색해하면서 균형을 잡으려고 애쓸 것이다. 하지만 시간이 흐르면 그 느낌은 사라지고 당신은 그저 타고만 있게 된다.

당신이 충분히 오래 수행한다면 자의식의 느낌이 사라지는 날이 올 것이다. 마음은 고요해지고 자연스럽게 깨어 있다. 관찰자는 사라진다. 거기에는 대상과의 분리가 없다. 당신은 주의를 집중하려고 노력하지 않는다. 당신은 단지 하고 있을 뿐이다. 거기에는 주의집중이 있을 뿐이다.

관찰자가 있을 때, 나 또는 나의 것이라는 느낌이 있다. 관찰자가 있음에도 불구하고 명상하려고 노력한다면 고통이 수반된다. 사람들은 인터뷰에서 자주 이렇게 말한다. "수행이 더 나아지기를 바랍니다. 지금쯤은 내가 더 고요하게 되어 있어야 하는데 말이지요. 당신이 계속 말한 그런 통찰들이 생기기 시작했으면 좋겠습니다. 무엇인지는 모르지만, 그것들을 갖고 싶습니다."

고통스러운 것은 관찰자다. 수행자로 치장하고 나선 자아다. 그의 앞에는 무르익은 새 들판이 펼쳐져 있다. 그것은 돈이나 섹스가 아니고 권력도 아니다. 그것은 갑자기 다른 어떤 것보다 더 중요하게 보이기 시작한 그 무엇이다. 그것은 정신적인 수행이다. 우리는 관찰의 과정을 허리가 휘는 과업으로 바꾼다. 그리고 명상하는 공간을 고문실로 만든다. 우리는 그 수행에서 우리가 없애려고 했던 바로 그 고통을 만들어낸다. 당신이 그러고 있음을 보는 그날, 수행은 훨씬 더 가볍고 기쁜 것이 된다. 그것은 사실 무척 자유로워지는 일이다.

몇 년 전 통찰명상수행원에서 안거를 하고 있을 때의 일이다. 때마침 건물 하나가 수리 중이었다. 그래서 새들이 지저귀고 다람쥐들이 재잘대는 목가적인 봄의 소리 대신 동력톱과 망치, 그리고 여기저기 던져지는 통나무 소리만이 넘쳐댔다. 수행자들은 사전에 그러리란 것을 알고 있었지만, 여전히 안거에 대한 어떤 기대를 안고 그곳에 왔다. 침묵과 평화가 깃들어 있는 곳이라는 기대 말이다. 하지만 그들이 발견한 것은 건설 현장에 있는 자신이었다. 사람들은 "이 소음이 언제쯤 그칠 건가요? 정말 미치겠습니다. 전혀 수행을 할 수가 없어요"라고 말했다.

그러나 진실은 우리가 두 번째 장에서 이야기했듯이, 수행이 항상 단순한 감각을 다룬다는 것이다. 쩍쩍거리는 소리 대신, 탕탕거리는 소리와 동력톱으로 갈아대는 소음이 있다. 그러나 그것이 무엇이든 소리는 단지 감각기관을 울리는 진동일 뿐이다. 그것은 즐겁거나, 즐겁지 않거나, 중립적인 것이다. 망치 소리나 톱질 소리를 즐겁지 않은 것으로 인식하는 일은 잘못된 것이 아니다.

공에 대한 관법수행에서 당신은 바로 거기에 그것을 놓아둘 것이다. 당신은 그 다음 단계, 즉 '소리'에 판단을 덧붙여 '소음'을 만드는 것으로 나아가지 않을 것이다. 또한 그 이상의 단계로도 나아가지 않을 것이다. '어떻게 이럴 수 있는가? 이것은 수행을 위한 안거가 아닌가? 여기 오기 위해서 돈도 많이 냈는데'라는 식으로 말이다. 그렇지 않다면, 그런 단계까지 가더라도 최소한 당신이 그러고 있음을 볼 수 있게 될 것이다. 당신 자신이 단순한 지각 인식으로부터 고통을 만들어내고 있음을 볼 것이다.

우리가 피하려는 것은 느낌 자체가 아니라 그 느낌이 번성해서 뭔가 다른 것이 되는 일이다. 그것들이 번성한다고 해도, 당신이 이 모든 자아를 만들어내고 있다고는 해도 당신은 최소한 거기에 구체적인 자아가 존재하지 않는다는 사실을 알 것이다. 당신은 하루 종일 일어나는 일련의 탄생과 죽음일 뿐이다. 당신은 하나의 과정이다.

몇 년 동안 다양한 전통의 스승들이 이 진리를 가르쳐왔다. 내가 가장 좋아하는 스승 가운데 하나는 중국의 위대한 시인 이태백이다.

새들은 하늘로 사라지고

이제 마지막 구름이 흩어져간다.

우리는 함께 앉아 있다, 산과 나.

오직 그 산만 남을 때까지.

그는 공의 경험에 대해 이야기하고 있다. 그 경험 중 당신이 관찰하는 대상은 훨씬 더 경이로운 것이 된다. 당신의 '부재'의 강도나 지속 시간에 따라, 그것은 깨달음의 경험이 될 수도 있다. 그것은 관찰자의 삶을 영원히 바꿀 수도 있다.

또 하나의 유익한 가르침은 기독교 전통에서 나온 것이다. '부자가 신의 천국에 들어가는 것은 낙타가 바늘구멍을 통과하는 것보다 어렵다.' 나는 이 말이, 부나 부자가 어딘가 잘못됐음을 의미한다고는 생각하지 않는다. 부는 다른 것과 마찬가지다. 당신은 그것을 가질 수 있고, 집착하지 않을 수 있다. 그러면 그것은 아무런 문제도 되지 않는다. 그렇지 않을 때, 당신은 그것을 자기 것으로 동일시하고, 그것은 커다란 고통이 된다.

예수님의 이 말씀은 단지 부에 집착하지 않는 것이 얼마나 어려운 일인지를 반영하는지도 모른다. 당신이 뭔가를 대단히 많이 갖고 있을 때, 그것이 당신이 아니라고 생각하기는 매우 어렵다. 하지만 내 생각에, 더 미세한 차원에서 그는 자아를 의미하고 있었던 것 같다. 자아가 강해서 모든 것과 동일시한다면, 그 자아는 하늘의 왕국에 들어갈 수 없다. 당신이 그 모든 것을 내려놓을 때 그 왕국은 바로 그 자리에 있다. 당신은 이미 그 안에 있다.

이 주제에 대한 또 하나의 훌륭한 가르침은 위대한 선지식 임제

스님의 말씀이다. 그는 무위진인(無位眞人), 즉 아무런 지위도 갖고 있지 않은 참사람이라는 말을 만들어냈다. 당신은 세상에서 가장 큰 회사의 CEO일 수 있지만, 근본적으로 그 사실이 당신을 변하게는 할 수 없다. 당신은 세상에서 가장 남루한 건물의 수위일 수 있지만, 그것 또한 당신을 근본적으로 바꾸지는 못할 것이다.

무위진인은 다른 사람에게 우월감을 느끼지 않는다. 그는 열등감을 느끼지도 않고 동등하다고 느끼지도 않는다. 순위를 매기는 체계 전체는 결코 인간 의식의 일부가 아니다. 그것은 아무런 의미도 갖고 있지 않다.

8. 오래된 법은 결코 죽지 않는다

한국 스승들은 자아가 비어 있음을 표현하는 이미지로 가끔 버려진 열대섬에 대해 이야기한다. 그곳에는 어떤 사람이 살고 있다고 전해진다. 우리는 찾고 또 찾고, 그곳을 꼭대기부터 바닥까지 다 뒤진다. 마침내 우리는 그곳에 아무도 없다는 사실을 알게 된다. 그 순간 문득 우리는 그 섬이 대단히 아름답다는 사실을 깨닫는다.

이 이미지는 망상의 가장 깊은 의미를 표현한다. 우리는 정말로 견고한 자아가 있고, 그것이 모든 것을 주관한다고 믿는다. 수행은 뭔가 다른 것을 믿으라고 우리에게 요구하지 않는다. 수행은 단지 그 섬의 주위를 둘러보라고 제안한다. 우리가 누구를 찾을 수 있는지 직접 볼 것을 권한다.

공을 하나의 관념으로 받아들이는 것은 별로 도움이 되지 않는다. 직접 보는 것만이 도움이 된다. 모든 것이 무상하다는 것, 모든 것이 서로 연결되어 있다는 것, 그 어느 것도 실체를 갖고 있지 않다는 것, 우리는 모두 서로의 조건이라는 것을 여실히 보는 것이다. 《화엄경》은 우주에서 단지 한 티끌의 먼지를 없앤다고 해도 모든 것이 산산조각 날 것이라는 말로 이 진리를 표현한다.

열네 번째 관법은 공의 이해에서 자연스럽게 이어진다.

14. '이욕(離欲)을 관찰하면서 들이쉬리라'며 수련하고,
    '이욕을 관찰하면서 내쉬리라'며 수련한다.

이 마음챙김은 마음이 매우 고요하고 맑아질 때, 집중할 수 있는 능력이 높아졌을 때, 그리고 어느 정도 깊이로 무상을 보기 시작했을 때 가능하다. 당신은 우리가 토론해온 이 3가지 영역, 즉 몸, 느낌, 그리고 마음을 보는 법을 배웠다. 당신이 어느 것을 보든지, 작용은 일어났다 사라진다.

그들은 우리의 바람을 따르지 않는다. 그들은 우리의 승인이 필요 없는 법칙을 따른다. 마음이 고요해질 때, 당신은 오가는 순간들을 분명히 본다. 다시 한번, 당신은 모든 현상이 비어 있음을 본다. 그렇다고 그 현상들이 가치가 없음을 의미하지 않는다. 그 현상들이 생각했던 것만큼 견고하지 않다는 것을 의미한다.

열네 번째 관법은 엄청난 실천적 의미를 갖고 있다. 실제로 사라져가는 것은 사물에 대한 우리의 집착이다. 일어나고 사라지는 당연한 이치를 보게 될 때, 머리로써가 아니라 골수까지 철저히 보게 될 때, 놓는 것은 자연스럽게 일어나기 시작한다. 끊임없는 역동적인 변

화가 그렇게도 생생하고 분명히 일어나는 곳에서, 뭔가에 집착한다는 것은 어불성설이다.

어떤 이들은 수행의 이런 측면이 현실적이지 않다고 비판한다. "우리는 수많은 관계들을 갖고 있습니다." 그들은 말한다. "우리에게는 결혼생활이 있고 아이가 있습니다. 거기에는 물론 집착도 있지요. 우리는 그것을 포기하고 싶지 않습니다." 나는 그들에게 사랑과 집착 사이의 차이에 대해 곰곰이 생각해볼 것을 권한다. 나는 집착의 고통을 없애는 일이 가능하다고 생각한다. 집착은 사랑과 같은 것이 아닌데도 사람들은 종종 이 2가지를 착각한다.

무상의 진리가 관철되는 것을 점점 더 확실히 보게 될 때, 우리에게는 다른 종류의 지성이 생긴다. 그것은 유기적인 지성이며 생각 이전에 자리하는 것이다. 우리는 그것을 자주 찾아 사용하지 않는다. 우리의 마음은 생각들로 너무 바쁘다. 하지만 인간 의식에는 우리가 믿었던 것보다 훨씬 더 많은 것들이 들어 있다. 진정한 보석은 묻혀 있다.

당신은 몸의 관점에서 이 관법을 수행할 수 있다. 당신이 앉아서 숨을 들이쉬고 내쉬며, 점점 가라앉고 어떤 고요함을 얻게 될 때, 당신은 몸이 살아 있음을 본다. 몸은 견고하지 않다. 그것은 지속적으로 변하는 상태에 있는 에너지다. 그 에너지가 모여 있는 방식이 가끔은 기분 좋게 느껴진다. 또 어떤 때는 고통스럽게 느껴진다. 어떤 쪽이든, 그 상태는 일어났다가 이윽고 사라진다. 우리의 집착도 그와 함께 사라진다.

당신은 느낌을 가지고도 똑같이 수행할 수 있다. 그것은 몸의 작용보다 더 미세하다. 하지만 기분 좋은 것이든, 좋지 않은 것이든, 아니면 중립적인 것이든 모두 사라진다. 마음의 상태는 관찰하기가 훨씬 더 어렵다. 우리는 그것들에 훨씬 더 집착한다.

이를 테면, 우리는 자기 자신의 이야기라고 생각하는 것에 깊이 집착한다. 우리 모두가 그것을 갖고 있다. 그리고 그것에 대해 말하기를 좋아한다. 들려줄 사람이 아무도 없다면, 우리는 스스로에게라도 온 종일 그 이야기를 들려준다. 뭔가 새로운 일이 일어나면 우리는 즉각 그것을 끼워넣고, 항상 똑같은 일의 또 다른 예로 만든다.

하지만 당신이 몸에 대해서 그랬던 것처럼 생각을 작용으로 보고 그것을 관찰하기 시작할 때, 당신은 그것이 매우 기계적이라는 사실을 본다. 그것은 아주 반복적이다. 우리는 옛날과 똑같은 대화를 반복하고 결코 일어나지 않을 새로운 대화를 계속 만들어낸다. 우리는 뇌 속에 판에 박힌 습관을 갖고 있다. 그것은 우리의 문화와 개인사에 의해 조건지어진다. 그중 대부분은 부모님이나 선생님에게 들은 것이다.

어쨌든 우리는 자신의 생각에 엄청난 자긍심을 갖고, 그것들에 엄청난 권위를 부여한다. 우리가 생각을 숭배한다고 말하는 것은 과장이 아니다. 불교적, 기독교적, 유태교적, 이슬람교적, 과학적, 개인적인 그 모든 생각들은 우리에게 대단한 영향을 미친다. 우리는 그야말로 그들의 노예가 되었다.

하지만 그것들은 여전히 생각일 뿐이다. 그것들은 일어났다 사라지며, 우리가 듣는 소리나 다리에 느끼는 통증 이상의 실체를 갖고 있지 않다. 당신이 그것을 보기 시작하면, 생각에 대한 당신의 열정은 사라지기 시작한다. 당신은 그것이 언제 필요한지 언제 도움이 될지를 안다. 그렇지 않을 때는 생각을 버린다. 이 말은 생각에 의해 탄생된 수많은 경이로운 것들을 모독하려는 것이 아니다. 생각을 제자리에 돌려놓으려는 것이다.

열네 번째 관법을 위한 준비가 되었을 때, 당신은 이미 마음을 많이 관찰했고 똑같이 낡은 생각이 거듭 일어나는 것을 보아왔다. 그리고 더 이상 미끼에 걸려들지 않는다. 그것은 마치 '바람과 함께 사라지다'를 다섯 번 혹은 열두 번쯤 보는 일과 같은 것이다. 처음 열한 번까지는 좋았지만 열두 번째는 더 이상 아닌 것 말이다. 당신은 아무 흥미도 없다. 이와 똑같은 일이 당신 마음속에서 일어난다. 당신이 진정으로 마음을 관찰하기 시작한다면.

마음이 낳은 모든 것, 두려움, 미움, 사랑, 부러움, 탐욕, 자비, 걱정, 부드러움은 왔다가 사라진다. 우리가 집착할 때, 우리는 그것들이 더 오래 계속되기를 바라거나 아니면 더 일찍 사라지기를 바란다. 하지만 우리가 무상의 진리를 볼 때, 우리는 자신의 바람이 부질없음을 본다. 당신은 폭포를 움켜쥘 수 없다. 이 진리를 관찰하는 것은 다른 자연 현상을 관찰하는 것과 닮았다. 당연한 이치가 펼쳐지는 것을 보는 것에는 어떤 기쁨이 있다.

그것이 훌륭한 삼매의 힘이고 수행과 더불어 오는 고요함이다. 그것은 마음을 훨씬 더 섬세하게 만든다. 그 고요함은 생명으로 가득 차 있다. 그 안으로 들어갈 때 당신은 더 생기 있고, 거기서 나올 때 더 명석해진다. 당신은 백만 번쯤 봤던 어떤 것을 본다. 그리고 그것은 마치 처음인 듯 느껴진다.

수행 초반에는, 어쩔 수 없이 보는 것과 개념화하는 것이 함께 섞여 있다. 깊이 보는 것은 몇 년의 수행을 필요로 하고, 그 사이 당신은 개념들을 백만 번쯤 듣게 된다. 그것은 문제가 아니다. 그 과정은 조금씩 순수해지고, 마침내 당신은 당신의 경험이나 당신이 배운 것과 뒤섞지 않고 사물을 있는 그대로 바라본다. 그렇게 할 수 있을 때, 당신의 집착은 약해진다. 그것은 당신이 노력해야 하는 어떤 것이 아니다. 그것은 그냥 일어난다.

아잔 차 스님은 서양인들이 내려놓기 위해 너무나 서두르는 것을 보았고, 그들에게 좀 천천히 갈 것을 권했다. 그는 사람들이 정말로 집착을 관찰하지 않는다면, 내려놓을 수도 없다는 사실을 감지했다. 그는 "당신이 일단 그것을 알게 되면 대부분의 싸움에서 이긴 셈이다."라고 말한다.

열세 번째 관법은 자연스럽게 열네 번째 관법이 된다. 사물의 무상함을 볼 때 그에 대한 당신의 집착은 사라진다. 마치 무르익은 과일이 나무에서 떨어지듯이. 그것은 때때로 아주 빨리 일어난다. 어떤 때는 몇 년이 걸리기도 한다. 하지만 점진적인 사라짐은 집착의 고통을 덜어준다. 우리의 고통은 서서히 줄어든다.

9. 고통의 불길이 꺼지고

마지막 법념처는 천천히 움직이는 영화와 같다. 실제 수행에서 당신이 여기에 이를 수 있을 만큼 충분히 오래 앉아 있었다면, 그것은 매우 빨리 일어날 수도 있다. 왜냐하면 그것들도 거의 같은 것이기 때문이다. 붓다는 그것들의 미묘한 차이를 보기 위해 속도를 늦추신 것이다. 그 모든 것에 대한 열쇠는 열세 번째다. 무상을 깊이 꿰뚫어 볼 수 있다면 다른 것들은 매우 자연스럽게 따라온다.

열네 번째 관법의 핵심 단어는 '사라짐'으로 번역된다. 빨리어로는 위라가(viraga)이며 '냉정하게 됨'으로도 번역한다. 사물에 매달리고 집착하던 당신의 열정은 시들해진다. 열다섯 번째 관법은 훨씬 더 표현하기 어렵다. 빨리어 니로다(niroda)는 가끔 니르바나와 같은 말로 쓰인다. 문자 그대로 번역하면 '매여 있지 않음', 즉 탐욕, 미움, 어리석음에 마음이 매여 있지 않은 것을 말한다. 그것은 불을 끄는 것을 의미한다. 이 관법은 '그침'과 관련이 있다. 이런 맥락에서 그것은 해탈의 한 형태로 보일 수 있다.

15. '소멸을 관찰하면서 들이쉬리라'며 수련하고,
    '소멸을 관찰하면서 내쉬리라'며 수련한다.

사실 이 마음챙김은 열세 번째 관법에서 시작된 과정을 복잡하게 분석한 것의 일부일 뿐이다. 무상을 꿰뚫어보면서 당신은 자연스럽게 모든 작용에 대한 집착이 사라지는 것을 알아차린다. 이 관법에서 당신은 그침을 본다. 붓다다사 스님은 그것을 끄는 것, 고통을 끄는 것이라고 부른다.

끄는 것은 어떤 특정한 경우에 순간적이고 일시적일 수 있다. 단지 특정한 집착에 대한 그침인 것이다. 그때 집착은 정말로 사라진다. 거기에도 니르바나의 전조가 있다. 우리는 해탈을 맛보기 시작한다.

진정한 해탈은 모든 탐욕, 미움 그리고 어리석음으로부터의 자유일 것이다. 우리는 여전히 이 세상에 살지만 더 이상 어떤 것에 매달리거나, 밀쳐 내거나, 그것에서 자아를 만들어내지 않는다. 아주 많은 사람들이 붓다가 이루신 것과 같은 완전한 그침을 성취하진 못할 것이다. 하지만 그침을 맛보는 데는 다양한 스펙트럼이 있다.

그침이 완전한 파괴가 아니라는 것을 이해하는 일은 중요하다. 수행 초기에 우리는 두려움, 화, 외로움, 욕망과 같은 부정적인 마음 상태들을 만날 수 있다. 그리고 해탈이 그것들의 완전한 파괴와 관련이 있다고 생각할 수 있다. 자아는 더 이상 그런 부류의 사람이 되는 것을 원하지 않는다. 아마도 처음에는 우리 모두 그런 바람을 가질 것이다. 하지만 거기에는 상당한 자아가 들어 있다. 우리가 생각하는 것은 진정한 자유가 아니다. 그것은 단지 억제하기 어려운 하나의 욕망을 다른 것으로 바꾸는 일이다.

그침 속에는 자아가 없다. 그것은 고통의 끝이다. 고통은 사물을 나 또는 나의 것으로 집착하는 데서 온다. 그것이 물론 아픔의 끝은 아니다. 몸은 여전히 아프고, 늙고, 죽을 것이다. 그러나 마음에 집착하는 데서 오는 불필요한 고통은 끝난다.

아잔 차 스님이 지적했듯이 문제는 우리가 좋아하지 않는 것을 없애는 데 너무 급급하다는 점이다. 물론 우리는 두려움이나 외로움에 차 있는 상태를 좋아하지 않는다. 그런 마음상태들은 온전하고 창조적인 삶을 살지 못하게 만든다. 하지만 당신이 어떤 것에 '안녕하세요' 라고 인사하기도 전에 작별인사를 할 수는 없다. 그것은 매너의 문제다. 또한 경험적인 사실이기도 하다. 두려움이 의식에서 떠오르게 내버려두어야 한다. 그럼으로써 작별인사를 하기 전에 먼저 그것을 보고, 완전히 이해할 수 있게 되는 것이다. 그것이 바로 처음 12가지의 관법이 하는 일이다. 그것들은 몸, 느낌, 그리고 마음의 모든 작용을 당신에게 소개한다.

삶은 우리가 부정적인 감정들에게 안녕이라고 말할 수 있는 수많은 기회를 준다. 하지만 우리 문화는 그런 격려를 거의 해주지 않는다. 우리는 도망치고, 미루고, 연기하고, 부정하도록 많은 격려를 받는다. 처음 12가지 관법은, 그들이 존재하는 방식에 우리가 마음을 열게 하고, 우리를 두렵게 했던 그 상태들과 친근한 관계를 맺게 만든다. 어떤 때는 그것들이 우리를 두렵게 한다는 것도 알지 못한 채, 우리는 그것들을 잘도 억압해왔다.

그침은 부정적인 상태에 대한 것만이 아니다. 모든 것에 대한 것이다. 모든 작용이 나타나게 하고, 그럼으로써 그것을 온전하고도 친밀하게 만나고, 그것이 어떻게 펼쳐지는지를 지켜볼 수 있게 하는 것이다. 우리는 어떤 식으로든 그것에 간섭해서는 안 된다. 우리는 그것을 이해하게 된다. 지적인 차원이 아니라, 그 아래 서서, 정말로 그것을 경험하는 것이다. 우리는 그것이 무상하며, 어떤 영속적인 실체도 없고, 그것과 동일시해서는 안 된다는 것을 본다.

우리는 두려움이 마치 앞길을 가로막고 서 있는 큰 돌인 양 생각해왔다. 하지만 이제는 그것이 한 조각 구름과 같은 것임을 본다. 우리의 집착은 사라진다. 두려움이 나타나면 그것이 사라질 때까지, 그것이 일어나는 내내 온전히 그것과 함께 있을 수 있다. 열다섯 번째 관법에서 그침을 보는 것은 가고 있는 그 지점을, 그리고 이미 가버린 그 순간을 보는 것이다.

그침의 단계는 수행의 깊이와 정도에 달려 있다. 우리가 매달려왔거나 떠밀어온 것, 또는 우리를 혼란스럽게 했던 것들을 한동안은 그냥 내버려두어야 한다. 마치 우리가 그것과 함께 바로 거기에 있는 것처럼 그대로 두는 것이다. 그런 다음에 내려놓는다. 그러면 우리의 집착은 약해진다. 우리는 조금씩 사물의 노예에서 벗어나게 된다.

심리치료를 받은 적이 있는 수행자들은 가끔 어떤 문제가 사라지는 것을 보고도 여전히 만족하지 못한다. 분석할 수 없으면 그들은 끝냈다고 느끼지 않는다.

하지만 우리가 배우고 있는 것은 지적인 것이 아니다. 전에 말했던 것처럼, 우리의 문제는 이 수행에서 해체된 만큼 그렇게 많이 해결되지는 않는다. 그것들은 알아차림에 의해서 전부 타버린다. 때로는 집착이 사라지는 것(열네 번째)은 길이라고 불린다. 그리고 그침(열다섯 번째)은 그 열매라고 일컬어진다. 그것은 깊은 기쁨과 평화로움, 해탈의 느낌을 가져온다. 우리는 집착을 멈추었기 때문에 고통을 멈춘다.

10. 거기 있지 않은 것을 왜 들고 있는가?

법념처 전체는 무상과 함께 모든 것이 불확실함을 깊이 들여다보는 것이다. 이는 인간 존재의 가장 분명한 사실이다. 하지만 우리는 어리석게도 마치 모든 것이 고정되어 있고, 무슨 일이 일어날지를 자신이 정확히 알고 있는 것처럼 행동한다. 그럼으로써 온갖 종류의 고통을 만들어낸다.

아주 좋은 일례로 노동 인구의 변화, 회사의 인력 감축을 들 수 있다. 자기의 직업이 영원할 것이라고 믿었던 중간 또는 고위 관리직 사람들은 그것이 사실이 아님을 발견한다. 그에 대한 다양한 경제적, 역사적 해설이 있고, 그중 상당수는 꽤 인상적이며 타당하다. 하지만 그 해설도 결국은 훨씬 더 근본적인 법칙, 모든 것이 변한다는 것의 변이일 뿐이다.

텔레비전 뉴스에서는 그런 설명을 결코 들을 수 없다. 왜냐하면 그것은 너무나 근본적이고, 모든 것이 변한다면 내용도 없기 때문이다. 더 큰 차원에서 현상을 보자면, 비현실적인 것은 애초에 사람들이 자기 직업이 영원하다고 생각했다는 점이다. 영원한 것은 아무 것도 없다. 한때 우리의 경제는 안정적이었고, 그것은 한동안 (사실은 전혀 길지 않게) 지속되었다. 그리고 이제 그 상황은 지나가버렸다. 그것은 전혀 놀라운 일이 아니다. 큰 틀에서 바라보면 모든 것은 그와 똑같은 방식으로, 그렇게 불가해한 방식으로 변화한다. 그것은 모두 일어나는 일일 뿐이다. 우리는 아무것도 할 수가 없다.

불교 교육에는 3단계가 있다. 그 첫 번째는 당신이 지금 하고 있는 것이다. 책을 읽고, 법문을 듣고, 토론을 하는 것이다. 두 번째는, 당신이 배운 것을 실천하는 일이다. 당신이 만약 붓다께서 하신 모든 말씀을 다 읽고도 수행하지 않았다면, 그것은 그다지 효과가 없을 것이다. 지적인 이해는 근본적 변화를 가져올 힘이 별로 없다. 어떤 면에서는 재미있고 유용할지 모르지만 거기에는 한계가 있고, 최초에 그런 말씀이 설해진 이유와도 거의 관계가 없다.

세 번째 단계는 통찰, 즉 당신 자신을 깊이 꿰뚫어보는 것이다. 보는 것이야말로 고통의 그침을 가져온다. 그것은 붓다 가르침의 목적 그 전부였다. 그는 철학적이고자 노력했던 것이 아니다. 그는 아주 현실적인 사람이었다.

침묵 속에 앉아 있거나, 말하지도 읽지도 쓰지도 않고 안거하는 등, 온갖 형태의 수행은 당신이 자신과 함께 있게 하고, 하는 것을 멈추게 하고, 뭔가가 되려고 노력하는 것을 그치게 만드는 정교한 방법들일 뿐이다. 그저 가만히 앉아서 당신 자신이 되어라. 그것은 예술이다. 그것은 참된 몰입을 필요로 하고, 종종 오랜 기간이 걸린다. 하지만 결국 열매를 맺는다.

우리는 지난 3가지 관법에서, 무상을 깊이 바라볼 때 시작되는 과정이 점점 펼쳐지는 것을 관찰했다. 거기에는 사라짐이 있고, 그침이 있으며, 마침내 놓아버림이 있었다. 당신이 그렇게 하려고 해서가 아니라, 더 이상 집착할 그 어떤 것도 없기 때문에 저절로 일어나는 일이다.

16. '놓아버림(放下着)을 관찰하면서 들이쉬리라'며 수련하고,
　　'놓아버림을 관찰하면서 내쉬리라'며 수련한다.

당신이 여기서 주목할 것은 놓아버림의 과정이다. 당신이 그렇게 하는 것이 아니다. 당신이 해온 호흡 이상의 어떤 것도 일부러 하지 않는다. 단지 그것이 일어나는 것을 아주 자연스럽게 바라보는 것이다.

당신은 물을지도 모른다. 거기에 놓아버려야 할 무엇이 있는가? 열다섯 번째 관법에서 작용의 그침을 보았으니 말이다. 하지만 열네

번째와 열다섯 번째 관법에서 자아는 여전히 존재할 수 있다. 그것은 그런 미세함과 깊이를 가지고 볼 수 있는 자신의 지혜로운 통찰력을 인정하면서, 이 과정들을 지켜보고 있다. 그리고 열여섯 번째 관법에서 자아의 마지막 자취가 사라진다. 거기에는 그저 바라봄이 있을 뿐이다. 당신은 그 어떤 소유의 흔적도 모두 버린다. 그 무엇에 대한 집착도 다 버린다. 수행 자체에 대한 집착까지도 던져버린다.

이것은 미미한 순간일 수도 있고, 인간이 맛볼 수 있는 가장 깊은 만족에까지 이르는 대단한 순간일 수도 있다. 이것은 집착하지 않는 것을 경험하는 일이다. 그 어떤 것도 나 또는 나의 것으로 집착하지 않는다. 깨달음이나 깨어남과 같은 말을 들을 때, 우리는 그것을 아득한 미래의 일로 생각한다. 어떤 사람들은 그 사실에 순응하며 계속해서 수행한다. 또 어떤 사람들은 그냥 포기한다. 만약 그렇게 오랜 시간이 걸리는 일이라면 말이다.

하지만 집착하지 않음을 수행하는 것은 먼 미래에 있지 않다. 그것은 바로 이 순간에 있다. 어떤 궁극적인 만족이라 해도 그것은 지금 이 순간에 일어나야 한다. 우리를 해탈하게 하는 수행은 계속되는 것이다. 주어진 어느 순간, 우리는 무엇엔가 집착하고 있음을 본다. 그리고 우리가 고통 받고 있음을 본다. 그것을 충분히 깊게 본다면 집착은 사라지고 우리는 해탈할 것이다.

우리는 깨달음이 항상 기분 좋은 경험일 거라고 생각한다. 그런 상태를 바라는 것은 단지 또 다른 욕망일 뿐이다. 진정한 깨달음은 거기 무엇이 있든, 단지 있는 그대로 그와 함께 머무는 것이다. 그것이 다른 것이기를 바라지 않는 것이다. 혹은 만약 그것이 다른 것이기를 바라는 우리 자신을 본다면, 그 바람까지도 꿰뚫어보는 것이다. 그것은 끝없는 과정이다.

어떤 의미에서 《호흡관법경》의 16단계는 하나의 수행 프로그램이다. 당신은 정확성과 깊이를 더해가며 그것들을 거듭 반복할 수 있다. 당신은 그 프로그램이 더 이상 필요하지 않을 때까지 그것들을 수행하면서 배운다.

열여섯 번째 관법은 지금 그 자리에 당신을 데려다주었던, 고통 끝에 얻어 잘 가다듬은 그 방법에 대한 집착까지도 멈추는 것이다. 비록 알아차림과 배움은 계속된다 할지라도 16단계의 정형화된 수행은 여기서 끝난다. 그것은 고요한 마음, 스스로를 드러내는 도전에 걸림 없이 응답하는 마음을 배우는 일이다.

이 모든 단계들의 궁극적 근원은 호흡에 있다. 호겐(Hogen) 선사는 온 우주가 호흡이라고 말했다. 당신이 정말로 그것에 주의를 기울이면 그것은 티 없는 근원으로 당신을 이끌 것이다. 당신은 그것을 불성 혹은 불멸, 당신이 원하는 그 무엇으로도 부를 수 있다. 그 모든 이름은 인간이 만들어낸 것이다. 그들이 가리키고 있는 것은 우리가 알고 있는 가장 깊은 진리다.

제5장

삼매와 지혜에 이르는 숨의 관찰

순리에 맡기고 순간순간 깨어 있으라.
당신의 마음은 어떤 곳에서든 깊은 숲 속의 옹달샘처럼 늘 고요하고 맑을 것이다.
온갖 종류의 진기하고 신기한 동물들이 옹달샘에 와서 물을 마시러 모여든다.
당신은 이 모든 것들의 속성을 명확하게 알아차린다.
아주 경이롭고 신기한 것들이 나타났다 사라지는 모습을 본다.
하지만 마음은 항상 고요하다. 이것이 붓다의 행복이다.
— 아잔 차 스님

1. 축약된 방법

《호흡관법경》을 보는 한 가지 방법은 《염처경》과 일맥상통하는 실제적인 수행지침서로 대하는 것이다. 《염처경》은 세련되게 정리되진 않았지만 위빠사나 명상자들을 위한 독립된 수행지침서다. 붓다는 《염처경》에서 사념처에 관한 자세한 설명을 하고 있다. 마찬가지로 《호흡관법경》에서도 앞의 1, 2, 3, 4장에서 살펴보았듯이 사념처를 각각 4단계로 나누어 총 16단계의 관법을 제시하고 있다.

앞의 16단계의 관법 중에서 마지막은 '놓아버리기'에 관한 것이었다. 어떤 것을 소유하고 있기 때문에 놓아버리는 것이 아니라 있는 그대로의 것들을 명확하게 보는 것, 이것이 바로 놓아버리기 수행이다.

붓다다사 스님은 이것에 대해서 아주 멋있게 서술하고 있다. 우리는 자신의 것이라고 착각하고 애지중지하고 있었던 것들을 자연에 돌려주어야 한다. 이 마음, 이 느낌들, 이 몸, 이 숨 자체는 결코 우리의 소유물이 아니다. 이런 것들이 우리의 소유물이 아님을 알때, 가진 것을 빼앗겼다는 것에 대한 서운한 감정보다는 크나큰 자유와 붓다가 보장하는 해탈의 기쁨을 만끽하게 된다.

우리는 이 16단계의 관법을 통해 경이로운 명상수행을 하게 된다. 이 수행의 지향점은 열여섯 번째의 관법인 놓아버림의 자유에 이르는 것이다. 하지만 진지한 수행자들도 이 과정을 체계적으로 수련할 수 있는 시간적 여유와 형편이 안 되는 경우가 있다. 그러므로 효과적인 수련을 위한 축약된 방법이 필요하다. 타이의 키 나나온 (Kee Nanayon)이라는 재가 명상 지도자는 16가지 관법을 축약해서 한꺼번에 수행할 수 있도록 해놓았다. 그녀는 이렇게 말한다. "우리가 정말로 필요한 것은 마음이 한군데 확고히 집중될 수 있도록 오랫동안 숨에 대해서 깨어 있는 마음을 모으는 것이다. 그리고 이러한 현상들이 얼마나 무상하고, 만족스럽지 못하고, 그 자체로 실체가 없는 것인지를 바로 관찰하는 것이다. 그래서 우리는 이렇게 형성된 모든 것들의 참된 속성을 각각의 들숨과 날숨을 통해서 확실히 볼 수 있게 된다. 만약 여러분들이 지속적으로 이와 같이 관찰할 수 있다면 마음챙김은 확고해지고 명료한 마음이 생길 수 있도록 평온한 상태가 될 것이다. 여기서 여러분들은 명료한 앎과 통찰의 지혜를 성취하게 된다."

붓다다다 스님은 16가지 단계의 관법들을 설명한 후, 이것을 다시 2가지로 압축할 수 있다고 했다. 나는 이것을 축약된 호흡관법이라고 생각한다.

1. 어느 정도 집중력과 고요함이 형성될 때까지 호흡관법수행을 한다.

2. 몸과 마음에서 일어나는 모든 현상들을 깨어 있는 마음과 열린 태도로 관찰하며, 이것들이 항상 변하고(無常) 만족스럽지 못하며(苦) 영구불변의 실체인 나라고 하는 것이 없음(無我)을 관찰하는 것이다.

이것을 때때로 사마타 – 위빠사나 수행, 혹은 정(定)과 혜(慧)의 2단계 수행이라고 부른다. 이 경전은 2단계의 수행을 16단계의 수행으로 세분해놓았다. 어떤 것이든지 우리의 마음속에 떠오르는 것은 필수적으로 처음 열두 번째 관법까지의 범위 내에서 이루어진다. 마지막 4단계의 지혜는 위의 단계에서 일어나는 모든 현상들의 무상성을 관찰하는 것이고, 모든 생성된 현상들은 예외 없이 무상성이 전제된 것이다.

또 다른 방법은 어느 정도 선정 상태가 형성될 때까지 몸에 관한 처음의 4가지 관법을 수행하는 것이다. 그 후에 신(身) · 수(受) · 심(心)의 각각 4가지 관법을 법의 4가지 관점에서 관찰하는 것이다. 이 방법은 좀더 체계적이라고 볼 수 있다. 간략히 말해 수행자들은 신 · 수 · 심의 4단계를 무상의 관점에서 관찰하는 것이다.

전통적인 방법에서 수행자들은 지혜수행에 앞서 깊은 선정을 체험해야 한다고 강조한다. 이러한 선정 체험에서는 희열감과 행복감, 그리고 더 심오한 심리적 상태를 경험하게 된다. 어느 명상 전통에서는 제1선정을 얻기까지 위빠사나를 시작해서는 안 된다고 한다. 사실 이러한 경지에 이르기까지는 상당한 시간을 요한다.

또 다른 전통에서는 찰나삼매를 이야기한다. 그들은 어떤 선정 상태를 체험하지 않고도 약간의 집중력이 형성되면, 곧바로 현상들의 일어나고 사라짐을 관찰할 수 있다고 주장한다. 여기서는 깊은 선정 상태보다 마음챙김의 지속성을 더욱 강조하고 있다.

《호흡관법경》에 대한 내 생각은 해를 거듭하면서 변했다. 직접 수행하고 특히 수련생들을 가르치면서, 나는 여러 가지 많은 방법들을 시도해보았다. 사실 나는 이 경에 대한 형식적인 주석서를 쓰려고 이 책을 집필하는 것이 아니다. 하지만 사마타나 위빠사나 등 어떤 수행이든지 간에, 그 수행을 바르게 할 수 있는 실제적 길잡이와 방편이 될 수 있도록 하기 위해 이 책을 집필하고 있는 것이다. 그래서 나는 방법이 하나뿐이라고는 생각하지 않는다. 여기서 내가 서술한 것도 여러 가지 방법 중 하나일 뿐이다. 나는 늘 수행자의 근기를 살펴 수행 지도에 유연성을 가지려고 노력한다. 수행 지도를 해보면 집중력이 잘 계발된 수행자들이 있다. 그런 사람들에게는 집중력을 잘 활용할 수 있도록 지도해준다. 이렇게 계발된 집중력은 위빠사나 수행에 큰 도움이 되기 때문이다.

하지만 보통의 경우 선정을 얻기까지는 엄격히 절제된 수행 조건들이 필요하다. 수행자들은 오랜 수련 기간을 요할지도 모른다. 이런 고요한 상태를 유지하기 위해서 수행자들은 잘 보호되어야 한다. 수행 기간 동안 삶에서 큰 책임이 부여되는 일들은 되도록 피해야 한다. 또한 훌륭한 선지식의 지도를 받아야 한다. 하지만 우리들은 대부분 이러한 조건들을 쉽게 갖출 수 없다. 그래서 티베트 스님인 타라 뚤크 린포체(Tara Tulku Rinpoche)는 "요즘에는 전문 수행자들도 선정을 성취하기가 어렵다"고 말한 적이 있다. 사실 오늘날에는 주의 집중을 방해하는 여러 가지 요인들이 각처에 도사리고 있다. 이런 것들은 깊은 삼매를 얻는 데 방해가 된다.

나의 수행지도 방법은 단계적인 방법에 대한 대체요법이 될 수 있다. 나는 첫날부터 위빠사나 수행을 하도록 지도하지 않는다. 또한 그들이 위빠사나를 하며 무상을 관하기 전에 꼭 선정을 닦아야 한다고 주장하지도 않는다. 먼저 그들이 일정한 집중력을 계발하도록 유도하고, 어느 정도 집중력이 형성되었을 때 위빠사나를 소개한다. 이 두 방법은 겸수(兼修)될 수 있으므로, 상호보완적으로 서로를 더 효과적으로 수행할 수 있도록 해준다. 선정력의 계발로 형성된 고요한 마음으로 인하여 통찰과 지혜의 마음은 한층 더 선명해지고, 통찰과 지혜의 마음은 더욱 깊은 선정의 상태에 이를 수 있는 마음의 힘을 키워준다. 이런 식의 순환적 리듬으로 수행이 효과적으로 진전하게 된다.

9일 수련회를 지도할 때, 처음 3일 동안은 오직 호흡만을 관찰하게 한다. 4일 째부터 위빠사나 수련을 하게 한다. 어떤 수행자들은 더 오랜 시간 동안 호흡관법수행을 하길 원한다.

이처럼 축약된 두 방법을 어떻게 실천할 것인가에 대해 특정한 공식이 있는 것은 아니다. 사람에 따라서 다르고 또 수련회마다, 좌선할 때마다 다르게 적용된다. 어떤 명상가는 빠르게 매우 깊은 삼매에 들기도 한다. 그러나 삼매 속에서 공포, 분노, 외로움을 보면서 두려움에 빠지기도 한다. 수년 동안 나와 함께 명상을 했던 어느 여인은 강력한 부정적 에너지를 극복해야 한다는 것에 큰 거부감을 갖고 있었다. 하지만 결국 그녀는 그러한 감정들을 직접 관찰하게 되었다.

또는 단순히 숨 자체에만 집중하는 일이 매우 어려운 사람도 있다. 오히려 이 사람은 늘 변하는 마음상태를 관찰하는 데 더 관심이 있다. 이 관심은 자연스러운 집중을 낳게 하고, 따라서 이런 사람은 위빠사나 수행을 하게 되면 좋은 결과를 얻게 된다. 그리고 결국에는 깊은 삼매, 혹은 깊은 선정력을 성취할 수 있게 된다.

명상은 예술이다. 문제는 어떻게 이 2가지 방법들을 조화롭게 수행할 것인가에 있다. 어떤 경우에는 숨에만 집중해서 수행을 하고 또 다른 경우에는 더 넓은 범위의 영역에서 깨어 있음을 유지해가는 것이다.

명상자들이 《호흡관법경》의 가르침에 익숙해지면 어떤 수행이든 상황에 맞게 활용할 수 있을 것이다. 필요에 따라서는 고전적인 방법으로 처음 제1단계 관법에서 16단계 관법에 이르기까지 단계적으로 수행하여, 각각의 단계마다 수행의 경험이 지속적으로 깊어지게 할 수도 있다. 또는 이 축약된 방법을 주로 사용할 수도 있다.

축약된 방법을 사용하는 사람들에게 이 경은 수행과정 중 나타나는 여러 가지 경험들을 확인하기 위한 포괄적인 지침이 될 것이며, 변하는 몸과 마음의 상태를 점검할 수 있는 수행지침서로 활용될 수 있을 것이다.

사실 무상을 철저하게 경험하는 것은 코페르니쿠스적 혁명을 받아들이는 것과 같다. 우리들의 주의집중이 내용에 초점을 맞추는 것이 아니라, 전적으로 과정에 관심을 두는 것이다. 대부분 우리들은 내용에 마음을 고정한다. 그러나 진정한 위빠사나 수행은 일어났다 사라지는 과정을 명료히 살펴 아는 데 있다. 이 모든 과정에 집중해 보면 영구성이 결여되어 있다. 우리가 생각하는 것처럼 정말로 항상 있는 것이 아니다. 이처럼 수행자들은 이런 것들을 행할 때 내용의 무상성에 익숙해져야 한다. 우리는 어떤 상황에 대해서도 압도되거나 혹은 안절부절못하는 상태에 있어서는 안 된다. 이럴 때 항상 집착 혹은 혐오의 마음이 생기게 된다. 이처럼 내용이 아니라 변하는 과정을 볼 때 수행의 핵심적인 전환이 일어나게 되며, 이것이야말로 자유로 나아가는 첩경인 것이다.

그래서 나는 선정수행의 가치를 인정한다. 복잡한 세상에서 수행하는 우리들은 간결함의 고마움을 알아야 한다. 호흡과 같이 아주 간단한 반복적인 과정들에 집중하는 것은 편안하고 즐거운 일이다. 이처럼 몸과 마음이 편안하고 가벼워졌을 때 비로소 명상자들은 위빠사나 수행을 시작할 준비가 되어 있는 것이다. 축약된 방법은 인스턴트식품이 아니다. 여기에 빠르고 느림이 존재하는 것이 아니다. 단지 다른 방법일 뿐이다. 수행과정 중에, 언젠가 모든 것들은 스스로 드러나게 되어 있다.

2. 선택 없는 알아차림

축약된 방법의 두 번째 단계는 선택 없는 알아차림이다. 호흡 관찰을 통해서 어느 정도 고요함을 얻게 되면, 그런 경험들을 있는 그대로 알아차린다. 어떤 특정한 관찰 대상을 가지지 않고 그냥 매순간 맞이하는 대상들을 열린 마음으로, 있는 그대로 알아차리는 것이다.

하지만 나는 초보자들에게 이 수행법을 추천하지는 않는다. 왜냐하면 이것은 너무 쉬워서 그들을 바보로 만들어버릴 수도 있기 때문이다. 계속해서 생각을 따라다니게 되고 그것이 바로 수행이라고 믿는 사람도 생기기 때문이다. 하지만 마음이 호흡과 함께하는 것을 배운 수행자라면, 길고 안정된 상태를 경험한 수행자라면 어떠한 현상이 일어나더라도 활짝 열린 마음으로 현상을 알아차리는 수행을 할 수 있게 된다. 이런 식으로 더욱 열린 마음으로 알아차리게 되면 알아차리는 일이 점점 없어지는 경지에 들게 되고, 나중에는 아무것도 하지 않는 상태에 들게 된다.

이런 경험 속에 앉아 있을 때 모든 것들이 일어났다 사라지는 것을 쉽게 관찰할 수 있다. 여러분이 하는 순간순간의 경험은 아주 풍요롭고 경이로운 것이다. 그러한 방법으로 수행했을 때 어떤 것이 오더라도 있는 그대로를 관찰하게 된다. 그래서 여러분은 어떤 현상이라든지 그 자체의 자연스러운 특성에 따라서 일어났다 사라지는 것을 알게 될 것이다.

유안 우(Yuan Wu)는 "이 16단계의 관법 중에서 어린아이 수행이 가장 좋다"고 말한다. 어린아이들은 어떤 특정한 생각을 갖는다거나, 어떤 목적이 있다거나, 어떤 것을 더 좋아한다거나 하는 잡다한 생각들을 가지고 있지 않다. 어린아이들은 무엇이 됐든 그것과 함께할 뿐이다. 사실 우리들이 가부좌를 틀고 방석에 앉아 있을 때 어떤 생각이 일어날지 예측할 수 없다. 무슨 생각이든 일어나는 대로 그저 있는 그대로 바라보며 함께하면 된다.

이처럼 축약된 방법을 통해서 수행을 하노라면 '위빠사나로 전향

하기 전에 얼마만큼의 사마타를 닦아야 할까?' 라는 문제가 대두된다. 먼저 니와라나(*nivarana*), 즉 방해 요소들을 제거하는 일이 관건이 된다. 선정을 방해하는 5가지 요소는 탐욕, 들뜸, 혼침, 분노, 의심이다. 이 5가지 마음상태가 밝게 빛나는 마음을 교란시켜 혼돈의 상태로 만든다. 물론 한번 선정에 든 경험이 있으면 방해 요소가 다시는 나타나지 않는다는 말이 아니다. 하지만 수행자들은 이 방해 요소들을 바로 인지할 수 있게 되고, 더욱 쉽게 밝게 빛나는 자연의 마음으로 순간순간 되돌아온다.

가끔 수행자들은 호흡의 집중에 곤란함을 느낄 때가 있다. 이런 경우에는 위에서 말한 장애들 중 한 가지가 수행자들을 괴롭히고 있는 것이다. 만약 이것들이 계속해서 방해한다면 바로 그 방해하는 것들에 마음을 집중할 필요가 있다. 이 경우에는 가볍게 호흡을 챙기면서 방해 요소에 마음을 집중한다. 이것은 방해에 대해서 생각하는 것이 아니며, 혹은 그 방해 속으로 빠져버리는 것도 아니다. 단지 그 방해 자체를 관찰하는 것이다. 이 경우에도 물론 호흡은 배경에 항상 함께하고 있다. 호흡은 깨어 있는 마음을 유지할 수 있도록 도와준다. 이렇게 해서 방해 요소들이 점점 약해지면 다시 전적으로 호흡에 집중할 수 있게 된다.

여러분들이 선택 없는 알아차림을 수행할 때, 하나의 마음상태에서 다른 마음상태로 가면서 마음을 놓치는 경우가 종종 있을 것이다. 그리고 뭔가를 분석하고 심리적으로 분별하려고 해서 마음의 초점이 잘 맞추어지지 않아 집중이 안 될 때가 있다. 이것이 바로 호흡만을 집중의 대상으로 해야 한다는 표시임을 알고, 선택 없는 알아차림 수

행을 잠시 멈춘 후 의식을 정확히 호흡에 맞추어 집중력을 회복할 필
요가 있다. 필요하면 이 집중된 상태를 그대로 유지하며 사마타 수행
으로 수련시간을 마칠 수도 있다. 이렇게 다시 사마타 수행을 했다고
해서 수행이 후퇴했다거나 진전되었음을 의미하지 않는다. 다만 그
특정한 시기에 여러분의 마음상태가 사마타를 필요로 했을 뿐이다.
마음이 어떤 상태에 있든 전혀 걱정할 필요가 없다.

이 경전의 16가지 관법을 단계적으로 수련하는 것이 축약된 방법
을 수행하는 것보다 더 수승하다고 할 수는 없다. 또한 축약된 방법
중 위빠사나 수행이 사마타 수행보다 더 가치 있다고 해서도 안 된
다. 사마타 혹은 위빠사나는 2가지 서로 상반된 수행 단계가 아니라
하나의 통일된 수행이다. 이렇게 생각해도 좋다. 오른손과 왼손을
서로 비비면서 씻는 것이다. 이들은 항상 함께한다. 위빠사나를 수
행하고 있을 때 거기엔 호흡이 함께하고 있다. 그리고 호흡을 계속해
서 관찰하고 있을 때 호흡의 무상성을 알아차리게 된다. 그래서 이 2
가지 방법은 서로가 서로를 배제하는 것이 아니라 서로 동시에 함께
작용하고 있는 것이다.

물론 우리를 자유롭게 하는 것, 즉 해탈하게 만드는 것은 결국 통
찰 혹은 지혜다. 통찰이나 지혜라는 단어가 아니라, 이것들이 암시하
는 무상성에 대한 깊은 관찰인 것이다.

타이의 포리스트 명상 전통에서는 이 수행을 거미줄에 앉아 있는
거미에 비유한다. 거미가 아주 고요하게 거미줄 한가운데 앉아 있
다. 곤충이 거미줄에 걸리면 거미는 바로 그것의 영양분을 섭취하기
위해서 삼킨다. 거미는 무엇이 나타나든지 거미줄을 이용한다. 명상

자의 경우에 거미줄은 끝없는 마음의 그물망이다. 무엇이 나타나든지 이것을 보고 경험하고 확실하게 알아차린다. 그러면 그것은 마음의 자양분이 된다. 명상자는 형성된 모든 것들이 무상하며 충족감이 없으며, 실체가 결여되어 있음을 본다. 이것은 담담한 마음을 갖도록 해주고 집착이나 혐오와 같은 경직된 마음을 제거해준다. 그래서 어떤 것이라도 쉽게 놓아버린다.

오랫동안 거미처럼 조용하게 앉아 있을 수 있게 된다. 앉아서 시간을 낭비하는 것이 아니다. 바로 이 침묵, 고요함이 좋은 영양분이다. 이러한 고요함 속에서 배우는 것은 알아차림 그 자체다. 득도, 즉 깨달음이라는 것은 아는 것이다. 모든 것이 생겼다 사라진다는 사실을 아는 것이다. 이러한 집중의 기간이 지속되면 일어나고 사라지는 모든 것들이 바로 우리 삶의 양식이 된다.

좌선은 모든 것을 온전하게 받아들이고 마음의 문을 활짝 열어놓는 것이다. 어떤 것을 사량분별하는 마음을 놓아버리고, 어떠한 삶의 현상이라도 자연스럽게 일어났다 사라지도록 해야 한다. 어떤 것을 취하기 위해서, 어떤 곳에 도달하기 위해서 노력하지 않는 것이다. 편안하게 긴장을 풀고 앉아서 깨어 있는 마음을 유지하는 것이다. 이것이 바로 여러분의 명상수행을 풍요롭고 진전되게 한다. 그무엇과 함께 하더라도 그것은 수행을 완성하는 좋은 대상이며, 그것을 있는 그대로 바라보면서 우리는 한층 더 수행을 깊게 할 수 있게된다. 무엇이든지 있는 그대로와 함께하면 그것이 바로 수행이다. 왜냐하면 그것이 바로 거기에 있기 때문에 바로 그것을 알아차리면된다. 그 순간 그것은 여러분의 삶이 된다.

이렇게 관찰할 때 숨도 같이 옆에서 진행되고 있다. 여러분의 수행을 지지하는 것이 바로 숨이다. 수행할 때 관찰 대상이 무엇이든지 간에 호흡과 병행하는 것은 매우 도움이 된다. 특히 두려움이나 외로움이나 분노와 같은 마음상태에 있을 때는 호흡을 함께 관찰하는 것이 큰 도움이 된다. 숨을 관찰함으로써 현재 경험하는 것과 통합된 마음의 장을 만들 수 있다. 그래서 이러한 상태에서는 고요함과 통찰 즉, 사마타와 위빠사나가 동시에 계발되는 것이다.

우리가 먼저 선택 없는 알아차림을 수행할 때, 거기에는 자아의식이 있게 된다. 그리고 약간의 노력이 있을 수 있다. 우리는 사실 아무 일도 하지 않는 때가 거의 드물다. 이러한 상태가 되기 위해서는 시간이 필요하다. 진정한 선택 없는 알아차림은 어떠한 노력도 없는 상태다. 이러한 상태는 나중에 계발되게 마련이다.

때때로 마음챙김과 알아차림 사이의 차이점을 발견할 수 있다. 알아차림은 의식적인 노력이 가미되어 있고, 여러분들이 뭔가를 수행하는 것이다. 하지만 이것은 진정한 알아차림으로 나아가게 된다. 이 상태에서는 아무런 노력도 하지 않는다. 깊은 알아차림의 상태에서는 호흡도 더 이상 중요하지 않다. 더 이상 특별한 자리를 차지하지도 않는다. 이것 또한 어느 것이나 마찬가지로 무상한 현상에 불과하다. 잠깐 동안 그것들을 알아차릴지도 모른다. 그러나 계속해서 그런 상태로 돌아올 필요는 없다.

이렇게 2가지를 하나로 축약한 방법은 인도의 유명한 이야기에도 나온다. 어떤 거대한 왕국에 깨우친 사람으로 알려진 왕이 있었다. 어느 날, 수행을 하는 사람이 그에게 와서 어떻게 하면 깨우침을 얻을 수 있냐고 물었다. 왕은 말했다. 빈 동이에다 뜨거운 기름을 가득 채우라고. 그리고 그 동이를 머리에 이고서 성안을 걸어 다니라고 했다. 한 방울의 기름도 떨어뜨리지 않고 말이다. 쉽지 않은 일이었다. 많은 연습이 필요했다. 처음에 젊은이는 머리 위에 어떤 것을 놓고 균형을 잡는 연습부터 했다. 그러고 나서 아주 천천히 걸어보았다. 아주 조심스럽게 걸으면서 균형을 잡으려고 했다. 그리고 마지막으로 빈 동이를 머리에 얹고 균형을 잡으면서 걸어보았다. 그런 다음에 동이에 물을 채우고 걷는 연습을 했다. 다음에는 뜨거운 물을 넣고, 마지막으로 뜨거운 기름을 넣고 걷는 연습을 했다. 이처럼 수많은 연습과 시행착오를 거쳐서 드디어 뜨거운 기름이 가득 들어 있는 동이를 머리에 이고, 왕궁의 정원을 걸어 다닐 수 있게 되었다. 기름 한 방울 흘리지 않고 왕궁 정원을 전부 돌 수 있었다.

그는 몹시 흥분해서 왕에게 다가갔다. 그러자 왕은 말했다. "대단하군, 대단해. 그런데 말이야, 왕궁에서 무슨 일이 벌어지고 있지? 어떤 호기심을 자극하는 일이 벌어지고 있던가? 혹은 누군가 자네를 뒤에서 헐뜯던가?" 젊은이는 기름이 든 동이에 너무 집중한 나머지는 아무것도 알아차리지 못했다고 대답했다. 그러자 왕이 말했다. "그럼, 다시 머리 위에 뜨거운 기름이 든 동이를 이고 왕궁 정원을 돌아보아라. 그리고 어떤 일이 벌어지고 있는지 잘 알아차려야 한다. 끝나면 나에게 와서 다시 보고하여라."

여기서 숨을 쉬는 것은 동이에 든 뜨거운 기름이다. 숨이 바로 우리를 현재 순간에 있게 하고 항상 깨어 있는 마음을 갖게 해준다. 하지만 여기서 지적하려는 핵심은 어떠한 일이 벌어지든지 그 일에 깨어 있으라는 것이다. 우리 몸과 마음의 왕궁 속에서 늘 깨어 있는 마음을 유지하라는 말이다. 이렇게 되면 몸과 마음은 깨어 있음을 유지할 수 있다. 숨을 관찰하는 것은 바로 그러한 상태를 유지하기 위한 도우미 역할을 한다.

좌선할 때뿐만 아니라 우리 삶 전체에 있어서 숨에 대한 관찰은 유익하다. 우리 삶을 깊이 있게 바라보는 방법을 배우게 된다. 이것이 바로 수행의 진정한 의미다. 숨은 바로 삶으로 가는 문이며, 숨 외에는 다른 것이 있을 수 없다.

다음은 나에게 수행을 배운 어떤 사람에 대한 이야기다. 어느 날 저녁, 나는 그에게 5분 동안 전혀 움직이지 말고 좌선을 해보라고 했다. 그에게 이것은 매우 어려운 주문이었다. 그는 1년 반 정도 수행했는데, 5분 동안 움직이지 않고 좌선하는 것조차 어려워했다. 하지만 그는 혼신의 힘을 다해서 5분 동안 움직이지 않고 좌선하려고 했다. 결과는 아주 재미있었다. 그는 내가 한 말을 자세를 바르게 하기 위해 움직이지 말라는 뜻으로 알아들었던 것이다. 그래서 그는 그토록 불편한 상태에서 5분 동안 구부정하게 계속해서 앉아 있어야만 했다. 그 자세를 유지하느라 평상시보다 더 많은 노력과 에너지를 필요로 했다. 5분이 되었을 때 그는 거의 녹초가 되어 바닥에 쓰러질 정도였다.

또 나는 마지막 5분 동안 이렇게 하라고도 했다. "자, 좋아요. 이제 명상을 그만두세요. 자세를 그대로 유지하세요. 방석 위에 그대로 앉아계세요. 그대로 앉아 있어요." 나는 그에게 저녁 내내 같은 상태에서 숨을 따라 관찰하라고 했다. 이제 그는 하던 것을 멈추고 그저 앉아 있기만 했다. 편안하고 쉽게 느껴졌다. 더욱이 아무런 노력도 할 필요가 없었다. 하지만 계속해서 숨을 알아차릴 수 있었다. 그런 마음상태가 존재할 수 없을 정도로 계속해서 숨을 알아차렸다. 이것으로 그는 큰 경험을 하게 되었다. 그는 이 사건을 통해 한 가지를 배웠다. 우리도 이것을 통해서 배우게 된다. 우리는 어떤 방법을 이용하여 어딘가에 도달하려고 한다. 하지만 우리가 무엇을 배운다는 것은 모든 것을 바친다는 의미다. 예를 들어서 호흡이나 몸, 삶에 있는 그대로 모든 것을 바치는 것이다.

우리가 무언가에 도달하는 것은 어떤 것을 바치려고 하는 것에 의하지 않고, 하려는 행위를 멈춤으로써 가능해진다. 물론 이것이 약간 이율배반적인 것은 사실이다. 우리는 자신을 있는 그대로 받아들여야 한다. 어떤 곳에 있을지라도 있는 그대로 받아들이는 것이 중요하다. 만약 우리가 무언가를 하고 있다고 느낀다면 그것을 알아차려야 한다.

주의집중의 시간이 지나면서 우리는 그것에 대한 것을 스스로 다루게 된다. 그래서 우리의 주의집중과 알아차림은 모든 것을 자체적으로 아주 자연스럽게 다루게 된다. 나는 선택 없는 알아차림의 완성이 그냥 아는 것이라고 생각한다. 어떠한 지지나 도움, 방법, 방향성, 기법 등을 다 놓아버리고, 그냥 거기에 깨어 있는 마음으로 있는 것이다. 순간순간 거기에 빈손으로 와 앉는 것이다. 무언가를 가정하지 않고 바로 우리 자신이 되는 것이다. 어떤 조절이나 충동, 어디에 도달하려는 인위적인 행위나 뭔가를 찾고 기다리는 것들을 전부 다 놓아버리는 것이다. 그래서 매순간 자체가 그 자체의 이야기들을 들려주도록 해야 한다. 꼭 말을 통해서만 얻을 수 있는 것은 아니다. 모든 것들을 사량분별하려는 마음의 경향성을 멈춰야 한다. 그저 있는 그대로 받아들이는 것, 이것이 바로 수행이다.

내게 처음 선을 가르쳐 준 한국의 스승과 함께 한국에 갔을 때의 일이다. 그는 여러 사찰들을 방문해서 불상들을 보여주었다. 어느 날 그는 마지막으로 이런 말을 했다. 오늘은 한국에서 가장 아름다운 불상을 보여줄 것이라고. 나는 불상을 매우 좋아하기 때문에 몹시 기대가 되었다. 그 불상이 있는 절은 높은 산에 있었다. 그날따라 비가 왔고, 우리 일행은 그 빗속을 뚫고 5, 6시간 동안 매우 힘든 산행을 해야만 했다. 미끄러운 진흙탕 속에 빠지기를 반복하면서 겨우 산정상의 사찰에 도달할 수 있었다.

그러나 그곳엔 불상이 하나도 없었다. 정말 아무 것도 없는 빈 공간이었다. 불상이 있어야 할 불단 밑에는 대신 조그맣게 글이 붙어 있었다. 매우 실망한 우리는 스승에게 그 글이 무엇을 의미하는지 물었다. 그는 그 글을 읽어주었다. "만약 이 불단에서 불상을 볼 수 없다면 다시 하산해서 더 수행해야 한다." 그 말을 듣는 순간 정말 가슴이 후련했다. 그 일은 무언가를 얻으려고 하면 얻지 못한다는 사실을 우리에게 가르쳐주었다. 우리가 무언가를 추구하면 바로 그것으로 거기 있는 것을 놓쳐버리게 된다는 교훈이었다.

제6장

숨의 관찰과 일상에서의 수행

1. 수행은 순간순간의 삶 속에서

호흡은 순간순간 삶과 함께한다. 호흡에 관해서 미얀마의 웨부 사야도(Webu Sayadaw)와 그의 제자가 나눈 진지한 대화를 먼저 들어보자.

사야도　여러분들 모두 숨을 쉬지요?

제　자　예, 물론 저희들은 모두 숨을 쉬고 있습니다.

사야도　언제부터 숨을 쉬기 시작했지요?

제　자　태어나면서부터요, 스님.

사야도　그럼, 똑바로 앉아 있을 때도 숨을 쉬나요?

제　자　예, 스님.

사야도   걸어 다닐 때도 숨을 쉬나요?

제 자   그렇습니다. 걸을 때도 항상 숨을 쉽니다.

사야도   그렇다면 먹고, 마시고, 일할 때도 늘 숨을 쉬나요?

제 자   물론이죠, 스님.

사야도   잠 잘 때도 숨을 쉽니까?

제 자   예, 스님.

사야도   그러면 아주 바쁠 때도 숨을 쉽니까? "너무 바빠서 숨쉴 시간조차 없다"고 말하진 않나요?

제 자   어느 누구도 숨을 쉬지 않고는 살아갈 수 없습니다.

처음 선수행을 하려는 사람들에게 나는 항상 이 대화 내용을 들려주며 수행의 의미를 포괄적으로 가르쳐주려고 한다. 즉 수행은 우리들의 구체적인 삶과 직접 연관되어야 한다. 수련 첫날엔 호흡관법을 중심으로 한 좌선의(坐禪儀)를 가르치고, 이에 못지않게 행선(行禪)이 중요하다는 점을 강조한다. 하지만 마지막 시간에는 항상 일상 속에서 어떻게 수행할 것인가에 대한 방법을 구체적으로 가르친다.

이 모든 것들이 자못 부담스럽게 느껴질 수도 있다. 첫날 하루 종일 앉아서 자신의 호흡을 관찰하는 일이 얼마나 어려운 것인지를 깨닫게 된다. 그러면 걸어 다니면서도 해보라고 권한다. 수련회를 마치고 떠날 때쯤이면, 언제 어디서나 호흡을 놓쳐서는 안 된다고 가르친다. 다음번 강의가 있는 다음 주 이 시간까지 호흡을 놓치지 않고 계속 관찰해야 한다고 과제를 내주며, 좋은 한 주가 되라며 작별인사를 한다.

초보 수행자에게 순간순간의 삶 자체를 수행 대상으로 삼아야 한다는 점을 주지시키는 일은 매우 중요하다. 불교수행을 한다고 하면 으레 앉아서 하는 좌선을 연상하고 그것만이 수행이라 생각하는 경우가 많다. 물론 대부분 붓다의 형상들이 좌선 자세를 취하고 있긴 하다. 붓다가 부엌에서 채소를 다듬거나 선원을 깨끗이 청소하는 모습을 하고 있지는 않는 것이 사실이다. 이처럼 좌선이 수행의 대표적인 행법임에는 틀림없다. 하지만 좌선이 곧 불교 수행의 전부는 아니다. 붓다 스스로 강조해 말씀하셨다. 가나, 오나, 서 있으나, 앉으나, 누우나(行住坐臥) 항상 마음의 흐름을 놓치지 않고 관찰하는 것이 수행의 필수 요건이라고!

어느 날 붓다는 당신 제자들의 얼굴이 어쩌면 그토록 맑고 고요하며 항상 밝게 빛나고 있느냐는 질문을 받았다. "그들은 지나가버린 과거에 집착해 슬퍼하지 않고 오지 않은 미래를 걱정하지도 않는다. 어떤 상황에서도 순간순간 지금 여기에 완전히 깨어 있다. 그러므로 그들의 얼굴에는 잔잔한 기쁨이 가득하다." 붓다는 여기서 단순히 좌선수행만을 말씀하시지 않았다. 당신의 제자들이 어떻게 온종일 평온한 마음을 챙기게 되는지를 설명하신 것이다. 이 호흡관법 수행에서도 언제 어디서나 마음을 챙겨 호흡의 살핌을 놓치지 않아야 한다.

현대인은 너무 바쁘다는 이유로 수행을 게을리 한다. 그러나 이것은 근본적으로 잘못된 생각이다. 흔히들 말한다. 조용히 앉아 있을 시간조차 낼 수 없어 수행을 못한다고. 이것은 사실일 수도 있고 아닐 수도 있다. 그러나 이렇게 생각하는 이들은 좌선의 참다운 가치에 대해 잘못 이해하고 있는 경우가 많다. 좌선을 왜 하는지를 분명히 이해한다면 수행의 기회를 더욱 많이 접하게 될 것이다.

수행이란 좌선에 국한되는 것이 아니다. 또한 시간이 없어 수행할 수 없다는 말은 핑계일 뿐이다. 수행은 순간순간의 삶 속에서 가능한 일이다. 언제 어디에 있든지, 주위환경이나 자신의 마음상태에 상관없이 자신에게 주어진 모든 상황을 완벽한 수행의 장으로 만들어야 한다. 도겐 선사의 말씀처럼, 진여자성(眞如自性)을 깨치기 원한다면 순간순간의 삶 속에서 바로 진여자성 자체가 되어야 한다.

불교에 처음 입문할 때, 나는 숭산 선사로부터 이처럼 배웠다. 선방에 앉으면 온전히 좌선에 열중한다. 설거지를 할 때는 설거지에만 전념한다. 일과 일하는 자의 마음이 분리되어서는 안 된다. 거미가 뽑아내는 한 가닥 거미줄처럼 삶과 수행은 하나가 되어야 한다.

그렇다고 좌선의 특별한 효용성을 무시하는 것은 아니다. 마음이 흩어지지 않도록 하기 위해 의도적으로 특수한 환경을 마련한다. 앉아 있는 동안 말하지 않고, 먹지 않고, 일하지 않는다. 어디를 가기 위해서 혹은 무슨 일을 하기 위해서 몸을 움직이지 않는다. 기세를 부리던 온갖 생각들도 조절할 수 없는 또 하나의 현상일 뿐이다. 그냥 앉아서 단지 바라볼 뿐이다.

마찬가지로 좌선은 특별한 것이 아니다. 다른 행위처럼 너무 집착하면 괴로움을 낳는다. 좌선을 지나치게 강조하면 병적인 현상까지 일으킬 수 있다. 사람들은 보통 상처받은 삶을 치유하기 위해 수행원에 가는 경우가 많다. 우리 모두 상처받고 살아가고 있으므로 이런 사실을 부끄러워할 필요가 없다. 형편에 따라 1일, 9일 혹은 3달간의 수행기간 동안 머물면서 아픔을 어루만지며 지낸다. 그들에게 일상의 삶은 생존을 위한 전쟁터고 수행원은 치유를 위한 야전병원인 것이다.

그러나 어떤 사람들은 이런 야전병원을 자신의 영원한 안식처로 삼으려고 한다. 이들은 수련회에 참석할 때만 삶의 의미를 느끼고 정말 행복하다는 생각을 한다. 모여 앉으면 지난번 수련회가 좋았고, 다음 수련은 언제 어디서 열린다는 것이 그들 최대의 관심사다. 아이러니하게도 수련회에 다시 올 수 있는 비용만 마련되면 언제라도 다시 수행원에 들어오는 일이 그들 삶의 목표처럼 돼버렸다. 이들은 정신병원에 입원하지는 않았지만 마치 아주 세련된 편집증 환자처럼 보인다.

여러분은 이 사람들이야말로 참다운 수행자라고 생각할지도 모른다. 그렇지만 이들은 정말로 중요한 것을 놓치고 있다. 나는 통찰명상수행원에 오는 이런 세련된 편집증 환자들을 숱하게 보아왔다. 내가 만약 야전병원의 의사라고 한다면, 치유를 위해서 얼마간의 시간이 필요한 것은 사실이지만, 이들을 치열한 삶의 현장으로 되돌려 보내는 것이 내 의무라고 생각한다. 삶은 진정한 스승이다. 수행은 참으로 온전한 삶을 향하여 우리의 마음을 활짝 열게 하는 것이지, 결코 현실적인 삶으로부터 격리시키는 것이 아니다.

내가 캠브리지통찰명상수행원을 하버드 대학교가 있는 캠브리지 시내에 설립한 이유는 수행에 대한 이런 잘못된 인식을 바로잡기 위해서였다. 많은 사람들이 메사추세츠의 수행원처럼 경치 좋은 산중에 최적의 환경을 갖춘 곳에서 수행을 하고자 한다. 이곳에서는 쾌적

한 환경 속에서 수행할 수 있도록 수련생들을 세심하게 배려한다. 때가 되면 식사를 준비하고, 일과표에 따라 종을 울려 무엇을 해야 하는지 알려준다. 선방은 늘 정숙한 분위기가 유지된다. 수련생들이 의식의 심연으로 몰입할 수 있도록 모든 것들을 마련해놓았다.

이처럼 아무런 방해도 받지 않은 수행 환경 속에 있다가 캠브리지 시내로 돌아오는 순간, 거룩한 수행자는 다시 미치광이처럼 돌변한다. 수행과 삶이 하나로 연결되지 않고 분리돼 있기 때문이다. 이런 불합리한 상황을 개선하기 위해서 우리들은 캠브리지 시내에 수행원을 개설했다. 주중이나 주말에 잠시 동안이라도 수행원에 와서 정식 수행을 하고 곧바로 각자 삶의 현장으로 돌아가 그 수행의 힘이 지속될 수 있도록 돕고 있다.

수행원의 지도법사들은 수행자들에게 수행의 원리를 곧바로 삶에 적용할 수 있어야 한다고 가르친다. 그러나 이 일의 중요성을 강조하지 않으면 사람들은 그런 가르침을 진부하고 상투적이라고 여겨 곧 잊어버리게 된다. 사찰이나 수행원에 가서 정식으로 좌선하는 일만이 불교를 실천하는 길이며, 쓰레기 치우고 아이들을 보살피는 일과 같은 일상의 삶은 수행과 전혀 별개의 것이 된다. 그밖에 다른 행위들은 세속적인 것이다. 그렇지만 우리들은 삶의 대부분 시간을 이런 일상적인 일을 하면서 보낸다는 사실을 상기해볼 필요가 있다. 아무리 열심히 좌선하는 사람이라 할지라도 좌복 위에 앉아 있는 시간보다도 일상의 활동을 하면서 지내는 시간이 훨씬 더 많다.

이처럼 수행의 범위를 꼭 틀고 앉아 순간순간 자신의 호흡을 관찰하는 일에만 한정하는 것은 옳지 않다고 본다. 이처럼 제한된 수행

범위는 인위적이며 부자연스럽다. 수행이란 순간순간 깨어 있어 지금 여기서 일어나는 현상을 알아차리는 일이다. 지금 여기서 하고 있는 일에 우선권을 주는 것이다. 이것은 단순한 수련 기법이나 명상 테크닉이 아니다. 수행 범위는 훨씬 더 넓고 포괄적이다.

저녁식사를 준비하기 위해 부엌에서 일하는 것이 좌선하는 것보다 더 열등한 행위라고 생각하지 않는다. 부인과 대화를 나누는 일, 목욕하러 가는 일 등, 이런 일상적인 일들이 하잘것없는 행위라 생각하지 않는다. 순간순간의 일들이 삶이다. 소박한 눈으로 보면 삶이란 이런 행위들의 연속일 뿐이다. 수행은 삶의 일부분이 아니라 삶 자체다. 즉 수행은 삶이며 삶은 수행인 것이다.

이런 면에서 보면 호흡은 아주 좋은 수행 도구다. 호흡이란 누구나 항상 하는 것이기에 매우 일반적이며, 호흡을 하지 않으면 죽기 때문에 참으로 특별한 것이다. 호흡 자체에는 불교니 기독교니 하는 종교적인 구분이 없다. 우리는 모두 숨을 쉰다. 숨은 우리가 어디를 가든지 따라다닌다. 호흡 관찰을 통한 수행에서, 호흡이 항상 우리와 함께한다는 사실은 가장 큰 장점이 된다. 비록 하루 동안 수없이 호흡을 망각했다 해도 언제든 다시 호흡을 챙길 수 있다. 즉 이 순간 호흡을 놓쳤다 하더라도 다음 순간에 또 다른 들숨과 날숨이 있다.

어떻게 하루 종일 호흡을 놓치지 않고 계속해서 관찰할 수 있냐고 반문하는 사람들도 있을 것이다. 열심히 정진해야 한다는 점을 강조하기 위해서 사실을 너무 과장한다고 생각할 수도 있다. 물론 그렇다. 온 종일 호흡만을 관찰하며 지내는 사람은 매우 드물 것이다. 또한 수행자의 능력과 성향에 따라서 큰 차이가 있음도 사실이다. 어떤 사람은 좌선할 때 호흡을 관하는 것이 자연스럽지만, 행선이나 그밖의 다른 자세를 취할 때는 부자연스럽다고 한다. 아무래도 상관없다. 호흡을 관찰함으로써 마음챙김을 하는 데 도움이 되어야지 방해가 되어서는 안 된다. 호흡에 의존하지 않고도 마음챙김이 된다면 구태여 호흡을 관하지 않아도 좋다.

하지만 제대로 정진해보지 않고는 호흡관법수행의 참가치를 알 수 없다. 나에게 지도를 받은 많은 수행자들의 보고에 의하면 호흡을 관찰하면 할수록 식사할 때, 설거지할 때, 음악을 들을 때, 산책할 때 등 일상 속에서도 호흡 관찰이 점점 쉬워진다고 한다. 호흡을 알아차리는 힘이 꾸준히 증강되기 때문에 호흡 자체가 더욱 선명하고 생생하게 감지된다. 물론 내가 이렇게 설명해보았자 각자 직접 해보고 경험하기 전까지는 실감하지 못할 것이다.

2. 수행은 일상의 삶 속에서

나에게 처음으로 정신적인 삶에 대한 안목을 열어준 크리슈나무르티는 "삶이야말로 진정한 스승이며, 수행은 순간순간의 삶 속에서 가능하다"고 말했다. 하지만 그때까지만 해도 이 말씀은 크게 설득력이 없었으며, 늘 깨어있기 위해서 일상생활 속에서 호흡을 관해야 한다고 남들에게 가르치지도 않았다.

몇 년 전 중국의 허운(虛雲) 선사가 결제 중에 제자들을 가르치는 것을 본적이 있다. 선사는 제자들에게 화두를 주며 새벽에 일어나 잠자리에 들 때까지 온 종일 화두를 챙겨야 한다고 가르쳤다.

나중에 나는 다시 이 분의 초기 가르침을 접할 기회가 있었다. 여기서도 화두를 드는 것과 마찬가지로 하루 종일 만트라를 외우는 것이었다. 처음엔 화두와 만트라 중에 어떤 것을 해야 할지 망설였다. 나는 그 2가지가 방법상 서로 상반된다고 생각했다. 그러나 얼마 후에서야 비로소 어떤 방법이냐 하는 문제보다 얼마나 모든 것을 바쳐 몰두하느냐가 더 중요하다는 사실을 알게 되었다. 무엇이 되었든지 전념하면 할수록 더욱 분명해진다. 실제로 그렇게 하기만 하면 훨씬 좋은 결과가 있음에도 현대 서양 불교도들은 이러한 태도로 호흡관법을 수행하지 않는다.

서양에서 호흡관법을 일상 속에서 실천하도록 가르치는 분은 틱낫한 스님이다. 이 분의 책을 읽어보면 생활 속에서 호흡을 어떻게 놓치지 않고 관찰할 것인가가 아주 구체적으로 나와 있다. 반면 붓다다사 스님은 틱낫한 스님만큼 생활선을 강조하지 않는다. 나도 초심자들에게 너무 큰 부담을 주지 않기 위해서, 처음엔 하루 한 가지 일을 택해 호흡관법수행을 통해 그 일에 열중하길 권한다. 샤워할 때, 면도할 때, 아침 식사를 준비할 때, 혼자서 식사를 할 때, 지금 하고 있는 일에 열중하며 이렇게 하는 것이 얼마나 유익한 일인지 느껴본다. 이렇게 하다 보면 또 다른 일에도 그 방법을 적용할 용기를 얻게 될 것이다.

그렇다고 해서 지나칠 정도로 어떤 일에 열중하라는 얘기는 아니다. 지금 하고 있는 일에 스트레스를 가중시키지 말고, 마치 좌선을 하고 있는 것처럼 마음을 한곳에 모아 조화롭고 쉽게 그 일을 도모하자는 것이다. 무엇을 하든지 한 가지 일에 자연스럽게 주의집중을 하자는 데 목적이 있다.

마음챙김 수행을 하는 가장 좋은 방법은 자신의 마음이 얼마나 산만한지를 알아차리는 것이다. 다시 말하면, 잠자리를 준비하면서 내일 할 일을 걱정하고 있다든지, 어제 있었던 언짢은 일을 생각한다든지, 공상에 빠져 넋을 잃고 있다면 이와 같은 자신의 분산된 마음 상태를 즉각적으로 알아차린다. 좌선할 때 망상이 일어나면 알아차리고 화두나 호흡으로 돌아왔듯이, 자신에 대해서 한심하다고 실망하거나 자책하지 말고 그냥 곧바로 현재로 돌아와 잠자리를 준비하는 행위에 열중하는 것이다. 이때 호흡은 현재로 돌아오도록 상기시켜주는 도우미 역할을 해준다. 어떻게 하든 걱정하지 않고 이렇게 산만한 자신의 마음을 알아차리는 수행을 호흡의 도움으로 계속 반복하다 보면, 언젠가는 매순간의 일마다 미세한 호흡의 현상들이 배경으로 감지되는 질적인 변화를 맞게 된다.

종종 수행자들은 온종일 호흡을 도우미로 사용하라는 말과 좌선할 때 전문적으로 하는 호흡관법수행을 혼동한다. 너무 호흡에만 열중한 나머지 자신의 일상적인 삶을 등한시한다. 친구와 대화를 하면서 호흡을 관찰한답시고 대화에 집중하지 않는 경우를 상정해보자. 이럴 경우 친구는 당장 기분 나빠하면서 이렇게 말할 것이다. "도대체 내 말을 듣고 있는 거야 뭐야!" "글쎄. 난 지금 호흡관법수행을 하고 있기 때문에 네 말이 잘 안 들려." 이런 식으로 수행하라는 말이 아니다. 여기서 '호흡은 단지 지금 현재로 들어가는 문'일 뿐이다. 지금 하고 있는 일에 온전히 집중할 수 있도록 마음을 한곳으로 모아주는 도우미 역할을 해야지 방해꾼이 되어서는 안 된다(현재 하고 있는 일에 초점을 맞추고 단지 호흡은 배경 역할을 하는 것이다 – 옮긴이).

하루 중 잠시 호흡을 관찰하기에 좋은 시간이 있다. 엘리베이터를 기다린다든지, 점원이 영수증을 준비하고 있다든지, 영화관에서 표를 사기 위해 줄서야 할 때가 있을 것이다. 대부분 사람들은 이 시간을 답답하고 쓸데없는 시간처럼 느낄 수도 있다. 하지만 마음을 챙겨 현재에 살아가는 수행자들은 이런 자투리 시간도 유용하게 활용한다. 마음을 호흡에 모아 단 몇 번의 호흡이라도 바로 보고 있노라면, 몸과 마음의 중심이 잡히므로 여유롭고 든든한 느낌이 든다. 또한 몸과 마음에 에너지가 생겨 그 짧은 순간에 기분이 새롭게 전환된다. 짜증나고 불편한 느낌이 드는 시간들을 이처럼 여유롭고 편안하게 바꿔 활용할 수 있다.

틱낫한 스님의 수행원에서는 종소리를 들을 때마다 하던 일을 잠시 멈추고 호흡을 관찰하도록 한다. 즉 종소리가 흩어진 생각을 모으게 하는 빨간 신호등 역할을 하는 것이다. 어느 사찰이나 예외 없이 매일 공양이나 예불시간에 맞춰 종이 울린다. 시간을 알리기 위한 실질적인 목적 외에 화두나 호흡을 챙기지 않고 망상을 피우는 수행자들에게 경각심을 불러일으켜 마음챙김을 하도록 하는 의미가 있다. 틱낫한 스님의 수행원에서는 이런 뜻을 부각시키기 위해서, 종소리를 듣는 순간 흩어진 생각을 모아 호흡을 두세 번 관찰한 후에 지금 이 순간에 열중하도록 한다.

운전할 때 빨간 신호등이 오랫동안 켜져 있으면 사람들은 조급해하며 짜증을 낸다. 하지만 이 신호등은 호흡관법수행을 위한 좋은 기회로 활용될 수 있다. 서두르지 않고 침착하게 운전하도록 한다. 전화벨이 울릴 때 역시 마찬가지다. 허겁지겁 수화기를 들지 않고 몇 번 울릴 때까지 기다리며 호흡을 관한다. 이는 외부의 자극에 즉각적으로 반응하지 않으려는 것이며, 대화의 준비를 하기 위한 것이다.

나는 지하철을 자주 이용한다. 출퇴근하는 사람들로 붐비는 지하철을 타려면 귀찮고 짜증날 때가 많다. 그러나 나는 지하철로 좀 긴 거리를 이동하게 될 때면 이때를 정진의 시간으로 활용한다. 정진복으로 갈아입거나 방석을 깔 필요도 없으며 향을 피우거나 종을 칠 필요도 없다. 그냥 전철 의자에 앉은 채로 현재 내 마음상태를 살피며 시간을 보낸다. 이 시간은 전혀 무료하거나 초조한 때가 아니다. 공항에서 비행기를 기다린다든지 치과병원에서 진료 차례를 기다릴 때도 이런 방법으로 누구나 싫어하는 시간을 유용하게 보내면 된다. 순간순간 마음챙김의 수행으로 버려진 시간을 언제라도 살려 쓸 수 있다.

나는 산보하는 것을 좋아한다. 시내 외곽지역을 산책하면서 마음챙김 수행을 할 때가 나에겐 참으로 행복한 시간이다. 한 걸음 한 걸음 걸을 때마다 발과 몸의 움직임을 주시하거나 호흡을 관하기도 한다. 무엇을 관하든 마음이 현재 순간에 깨어 있도록 한다. 때에 따라서는 이 경의 아홉 번째 단계인 심념처 수행을 하기도 한다. 이 책을 내는 데 도움을 준 데이비드 가이(David Guy)는 수영을 하면서 몸의 움직임을 관찰하며 신념처 수행을 한다. 화단에서 풀을 뽑을 때나 갈퀴로 나뭇잎을 모을 때 등, 어떤 육체적 활동이든지 신념처 수행을 하기 위한 좋은 기회로 삼을 수 있다.

산책을 하다 동네 친구를 만난다면 다른 식으로 수행을 한다. 마음의 초점은 대화에 맞추되 호흡을 관함으로써 마음이 들뜨지 않게 한다. 말을 잘하는 것뿐만 아니라 남의 말을 잘 들어주는 것도 하나의 기법이다. 말을 들으면서 상대방에게 어떤 대답을 할 것인가를 생각하기 때문이다. 타고난 재능이 있는 사람만 상대방이 하는 말에 전적으로 열중할 수 있으며, 생동감 있고 가치 있는 대화를 이끌어갈 수 있다.

나는 수련회나 캠브리지의 수행원에서 정기적으로 개인별 수행 면담을 자주 갖는다. 수련생들 마다 가지고 있는 수행 상의 문제를 상담하는 일은 고도의 집중력을 필요로 한다. 수련생들이 자신의 수행 경험을 보고할 때, 나는 그들의 말을 경청하며 그 순간 마음의 문을 열고 그들과 함께한다. 이때 호흡관법수행은 대화의 배경 속에서 진행된다. 또한 상담 사이사이 쉬는 시간을 이용하여 호흡관법수행을 통해 휴식을 취한다. 이렇게 하면 다음번 수련생을 좀더 깨어 있는 마음으로 맞이할 수 있다.

하루 일과 중에 호흡을 관하는 것이 아주 부자연스러울 때가 있을 수 있다. 뇌수술이나 금강석 세공, 수로건설 작업 등과 같이 세심한 주의를 요하는 일을 하고 있을 때에는 그 일에만 몰두해야 한다. 그것이 바로 그 순간의 마음챙김이다. 지금 하고 있는 일과 온전히 함께하는 것이다. 다른 생각을 하고 있음을 알아차리는 순간 자연스럽게 그 일로 돌아와야 한다. 원리는 다르지 않다. 호흡 대신 그 일 자체가 관찰의 대상이 되는 것이다.

무엇을 관찰의 대상으로 삼느냐는 실용성이 기준이 될 수 있다. 만약 숨의 관찰이 어느 상황에 대해 깨어 있는 마음을 유지하는 데 도움이 된다면 그것을 사용하면 된다. 그렇지 않으면 신경 쓰지 않아도 된다.

3. 마음챙김을 수행하는 비결

캠브리지의 수행원에서 나는 수행자들에게 하루 종일 마음을 챙기는 수행을 하기 위해 되새겨야 할 것들이 적힌 쪽지를 나누어준다.

1. 가능하면 한 번에 한 가지 일만 하라

선에는 다음과 같은 유명한 가르침이 있다. '앉아 있을 때 그냥 앉아만 있어라. 걸을 때 그냥 걷기만 해라.' 늘 당신 스스로 '이 상황에서 중심적인 행동은 무엇인가?'라고 묻는 것이 좋다. 설거지를 하고 있다면 그냥 설거지를 하라. 운전하고 있다면 그냥 운전만 하라. 그와 같은 마음챙김은 오늘날에 더욱 필요한 것 같다. 왜냐하면 많은 운전자들이 담배를 피우고 커피를 마시고 라디오를 듣고 전화로 이야기를 하면서 차를 몰기 때문이다. 가끔 당신은 운전하고 있는 사람이 누구인지조차 의심한다. 어떤 행동이 이루어지고 있을 때 거기에는 더 큰 맥락의 상황이 있을 수 있다. 이를테면 앞자리에 앉은 사람이 당신에게 말을 걸 수는 있겠지만, 중심이 되는 활동은 분명하다. 현재의 순간을 들여다보라. 그 활동이 무엇인지 보고 나서 그것을 하라.

당신이 처한 상황에 혼란스럽거나 헷갈릴 수도 있다. 만약 그 상황이, 당신이 혼란과 함께 머물러야 하는 순간이라면 그것을 철저히 들여다보라. 그렇게 하는 것이 근심을 불러올 수도 있다. 하지만 불확실함이 거기 있도록 내버려둔다면, 그리고 단지 불확실함을 견딜 수 없기 때문에 행동하려고 하는 유혹을 이길 수 있다면 분명함에 이를 수 있는 가능성은 더 커진다. 당신이 자신의 혼란을 의식적으로 경험할 수 있다면 그 과정이 당신을 분명함으로 이끌어줄 것이다. 충동적으로 행동하려고 하거나, 혹은 혼란이 따르는 고뇌에 어떤 행동이라도 취하고 싶어 하는 마음의 성향에, 호흡은 브레이크로써 유익하게 작용할 수 있다. 때때로 지혜란 행동하지 않는 것이다.

가끔 사람들은 한 번에 한 가지 일만 한다면 어떻게 뭔가를 마칠 수 있겠느냐는 질문을 한다. 실제로, 한 번에 한 가지 일만 하는 것이 훨씬 더 효율적이다. 한 가지 일만 할 때 주의집중을 더 잘할 수 있고 긴장도 덜 하게 된다. 여러 가지 일을 동시에 함으로써 시간을 절약할 수 있을지는 모르지만, 한 번에 한 가지 일을 하는 것에 그보다 훨씬 더 많은 이로움이 있다.

사람들은 한 번에 한 가지 일만 한다는 규칙에 철저한 것이 그들의 사회생활을 망칠 것이라며 이의를 제기한다. 나는 추수감사절에 칠면조와 감자요리를 방 한구석에 놓고 오로지 그것에만 주의를 기울이라고 말하는 것이 아니다. 온 가족이 모여서 식사하는 것은 그런 종류의 상황이 요구하는 파노라마와도 같은 주의집중을 요구하며, 우리보고 먹고 마시고 대화하고 들으라고 한다. 행동에 있어서의 삼매는 한결같으면서도 유연할 것을 요구한다. 마치 광각렌즈가 많은 사람들을 한꺼번에 포착하듯이, 한 사람 또는 한 입 음식에 대한 주의집중으로부터 더 넓은 주의집중으로 이동하는 것이 필요하다. 그것은 세밀한 부분에 있어서는 조금 덜 정확하다 해도 그 상황에 전적으로 깨어 있는 것을 의미한다.

한 번에 한 가지 일만 한다면, 우리 삶의 대부분은 그렇게 복잡하지 않고 복잡할 이유도 없다. 그 상황에서 요구되는 것들은 대부분 분명하며 한눈에 알 수 있다. 당신의 아이가 뭔가를 얘기하려고 집으로 뛰어 들어왔는가? 그렇다면 들어라!

2. 당신이 하고 있는 일에 온전히 주의를 기울여라

우리와 우리가 하고 있는 일 사이에 아무것도 없을 때, 우리는 온전히 주의를 기울인다. 더러운 접시들로 가득 찬 싱크대를 마주하고 있다면, 당신 마음은 온통 그 일이 싫다는 생각, 설거지에 오랜 시간이 걸리는 것을 참을 수 없다는 생각, 그날 밤 보기로 한 영화 생각에 사로잡혀 있을 것이다. 당신은 당신이 하고 있는 일로부터 분리되어 있는 것이다. 손은 설거지를 하고 있지만 마음은 콩밭에 가 있다. 이렇게 흩어져 있는 것은 온전히 깨어 있는 것만 못하다.

온 몸과 온 마음을 우리가 하고 있는 일에 다 바치는 것, 우리의 행동과 하나가 되고 친밀해지는 것은 중국 선사들이 삶에 삶을 바치라고 말한 것과 같다. 그것은 때때로 깨달음 자체만큼이나 깊은 '하는 사람이 없는 함', 즉 행동에서 깨어 있는 마음일 수 있다. 삶에 주의집중을 가져오는 능력은 일상적이거나 극적인 상황을 막론하고 언제나 우리에게 있다.

이 다음에 단순한 일을 할 때, 아무 상관없는 생각이 당신의 행동을 따라오는지 지켜보라. 그것은 생각하는 것이 잘못되었다는 말이 물론 아니며, 단지 그 상황에서 그것이 도움이 되지 않는다는 의미다. 당신이 생각할 것을 요구하는 상황에 있다면 오로지 생각만 하라. 당신이 소득세신고양식서를 작성하고 있을 때는 오로지 그 일만 하라. 숫자를 정확하게 적어 넣어라.

3. 당신이 하고 있는 일에서 마음이 벗어날 때, 그것을 되돌려 놓아라

마음은 가끔 너무 헤매고 다녀서 당신은 더 이상 어떤 일을 할 수가 없다. 어떤 때는 그 방황이 좀더 미세할 수도 있다. 때가 되면 수행과 더불어 당신은 생각에 훨씬 깨어 있게 되고, 그 생각이 온전히 행동하는 것을 어떻게 가로막는지 더 잘 알 수 있게 된다. 너무 억지로 행동과 하나가 되려고 노력하지 말고, 분리되어 있음을 그냥 바라보라. 보는 것이 그 행동의 온전함을 되살려줄 것이다. 생각은 주의집중의 불꽃에 타버리고 당신은 그저 지금 하고 있는 일을 할 뿐이다.

4. 세 번째 단계를 수천 번 반복하라

당신의 방황으로부터 다정히, 탓하지 않고 돌아오는 것이 중요하다. 수행은 단지 대상과 함께하는 것만이 아니다. 당신이 정처 없이 떠돌아다녔다는 것을 바라보고 우아하게 돌아오는 것도 수행이다.

5. 당신의 산만함을 탐구하라

만약 마음이 계속해서 무언가를 향해 달려간다면, 계속 찾아오는 그것을 살펴보는 것이 도움이 될 것이다. 그것은 어쩌면 당신이 해야 하거나 하지 말아야 하는, 당신 삶의 무언가에 대해 말하려는 것인지도 모른다. 삶은 그에 대한 우리의 반응이 적절하지 않을 때 우리가 알아차릴 수 있게 만드는 방법을 갖고 있다. 상황이 허락하여 당신이 산만함을 바라볼 수 있을 때, 그 산만함을 주의집중의 대상으로 만들어라. 그것에 어느 정도 시간을 준 다음 당신의 중심적인 과제로 돌아가라.

수행을 일상생활로 가져오는 예술은 그처럼 주의집중을 옮겨가는 것을 배우는 것이다. 오직 한 가지 일만을 온전하게 하라. 하지만 유연하라. 만약 아이가 무릎에 피를 흘리며 소리치며 집으로 달려온다면, 마루 바닥을 닦고 있던 당신의 집중 대상은 바뀌어야 한다. 아이에게 온전히 주의를 집중하라.

깨어 있는 삶의 예술은 열렬한 관심과, 잠에 빠졌다가 다시 깨어나기를 반복하는 부드러우면서도 단호한 평생의 노력을 요구한다. 명상 수행자들은 종종 정색을 하고 기쁨을 잊은 채, 야심 차게 수행을 시작한다. 하지만 그와 같은 수행은 중국의 무문 선사가 말했듯이 '무쇠로 된 족쇄와 사슬을 차는 것' 이다. 깨어 있는 삶의 예술을 시작하기 위해 노력은 필요한 것이지만, 남과 비교하거나 스스로를 비난하는 것으로 가득 찬 그런 노력이 되어선 안 된다. 깨어 있음은 실제로 당신의 마음을 더 가볍고 자유롭게 만든다.

삶에서 이런 단순함을 계발하는 것은 어떤 사람들이 두려워하듯 당신을 제한하는 것이 아니다. 그것은 사실 당신 삶을 더 온전하게 만든다. 우리가 방석 위에서 단순함을 발견해야 하는 필요에 대해 말해왔지만, 그것은 일상생활에서도 똑같이 중요하다. 우리는 더 새로운 목표를 끊임없이 열망하는 것에 의해서가 아니라, 실지로 우리의 삶을 구성하는 단순한 일들 가운데서 기쁨을 찾는 것으로부터 진정한 만족을 발견하게 된다.

나의 할아버지는 그와 같은 기쁨에 대한 유태인의 옛날이야기를 들려주곤 했다. 분차 즈웨이그라는 그 유태인은 모든 사람에게 친절하고 너그러웠으며, 항상 열심히 일해 가족들을 보살피던 좋은 사람이었다. 그가 죽어서 천당에 갔을 때 천사들이 그를 맞이하며 물었다. "축하해요, 분차. 당신은 훌륭하고 고귀한 삶을 살았어요. 이제 천당에 왔으니 당신은 원하는 것을 무엇이든 가질 수 있답니다. 뭘 갖고 싶으신가요?"

분차는 이 질문에 대해 몇 달을 곰곰이 생각했지만 아무 것도 생각해낼 수가 없었다.

"괜찮아요, 분차. 이곳은 천당이에요. 당신이 항상 다른 사람을 먼저 생각하며 그 오랜 세월 동안 쌓아 온 미덕에 대한 보상이랍니다. 뭐든 당신이 원하는 걸 말해봐요"라고 천사가 말했다.

분차는 이번에도 꽤 오랫동안 잠자코 있으면서 그 문제에 대해 이리저리 생각해보았다. 하지만 여전히 떠오르는 게 아무것도 없었다.

"분차, 괜찮다니까요. 여기가 이미 낙원이고 젖과 꿀이 흐르는 땅이잖아요! 인간이 원하는 건 뭐든지 여기 다 있답니다. 제발, 뭔가 좀 생각해내세요."

분차는 좀더 오랜 시간을 가만히 앉아 있었다. 그러다가 마침내 말했다. "알았어요. 매일 아침 나를 위해 베이글과 커피 한 잔을 준비해주실 수 있나요?"

4. 수행을 집까지 가져가라

이 책에 대한 나의 희망 가운데 하나는《호흡관법경》에 대한 주석서로 수행자들에게 더 깊이 수행할 수 있게 하는 길잡이가 되는 것뿐만 아니라, 그 가르침에 처음 접하는 사람들이 수행을 시작하는 계기로 쓰였으면 하는 것이다.《호흡관법경》자체가 이런 희망을 가능하게 한다. 이 경전은 들이쉬고 내쉬는 숨을 따르는 가장 기본적인 수행과 함께 시작해 완전한 해탈에까지 이른다.

안거를 마칠 때마다 나는 항상 새로운 사람들이 수행을 집에까지 가져갈 수 있는 몇 가지 방법을 알려준다. 먼저 매일 앉는 것이 가장 좋다. 그러기 위해서는 언제든지 번거로운 일에서 벗어나 고요히 머물 수 있는 장소를 집안에 하나쯤 마련하는 것이 좋다. 얼마 동안 앉아 있어야 한다고는 말할 수 없다. 초보 수행자들과 함께 수행할 때는 15분이나 20분 정도부터 시작해, 점차 45분이나 그 이상에 이르도록 지도한다.

안거에서 좌선은 30~60분 정도 사이, 대개는 45분 정도 계속되며 이곳 캠브리지의 수행원에서 규칙적으로 하는 좌선은 한 시간 동안 지속된다. 좌선을 얼마 동안 하느냐보다는 얼마나 규칙적으로 하느냐가 중요하다. 수행에 저항하는 당신의 마음을 볼 수 있도록, 당신이 원하는 것보다 조금 더 오래 앉아 있는 것이 좋다. 하지만 절대 자신을 고문해서는 안 된다. 마찬가지로 당신이 앉고 싶은 생각이 들지 않는 날에도 앉아 있는 것이 중요하다. 당신이 앉고 싶을 때만 앉아 있는다면 좌선하기를 좋아하는 마음만을 알게 될 것이기 때문이다.

집중수행을 함께할 수 있는 좋은 스승과 수행처를 발견하는 것이 얼마나 도움이 되는지에 대해서는 아무리 강조해도 지나치지 않을 것이다. 사람들은 종종 좋은 스승을 어떻게 알아보느냐는 질문을 한다. 답하기 어려운 질문이다. 당신은 그의 스승이 누구였는지 혹은 그가 어디서 공부했는지를 기준으로 어느 정도 판단할 수도 있을 것이다. 오랫동안 수행을 한 스승을 찾는 것이 정말 중요한데, 왜냐하면 오랜 경험이 진정한 배움을 가져오기 때문이다. 결국은 당신이 삶의 다른 모든 측면에서 이용하는 분별력 같은 것을 이용할 필요가 있다. 만약 마음을 다 바치는 참된 사람이 있다면 일단 그와 함께 시작한 다음 어떻게 되어가는지 지켜보라.

좋은 스승을 찾는 한 가지 좋은 방법은, 수행처에서 안거를 해보는 것이다. 수행처의 홍보책자를 보면 스승에 대한 소개가 나와 있는 경우가 많으니 그 가운데 자기와 잘 맞겠다 싶은 사람을 택하면 된다. 당신이 안거에서 하는 집중수행은 대단히 중요하다. 당신 혼자서 해나가기에는 너무 힘들 수도 있다.

만약 당신이 스승이나 수행처가 없는 곳에 산다 해도, 정기적으로 수행처를 찾는 것은 당신에게 좋은 스승과 수행 공동체가 되어줄 것이다. 옛날 수행자들은 한 번에 여러 달씩 혼자 수행하며, 정기적으로 스승을 보러 가곤 했다. 당신도 그런 방식을 따를 수 있다.

만약 수행처를 찾을 수 없다면 당신 스스로 좌선 모임을 열어보는 것도 도움이 될 것이다. 관심 있는 사람이 단 한 명밖에 없다고 해도, 당신과 둘이서 일주일에 한 번씩 만나 좌선과 걷기 명상을 함께 하거나 스승의 목소리가 담긴 테이프를 들을 수 있을 것이다. 다른 사람들과 더불어 수행하는 것은 대단히 중요하다. 그것은 당신의 수행에 든든한 버팀목이 되고 당신이 혼자라고 느끼지 않게 해준다. 때가 되면 한 사람이 둘이 되고, 둘이 셋이 될 것이다. 상당수의 불교 수행처가 그런 식으로 시작되었다.

당신이 행동의 거울로 삼는 기준 위에 수행이 자리 잡게 하는 것도 큰 도움이 된다. 불자들은 여러 세기 동안 계율에 견고한 기반을 두고 수행해왔다. 종종 수계식(受戒式)을 통해 스스로 불자라고 선언하며, 죽이지 않고, 주지 않은 것을 갖지 않으며, 말을 그릇되게 사용하지 않고, 성적인 에너지를 잘못 쓰지 않으며, 해로운 물질을 취하지 않겠다는 계를 받는다. 물론 그것들은 상황에 따라 어느 정도의 해석을 필요로 하지만, 문명화된 삶을 살기 위해 필요한 최소한의 것들이다.

계율은 외부적으로 강요되는 규칙이 아니라 깨어 있는 삶을 위한 지표가 되는 것이다. 우리가 본래 갖고 있는 지혜는 그렇게 행동하는 것이 온전하고 현명함을 서서히 볼 수 있게 된다. 틱낫한 스님은 항해하는 사람에게 북극성이 길잡이가 되는 것과 같은 맥락에서 계율을 이해한다. 우리가 완벽하게 계율을 실천할 수는 없다. 언제나 바른 말만 할 수 있는 사람이 어디 있겠는가? 하지만 계율은 우리가 가고자 하는 방향을 일러준다. 그것들은 경고 표시와도 같으며, 인간을 문제에 빠뜨릴 수 있는 행동의 범주들을 알려주고 있는 것이다.

전통적인 불교 수행에는 3가지 영역이 있는데, 그것들은 종종 연속적인 것으로 간주된다. 이를테면 실라는 도덕적인 수련이며, 사마디는 안정적이고 고요하며 분명한 마음을 닦는 것이다. 그리고 빤냐는 지혜의 계발, 즉 우리가 위빠사나라고 하는 것이다. 가르침은 5계에 중심을 둔 도덕적 수련에서 시작해 명상 지도로 이어지고, 마침내 진정한 목표인 지혜에 이른다.

하지만 수행의 이런 측면들은 그렇게 연속적이지 않으며 똑 떨어지게 구분될 수 있는 것이 아니다. 도덕적인 계율을 수행하기 위해서 우리는 어느 정도 지혜를 필요로 한다. 예를 들면 바른 말을 실천하려고 노력하는 데 있어서, 그릇된 말이 고통을 낳을 수 있다는 사실을 알 필요가 있다. 그렇지 않다면 계율은 진정한 의미를 가질 수 없다.

계율을 지키기 위해서 어느 정도의 마음챙김 또한 필요하다. 당신이 말하는 모든 순간이 바른 말 아니면 그릇된 말을 할 수 있는 기회라는 사실을 항상 알아차리고 있어야만 한다. 사람들은 그들이 하는 말로 아주 많은 고통을 일으킨다.

이때도 호흡은 당신이 말하는 사이사이에 여백을 줌으로써 큰 도움을 줄 수 있다. 때때로 당신은 잘못된 말을 하려던 찰나에 호흡과 함께 머무름으로써 그것을 피할 수 있다. 언젠가 수행 지도를 받던 학생 중 하나가 성적(性的)으로 경솔한 행동을 범할 뻔했던 상황에 대해 이야기한 적이 있다. 당시 그는 그러기를 원했고, 함께 있던 여자도 마찬가지라고 느꼈다. 하지만 그 짧은 순간에 그는 호흡으로 돌아올 수 있었고, 그토록 강렬한 환상으로부터 자신을 돌려놓을 수 있었다. 그는 자칫 앉아서 했던 망상과 똑같은 식으로 어느 한 생각에 휩쓸려갈 뻔 했던 것이다.

그가 본 것은 그런 성적 방종이 믿음을 깨뜨리고 그를 신뢰할 수 없는 사람으로 만들 거라는 사실이었다. 그리고 그와 그녀의 가족에게 줄 상처도 충분히 볼 수 있었다. 다시 말하면, 그는 그 상황을 일종의 지혜로써 바라본 것이다. 이것이야말로 계율이 가진 일종의 권위며 우리가 그것들을 따르는 진정한 이유다. 당신은 많은 고통으로부터 자신을 구할 수 있다.

우리의 삶은 때때로 외부적 규제가 필요할 때가 있다. 그러나 우리들 스스로가 현명하다고 생각해 지키는 규칙이 훨씬 더 값지고 신뢰할 수 있다고 생각한다. 왜냐하면 깨어 있는 마음으로 상황을 지켜보고 그렇게 행동하는 것이 바람직하다고 여기기 때문이다. 수행의 지혜는 우리가 계발한 마음챙김과 함께하며, 결국 겉치레는 피하고 꼭 필요한 계율만을 스스로 정해 실천할 수 있도록 해준다. 왜 여러분 자신과 여러분이 사랑하는 이에게 고통을 안겨줄 일을 하겠는가? 시간이 조금 걸리겠지만 마음수행이 확고히 자리 잡아 성숙하기 전까지는 계율이 바른 길을 일깨워주는 최상의 길잡이가 될 것이다.

고통을 가져다줄 어떤 상황에 대한 건강한 두려움이나, 잘못을 저지르고 자신의 허물을 뉘우치는 건강한 수치심은 수행자들의 정신적 향상에 도움이 된다. 이 가운데 어떤 느낌도 우리를 편협하게 만들지는 않는다. 잘못을 저지르고 나서 회한의 감정이 올라올 때, 이러한 감정과 온전히 마주해 경험할 수 있으면 수행이 한층 더 성숙되어 감을 알 수 있을 것이다. 온전히 경험하고 나면 다시는 같은 잘못을 되풀이하지 않을 것이다.

수행은 우리의 삶을 떠나 따로 있지 않음이 분명하다. 수행은 어떤 맹목적 주술이나 호흡에 대한 편집증이 아니라 진지하게 삶의 방식을 배우는 것이다. 나는 수행자들에게 다음과 같은 간단한 질문들을 자신에게 해보도록 한다. '어떻게 살 것인가를 아는가? 어떻게 먹을 줄 아는가? 얼마나 자야 하나? 어떻게 내 몸을 보살펴야 하나? 다른 사람과 어떻게 지내야 하나?' 내 생에 있어서 가장 가치 있었지만 동시에 곤혹스러웠던 문제는 인생을 어떻게 살아야 할 줄 모른다는 것이었다. 나는 박사학위를 취득했고 미국 주요 대학의 교수가 되었다. 이런 지성인이 삶을 어떻게 살아야 하는지조차 모른다는 것이 말이 되는가? 그래서 나는 교수라는 허상과 체면 따위를 다 놓아버리고 처음부터 다시 시작했다. 그 결과 깨어 있는 마음이 값진 삶을 살아가는 데 필요한 모든 것을 가르쳐 줄 수 있음을 알게 되었다.

깨어 있음은 특히 다른 사람과의 관계에 있어서 귀중한 스승이 된다. 요즈음 인간 행동에 대한 관심이 한층 더 고조되고 있다. 그렇지만 예나 지금이나 진부한 말과 생각만 난무할 뿐이다. 다른 사람을 통해 자신의 모습을 바라 볼 수 있을 때 수행은 더욱 풍부하고 생동감 넘치게 된다.

우리는 흔히 다른 사람이 우리를 화나게 하고 즐겁게 혹은 침울하게 만든다고 생각한다. 하지만 불교심리학에서는 'A라는 현상이 일어나면 B라는 현상이 일어난다' 고 간명하게 표현한다. 이는 'A가 B를 야기했다' 라는 말과는 분명히 다르다. 애인이 무언가 잘못하면 화를 낸다. 이때야말로 화를 바라볼 수 있는 절호의 기회다. 화의 속성을 면밀히 살피고 있노라면 화는 사라지게 되어 있다. 어떤 인간관계, 특히 아주 어려운 인간관계에서도 자신의 모습을 적나라하게 볼 수 있게 된다. 이렇게 바라볼 수 있으면 관계에 좋은 영향을 미치는 것은 당연하다.

구지에프(G.I. Gurdjieff. 러시아의 신비주의 사상가)의 어느 공동체에 이런 일이 있었다. 이 공동체에는 매우 고집스럽고 모든 이들이 넌더리를 내는 사람이 살고 있었다. 그러던 어느 날 그가 훌쩍 떠나버렸다. 그러나 구지에프는 그에게 돈까지 줘가면서 다시 돌아올 것을 권유하였다. 다른 이에게서는 배울 수 없는 무언가를 그로부터 배울 수 있었기 때문이다. 그렇다고 여러분들에게 그처럼 가망 없는 고집쟁이와 그런 관계 속에서 평생 살도록 강요하는 것은 아니다. 분명히 여러분들의 지혜는 그런 관계에서 벗어나야 하는 시점을 분명히 알려준다. 하지만 삶에 있어서 항상 좋은 관계만을 갖기 위해 안달할 필요는 없다는 점을 일러주고 싶다.

나의 첫 스승인 한국의 서운 스님이 뉴욕에 명상원을 내기로 했을 때의 일이다. 우리 일행 몇 명은 스님과 함께 차를 타고 명상원을 개원할 장소를 방문하였다. 그곳은 폐가처럼 생긴 흉한 건물이었다. 항상 마약 중독자나 밀수꾼들이 득실거리는 우범지역이라서 누구나 피해 다니는 그런 곳이었다.

그때 스님이 보인 반응은 지금도 잊을 수 없다. "그렇지 않아요. 전화위복이 될 수도 있어요." 그는 그곳에 엄청난 에너지가 충만해 있음을 알고 있었다. 처음엔 그것이 부정적인 에너지처럼 보였지만 개의치 않고 명상원을 개원하여 성공적으로 운영하였다. 그렇다고 무턱대고 긍정적으로만 생각하는 것은 아니었다. 다른 곳에 다시 명상원을 개원하게 되었고, 몇 주간 운영을 하다가 적당한 장소가 아님을 파악하자 지체 없이 정리하고 그곳을 떠났다. 그는 후회하거나 아쉬워하는 태도를 전혀 보이지 않았다. 상황을 명확히 판단한 것이었다. 하지만 즉흥적으로 내린 결정은 아니었다. 우리가 보지 못한 상황의 이면을 잘 파악하고 있었던 것이다.

5. 한결같은 수행

안거수련 생활에 대한 언급을 끝으로 일상에서의 수행에 대한 논의를 마무리하고자 한다. 불교 명상수행은 주로 승려들이 사찰에서 하는 것으로 되어 있다. 그러나 서양의 경우에는 여러 가지 이유로 수행자 대부분이 일반인이며, 따라서 그들은 일상의 생계를 꾸려가면서 명상수행을 해야 한다. 일상에서의 수행이 매우 유용한 것은 사실이지만 형편이 허락된다면 가끔 긴 기간 동안의 안거수련회에 참석하는 것도 도움이 된다.

안거수련회의 효용에 대해 과장하고 싶지는 않지만, 나는 정기적인 안거수련회가 우리의 수행을 심화시켜준다고 확신한다. 수행 지도자로서 나는 많은 안거수련회를 진행한 경험이 있다. 그러나 매년 한 번씩은 꼭 한달 동안 개인 수련시간을 갖는다. 수행 초기에 나는 수행 지도자가 아니라 수행자로서 다양한 안거수련회에 참석했었다. 매우 가치 있는 삶이라 생각한다. 내가 지도하는 상당수의 수행자들은 안거수련회가 자기 삶의 일부가 되었다고 말한다.

안거수련회는 다양한 방법으로 진행할 수 있다. 캠브리지통찰명상수행원에서는 1일 명상수련, 주말 명상수련, 3일 공휴일 수련 등의 프로그램이 진행되고 있다. 베리에 있는 통찰명상수행원의 프로그램을 보면 가끔 주말 명상수련도 하지만 주로 장기간 동안의 전형적인 안거수행이 주를 이룬다. 내가 주로 진행하는 수련회는 9일 수련이다. 수행자들은 금요일에 도착해서, 그 다음 일요일로부터 일주일되는 날 수련을 마치고 떠난다.

하루 수행 일과는 수행 프로그램에 따라 조금씩 다르다. 아침에 일어나서 5시 45분에 첫 좌선을 시작한다. 6시 30분에 아침공양을 한 후 7시 15분~8시 15분까지 울력을 한다. 오전 일정은 3차례의 좌선과 2차례의 행선을 하도록 되어 있다. 오후에도 마찬가지다. 저녁에는 2차례의 좌선과 1차례의 행선을 한 후 하루를 마감하며 법문을 듣는다. 스승과 인터뷰를 하는 것을 제외하고 전체 수련회는 완전히 묵언의 상태로 진행된다. 눈 맞춤이나 메모로 의사소통하는 것도 금지되어 있다. 이 기간 동안에 책을 보거나 글을 쓰는 것도 허락되지 않는다. 9일간의 수련 기간 동안 완전히 자신의 의식 속에 머물 수 있도록 환경을 조성해준다.

다른 수행 전통에서는 수행 일과가 조금씩 다를 수도 있다. 하지만 불교 명상수행은 주로 장기간 동안의 수련안거를 마련한다. 수련 경험이 많은 수행자들은 통찰수행원의 3달 안거수행에 참석하기도 한다. 또 다른 전통에서는 1년 동안 안거수행을 하기도 한다.

일상의 삶과는 판이한 아주 특별한 환경 속에서 수련이 진행된다. 수행자들에게 독특한 경험을 주기 위해 오랫동안 다양한 형태의 수련회가 진행되었다. 물론 여러 수련 방법 중에서 가장 널리 알려진 것은 좌선이다. 수련회에 참석한 처음 수행자들은 그 긴 시간 동안 어떻게 앉아서 견딜 수 있을까 의아해한다. 그야말로 시간을 요하는 수련이다.

행선도 잘 알려진 수행법이다. 좌선과 번갈아가며 실행하는데, 이때 행선은 좌선을 효과적으로 할 수 있도록 보조 역할을 한다. 울력 시간, 채식으로 마련된 공양시간, 휴식, 그리고 하루를 마무리하는 법문이 있다. 수행을 처음 하는 사람들은 이 수련 일정표를 보고 좌선이 수행의 전부인 것처럼 생각할 수 있다. 사실 많은 사람들에게 그렇게 인식되어왔다.

우리는 수련회를 이분법적인 시각으로 본다. 좌선 시간과 나머지 시간, 더 광범위하게 말하면 안거수행과 일상생활로 분리해, 안거수행 중 좌선 시간은 소중하고 일상생활과 수련회 기간 중의 다른 행위들은 수행이 아니라고 생각한다. 앞에서도 말했지만 어떤 수행자들은 용맹정진수행을 특별하게 생각해 중독 증상을 보이는 사람도 있다. 그들은 안거수행을 삶의 가장 경이로운 부분으로 여긴다. 그리고 일상의 삶은 안거수행에 참여하기 위한 준비로 생각하는 경향이 있다. 수련회 일정 안에서도 마찬가지다. 좌선만이 중요하고, 나머지 시간은 수행이 아니라 좌선을 위한 예비과정으로 여긴다.

바로 이러한 이분법적인 태도는 불교 수행에서 가장 고질적인 것이다. 수행 지도자들이 좌선을 강조하면 수행자들은 좌선이 불교 수행의 핵심인 것처럼 착각한다. 그것만이 참된 수행이고 거창한 깨달음을 가져다줄 것이라 믿는다. 반면에 일상에서의 수행을 강조하면 좌선은 아예 무시하고 오로지 삶에 깨어 있기만 하면 그만이라고 생각한다.

참으로 어려운 점은 양측 다 진정성을 내포하고 있다는 것이다. 좌선은 삼매를 계발하기 위한 특수 행법이며 아주 중요하다. 수많은 스승들이 공인한 전통인 것이다. 하지만 일상의 삶에 대한 중요성 역시 간과할 수 없다.

나는 이런 이분법적인 태도 자체가 문제라고 생각한다. 이상적인 태도는 어떤 것이 중요하고 어떤 것은 덜 중요하다고 생각하는 것이 아니라 한결같이 수행정진하는 것이다. 나는 정기적인 수련회에 참석하는 것이 중요하다고 생각한다. 좀 역설처럼 들릴지도 모르지만, 나는 수련회 안에서 일상의 삶을 강조한다. 왜냐하면 진정한 의미의 수행은 일상의 삶 밖에서 일어나는 것이 아니기 때문이다.

수련회에 참여하고 있더라도 여러분들은 여전히 아침에 일어나야 하고 양치하고 샤워하고 옷을 갈아입어야 한다. 규칙적으로 화장실에 가야한다. 시간이 되면 식사도 해야 한다. 수련 기간 중에 소임도 맡고 좌선도 해야 한다. 물론 비교해보면 좌선하는 시간이 가장 많다. 하지만 이것이 삶 전체는 아니다. 수련회의 일정이 일상의 삶과 판이하다고 생각할 수도 있지만 다시 꼼꼼히 따져보면 일상의 삶을 떠나 수련회가 존재하는 것이 아님을 알 수 있다.

수행원에 온 사람들은 흔히들 말한다. "적어도 여기에선 복잡한 인간관계를 생각하지 않아도 된다." 큰 짐 하나를 내려놓은 것이다. 그러나 이것 또한 진실이 아니다. 수행원에서는 서로 대화를 할 수 없기 때문에, 다른 형태의 인간관계가 형성되는 것이 분명하다. 통찰 수행원에 있는 몇몇 수행자들은 방을 같이 사용하기도 하고 하나의 팀을 만들어 작업을 한다. 그들 역시 인간관계를 피할 수 없다.

또한 매 수련회마다 악명 높은 '다르마 로맨스'가 있기 마련이다. 수련에 참여하는 수행자들 사이에 사랑의 감정이 싹터, 상상의 나래를 펴 로맨스 관계를 맺는 경우가 있다. 모든 것은 생각으로 이루어진다. 꼭 수련회 중이 아니더라도 흔히 습관적으로 해왔던 마음의 행위들이다. 어떤 수행자는 행선할 때 앞 사람이 너무 늦게 걷는다는 이유로 혹은 매혹적인 색깔의 양말을 신었다는 이유로 매우 흥분하기도 한다. 이처럼 수련회에서 묵언하고 있다고 해서 아무런 관계가 일어나고 있지 않다고 볼 수는 없다.

나는 수련회 일정 속에도 엄연히 일상의 삶이 있음을 수행자들에게 강조한다. 좌선도 중요하고 행선도 중요하다. 그러나 공양시간도, 공양 후 휴식시간도 중요하다. 아침에 일어나고 옷을 갈아입는 것도 마찬가지다. 수행원에서 맡긴 소임도 소홀히 할 수 없다.

수행원에서는 여러 가지 방법으로 소임을 맡긴다. 장기간 수련하는 곳일 경우, 스승은 수행자를 잘 파악하고 있기 때문에 적당한 일을 스승이 선택해준다. 내가 한국의 선원에서 정진할 때의 일이다. 아마 한국 전통 선방에서 미국인으로 수행한 것은 내가 처음일 것이다. 그곳에 있던 사람들에게 이것은 아주 대단한 일이었다. 그들은 전직 명문대 교수 등의 내 경력을 들먹이며 자랑스럽게 청중들에게 나를 소개하곤 했다. 하지만 스승은 내게 화장실 청소를 맡겼다. 앞에서 언급했듯이 수행원에서 화장실 청소는 많이 배운 사람의 몫이다.

수행자 스스로 소임을 선택하게 하는 곳도 있다. 나는 통찰명상 수행원에서 수행 지도를 할 때 각자가 적성에 맞는 일을 고르도록 한다. 어떤 사람은 요리를 택하기도 하고, 밖에서 정원 가꾸는 일을 선호하는 사람도 있다. 나중에 알게 된 사실이지만, 오랫동안 명상을 한 수행자들은 자기가 선호하는 일을 선점하기 위해서 수련회가 시작되기 몇 시간 전에 도착한다고 한다. 그들은 보통 쉽고, 즐겁고, 간단한 일을 선호한다.

그래서 요즘은 방법을 완전히 바꿔 무작위로 소임을 맡긴다. 소임을 적은 리스트에 따라 도착하는 순서대로 하나씩 맡긴다. 선택의 여지가 없는 것이다. 물론 환자나 몸이 불편한 사람일 경우에는 사정을 충분히 고려하여 적당한 일을 골라 하도록 한다.

수행자들을 골탕 먹이려고 그러는 것이 아니다. 수행원이 수행자들의 운명까지도 보장해주는 철저한 보호망에 쌓여 있다는 느낌을 불식시키기 위해서 이런 조치를 취하는 것이다. 통찰명상수행원에는 100여 가지 종류의 소임이 있다. 야채 써는 일이나 사무실 청소처럼 단순하고 즐기면서 할 수 있는 일도 있지만, 화장실 청소나 차관의 묵은 때를 긁어내는 일처럼 만만치 않은 일도 있다. 어려운 일을 맡은 수행자들은 쉬운 일을 맡은 사람들에게 불편한 감정을 가질 수도 있다. 인생이 불공평하다고 생각되고 분노나 원망 같은 감정이 생겨날 수도 있다. 하지만 그것은 우리 자신에 대해 많은 것을 말해주며, 수행의 좋은 기회로 삼을 수 있다.

삶에 대한 통찰은 방석 위에 가만히 앉아 있거나 천천히 걸으며 행선을 할 때 생기는 것이 아니다. 관찰수행이 진행되고 있을 때 사실상 2가지 측면의 일이 있다. 야채를 써는 일, 화장실 청소, 혹은 무슨 일을 하든 그 일 자체에 대한 것이며, 다른 하나는 그 행위를 하고 있는 자신에 대한 것이다.

그래서 나는 수행자들에게 수련회를 아주 특화된 삶의 활동이 아닌 그저 평상시 생활의 연장이라고 볼 것과, 어떤 일이나 행위가 더 중요하다느니 무엇이 우선이라느니 식의 분별심을 갖지 말라고 가르친다. 우리가 취해야 할 마음자세는 한결같아야 한다. 지금 이대로의 순간순간이 가장 중요함을 알아차려야 한다. 깨달은 후에도 이것은 변치 않을 진리다. 깨달았다고 이 사실이 어떻게 변할 수 있겠는가?

이런 태도를 부추기기 위해서 나는 때때로 숨 자체에 대한 비유를 사용한다. 숨을 들이쉬기 위해서는 먼저 숨을 내쉬어야 한다. 묵은 공기를 밖으로 모두 내보내야 새로운 공기를 받아들일 수 있다. 같은 방법으로 새로운 경험을 받아들이기 위해서는 오래된 경험을 씻어내어야 한다. 고요하고 깊은 평화로움을 경험할 수도 있고 산만하고 불안한 경험을 할 수도 있다. 그러나 그것이 무엇이든 경험한 것은 이미 지나간 것이다. 이제 자리에서 일어나 점심 먹으러 갈 순간이다. 지나간 경험을 붙잡고 있으면 새로운 경험을 물들게 한다. 지금 현재에 일어나고 있는 경험을 온전히 받아들일 수 없다.

수행자들이 이런 식으로 수행원에서 수련을 하고 나가면 일상에서 더 쉽게 수행에 임할 수 있게 된다. 9일간의 수련을 마치고 보스턴 시내 한 복판이나 비행장 로비에 서 있으면 그 같은 환경이 생소하게 느껴질 수도 있다. 고요한 환경에 있다가 갑자기 분주하고 시끄러운 곳으로 가게 되면, 평화로운 삼매에 익숙하던 몸과 마음이 적응하기가 힘든 것으로 생각될 것이다. 하지만 삼매를 붙잡고 있을 수도 없다. 그 어떤 것도 붙잡아선 안 된다. 비행장 로비와 시내 한 복판이 현재 이 순간의 여러분의 삶인 것이다. 해야 할 일은 지금 여기에 깨어 있는 것이다. 수련회의 경험을 내쉬고 공항의 경험을 들이쉬어야 한다.

　우리는 좌선, 행선, 수련회의 생활 등 여러 가지 다양한 수련법을 통해서 수행을 한다. 그 어떤 형태의 불교 수행이든 살아야 할 삶이라는 사실을 잊어서는 안 된다. 삶 자체가 인생의 진정한 스승이다. 삶의 교과과정은 이미 다 확정되었다. 문제는 학생이 있느냐다. 어떤 형태의 삶도 그것만 특수한 것이 아니다. 하지만 앉고 서고, 휴지통을 비우고, 친구와 대화를 나누는 일, 이 모든 것이 다 특별하며 경이로운 것이다. 이 사실을 알아차릴 때 우리는 진정으로 수행을 시작한 것이다.

제7장

숨에서 침묵 속으로

그 가르침의 목소리는 완전한 침묵이다,
풍경소리는 한창 울리고 있는데.
— 홍지 선사

1. 소리 너머, 거기 침묵이 있다

우리 수행의 핵심에는 침묵이 있다. 다른 모든 것들의 뒤에, 다른 모든 것들에 둘러싸여, 다른 모든 것들 안에 침묵이 있다. 이런 공간적 은유는 물론 매우 부적절하다. 우리는 침묵의 경험을 거의 갖고 있지 않다. 우리 문화는 점점 더 복잡한 소리만을 가치 있게 여기는 것 같다. 하지만 우리의 좌선수행은 침묵이다. 그리고 안거는 더 깊은 침묵이다. 깨달음은 위대한 침묵으로 불린다. 그 점에서 불교 수행은 우리 문화와 그다지 잘 어울리지 못한다. 그것은 모든 문화와 별로 친하지 않다.

우리들 대부분은 특정한 종류의 침묵을 음미한다. 우리는 에어컨이 켜져 있거나 냉장고가 돌아가는 방에 있어본 적이 있다. 갑자기 그것이 꺼질 때 우리는 안도의 한숨을 쉰다. 어린아이가 있는 부모들은 긴 하루가 끝날 때 맛보는 절묘한 침묵을 말한다. 그것은 종종 아주 짧은 침묵이다. 아이들은 마침내 잠자리에 들고, 텔레비전도 꺼진 고요한 집안에서 맛보는 그 침묵 말이다. 어떤 사람들은 조용한 곳에서 휴가를 보내고, 심지어는 집에서도 혼자 방으로 들어가 책을 읽거나 편지를 쓸 수 있는 순간들을 소중하게 여긴다.

내가 말하는 침묵은 다른 어떤 것보다 더 심오하고, 깊은 명상의 상태에서 경험할 수 있는 것이다. 물론 그 침묵을 거기서만 체험할 수 있는 것은 아니다. 그 침묵은 인간이 경험할 수 있는 가장 깊은 고요함에 이를 때까지 확장된다.

몇 년 전 나는 이 주제를 수행 그룹에 소개하는 데 관심을 갖게 되었다. 그 한 가지 이유는 명상수행에서 꽤 진척을 보이다가 깊은 침묵의 문 앞에 서게 된 학생들이 큰 두려움에 부딪치고는 수행에서 물러나버렸기 때문이었다. 제자들이 끝까지 나아가는 것을 지켜보고 싶었던 나는 그들을 물러나게 했던 두려움에 어떻게 대처해야 할지 스스로에게 물었다.

그 시기에 나는 대양의 탐험에 관한 잡지 기사를 보았다. 그 기사는 대양이야말로 우리에게 열려 있는 마지막 미개척지라고 쓰고 있었다. 나는 작가가 간과한 하나의 미개척지인 인간 의식을 계속 생각하지 않을 수 없었다.

물론 우리는 마음의 어떤 부분들을 탐구했고 그에 대한 복잡한 분석도 해냈다. 하지만 인간이 존재한 수천 년 동안, 우리가 아직 손도 대보지 못한 광대한 영역이 존재한다. 몇몇 용감한 사람들이 그 길을 열었고, 자신들이 찾은 것을 말해주기 위해 돌아오기도 했다. 하지만 대부분의 사람들은 이런 곳이 존재한다는 사실조차 모른다. 로버트 트루먼(Robert Thurman)의 말을 빌자면, 수행자는 마음의 비행사다. 우리는 가장 매력적인 영역의 탐구자들인 것이다.

오늘날 대다수의 사람들에게 인생은 언어로 표현하는 것과 많은 관계가 있다. 말하기, 읽기, 쓰기, 생각하기, 상상하기는 모두 언어적인 표현이다. 비록 다른 종들이 그것 없이도 잘 살아온 것 같긴 해도, 언어는 여전히 인간의 위대한 발명품이다. 그러나 그것은 의식에 너무 깊이 파묻혀 있기 때문에 얼마나 많은 것이 그 주위를 맴도는지 사람들은 알지 못한다. 우리가 언어를 숭배한다거나 그것에 중독되었다고 말해도 과언이 아닐 것이다. 우리는 언어를 살아간다는 것 자체와 같은 것으로 만든다.

대부분의 사람들에게 언어와 관련된 삶의 또 다른 측면은 어떤 형태의 행동이다. 뭔가를 하는 것, 만드는 것, 여기 저기 물건들을 옮기는 것, 그것들을 쌓는 것, 배치하는 것, 신체적인 활동에 참여하는 것, 심지어는 휴식을 취하는 것조차도 어떤 행동의 일종이다.

그 2가지 형태의 노력이라는 면에서 보면, 우리 문화는 다른 문화에 비해, 그리고 특히 과거의 문화에 비해 훨씬 더 많은 것을 낳았다. 우리는 역사상 그 어떤 시대보다도 더 많은 것을 가졌고, 더 많은 할 일이 있으며, 생각과 언어의 필요성을 갖고 있다. 그것은 풍부한 것 이상이며, 거의 넘쳐날 지경이다.

하지만 내면에 있어서 우리는 가난하다. 우리의 정신적인 모습은 몹시도 야위었다. 아마 그렇기 때문에 우리가 물질적인 것들을 그토록 많이 소유하고 있는 건지도 모른다. 우리는 절대로 채워지지 않는 배고픔을 달래기 위해 계속 물질적인 것들을 이용한다. 배고픔은 만족할 줄을 모른다.

우리는 관계에 있어서도 그와 유사한 욕망을 갖고 있다. 일례로 내가 등산에 지대한 관심을 가진 어떤 사람을 알고 있다고 하자. 요즘 인터넷의 세계에 푹 빠진 그는 그제 밤 인터넷을 통해 시베리아의 산악인 친구와 이야기를 나누었다. 나는 이렇게 말했다. "그것 참 멋지군요. 하지만 최근에 아내와는 이야기를 나누었나요? 당신의 아이들과는?" 우리는 훌륭한 기술을 갖고 있지만, 그것이 바로 우리 앞에 있는 삶에 도움이 되는 것 같지는 않다. 만약 시베리아의 산 사나이가 그 친구 집에 나타났다면, 그는 틀림없이 119로 전화했을 것이다. 그는 서로 얼굴을 마주하지 않고, 컴퓨터 스크린에서만 그를 만나고 싶었던 것이다.

나는 지금 기술을 폄하하려는 것이 아니다. 컴퓨터는 언어와 더불어 경이로운 인류의 발명품이다. 나 또한 컴퓨터를 이용해 이 책을 쓰고 있다. 나는 인터넷이 대단한 자원이라는 것을 의심하지 않는다. 그것은 마치 세상에서 가장 위대한 도서관을 당신의 손안에 갖고 있는 것과 같다. 하지만 정보의 축적이 우리를 구할 수 있었다면, 우리는 벌써 구원받았을 것이다.

오늘날 그런 종류의 지식이 갖고 있는 단점은 옛날보다 훨씬 더 절실하게 느껴진다. 20년 전 나는 한국에서 벽조 스님과 함께 공부하고 있었다. 그는 내가 만났던 사람 중에서 가장 기억할 만한 사람 가운데 하나였다. 그는 거의 눈에 보일 정도로 빛이 나는 사람이었다. 수행이 그에게 가져다준 기쁨이 그대로 뿜어져 나왔던 것이다. 그는 아주 자애로웠고 대단한 유머 감각 또한 갖고 있었다. 그는 문맹이었고 자기 이름조차 쓸 수 없었다.

어느 날 통역자를 통해 그와 이야기를 나누는 동안, 나는 그가 세상이 평평하다고 생각한다는 사실을 발견했다. 매우 놀란 나는 언젠가 자연스럽게 그의 생각을 바로잡아주리라고 마음먹었다. 나는 초등학교 과학 시간으로 돌아가서 모든 고전적인 논쟁들을 끄집어냈다. "만약 세상이 평평하다면, 어떻게 우리가 세상을 항해할 수 있지요? 어떻게 배가 그 끝에서 떨어져 버리지 않는 거죠?" 그는 웃기만 했다. 아주 단호했다. 나는 성공하지 못했던 것이다.

마침내 그가 말했다. "좋아요. 당신네 서양인들이 아마 맞겠지요. 나는 글도 모르는 늙은이일 뿐이니까요. 세상은 둥글고, 당신은 그 사실을 잘 압니다. 나는 너무 어리석어서 그런 걸 알지도 못해요…. 하지만 그 사실을 알고 나서 당신이 더 행복해졌나요? 그것이 당신 삶의 문제를 푸는 데 도움이 되었나요?"

사실은 그렇지 않았다. 그것은 우리가 문제해결을 하는 데 전혀 도움이 되지 않았다. 우리가 가진 어떤 지식도 그렇게 하지 못했다.

우리가 배운 그 모든 것을 갖고도 인간은 함께 살면서 생기는 단순한 문제조차 해결하지 못했다. 우리는 놀랄 만한 기술을 가졌다. 그것은 세상 반대편에 있는 사람들과의 접속까지도 가능하게 해주었다. 하지만 우리는 이웃과 잘 지내는 법조차 알지 못한다. 심지어는 우리 집 안에 있는 가족들과도 더불어 살아갈 줄 모른다.

우리 문화의 한 부분은 날아오르고 있는데 다른 한 부분은 간신히 기어다닌다. 우리는 환상에 사로잡혀 있다. 놀라운 마술의 속임수는, 우리가 만들어내는 모든 것이 우리를 더 행복하게 해 줄 것이라고 확신하게 만들었다. 우리는 이 속임수의 청중일 뿐만 아니라 마술사이기도 하다. 우리 스스로가 확신하도록 만들었다.

우리는 마음속으로 더 깊이 들어갈 필요가 있다. 그것은 마치 비옥한 토양의 거대한 들판에 둘러싸여 있는 것과 같다. 하지만 우리는 이제 겨우 작은 땅 한 뙈기를 일구었을 뿐이다. 우리는 그 작은 땅을 훌륭히 가꾸었다. 하지만 우리는 그것을 둘러싸고 있는 들판을 다 일궈야 한다. 우리는 온갖 짓기, 하기, 오고 가기, 모든 말하기와 생각하기, 읽기, 쓰기에서 벗어날 필요가 있다.

침묵은 내가 설명하려는 것의 완전한 표현이 아니다. 침묵에는 완전한 표현이 없다. 어떤 의미에서, 나는 말의 정반대편에 있는 것을 묘사하기 위해 이 말들을 쓰고 있다. 모든 말이 침묵에서 나왔다는 말이 맞다고 할지라도 그것은 여전히 사실이다. 썩 충분하지는 않지만, 다른 스승들과 다른 문화들은 무(無)나 공 같은 표현을 사용해 왔다.

내가 사용하는 침묵이라는 개념은 존재의 차원이다. 당신은 그 안에서 살 수 있다. 그것은 정신적인 삶이 무엇인가에 대한 모든 것이다. 그것은 문자 그대로, 거대한 고요함으로 가득 차 있는 매우 심오하고 무한한 공간이다. 어떤 의미에서 그것은 우리 안에 있다. 그 안에서 우리는 침묵을 찾는다. 비록 우리 수행의 어떤 시점에서, 안과 밖 같은 표현이나 내가 주로 사용하는 온갖 공간적인 개념들이 아무 의미도 없어진다고 해도 말이다.

침묵 이면에 있는 것과 비교해보면, 인류 문명이 쌓아올린 모든 역사, 즉 언어, 문화, 생각, 교역은 아주 작은 것에 불과하다. 침묵은 존재의 차원이다. 그리고 역사 전체를 통해 어떤 사람들에게 그것은 중심적인 차원으로 존재해왔다. 그들은 인류가 낳은 가장 비범한 사람들이었다. 그들은 침묵의 세계에 머무는 법, 그리고 거기서 행동의 세계로 나아가는 법을 배웠다.

이 책을 읽고 있는 당신은 분명 그 세계에 어느 정도 관심이 있는 사람이다. 그렇지 않다면 애초에 이 책을 집어들지도 않았을 것이다. 그리고 여기까지 읽지도 않았을 것이다. 나는 존재의 다른 차원, 우리 모두에게 그토록 익숙한 차원을 비판하려는 것이 아니다. 가끔은 내 얘기가 그렇게 들리겠지만 말이다.

나는 단지 어떤 것들이 균형을 잃어왔다는 사실을 말하고 있을 뿐이다. 그들이 깨달은 것 이상의 어떤 것이 삶 속에 있다는 사실을 알리기 위해서 내 얘기는 비판적인 것처럼 들려야 한다. 우리는 생각과 행동의 세계에 아주 강하게 길들여져 있다. 침묵의 거대한 풍요로움을 맛볼 수 있으려면, 우리는 그 세계를 약화시켜야 하고 그 결박을 느슨하게 할 필요가 있다.

그 과정에서 나는 맨 먼저 나의 첫 불교 스승인 숭산 스님의 도움을 받았다. 한국에서 미국으로 처음 왔을 때, 그는 오직 10가지 혹은 15가지 정도의 영어 표현만을 알고 있는 것 같았다. 하지만 그런 표현들을 구사하는 데 비범할 정도로 능숙했다. 과연 짧고 강렬한 법음의 달인이었다. 그는 처음에 생계를 위해 세탁소 기계들을 수리했다. 그 모든 일이 오직 2가지 표현만으로 가능했다. "그거 고장? 내가 고쳐요." 하지만 오래지 않아 그는 선사로서 명성을 얻었고, 금요일 밤이면 많게는 100명의 사람들이 그 15가지 표현으로 된 법문을 듣기 위해 그를 찾아오곤 했다. 그들 가운데 상당수는 대학 교육을 받은 사람들이었다.

내가 지금 가르치는 전통에서 인터뷰는 매우 자유로운 편이다. 하지만 그가 속한 선 전통에서는 인터뷰가 매우 엄격했다. 내가 무슨 말을 하든 그는 언제나 똑같은 방식으로 대답했다. "너무 생각이 많군!" 그는 종을 울리고 나는 떠나야 했다. 대단히 창피한 일이었다. 마침내 어느 날 조용히 좌선을 마친 후, 나는 그 사실에 꽤나 흥분해서 그에게 갔다. 사실 충분한 시간이 주어지면 우리 모두 침묵을 맛볼 수 있는데도 나는 퍽이나 들떠 있었다. 나는 그에게 앉아 있는 동안 단지 몇 가지 미세한 생각만 있었노라고 말했다. 그는 전혀 믿을 수 없다는 듯한 얼굴로 나를 바라보았다. "생각이 뭐가 잘못됐다는 건가?" 그가 말했다. 문제는 생각이 아니었다. 그는 내가 알게 만들었다. 문제는 우리가 그것을 잘못 사용하는 데 있다. 문제는 그것에 대한 중독이다.

마침내 나는 그와 함께 한국에 가서 1년간 머물렀다. 나는 그때 한국으로 가던 비행기 안에서의 일을 잊을 수가 없다. 나는 한 보따리의 책을 꺼냈다. 내가 간직해온 온갖 진리를 담은 책들. 그것들은 나를 수행으로 이끌어준 매우 중요한 책들이었다. "그게 뭔가?" 그가 물었다. "제 책들입니다." 내가 말했다. "아니야." 그가 말했다. "올해 당신은 어떤 책도 읽으면 안 돼." 책을 읽으면 안 된다니! 그것도 일년씩이나! 그는 자기가 누구에게 그런 말을 하는지도 몰랐음에 틀림없다. 브루클린 출신의 유태인 지식 중독자를 몰라본 것이다.

"그것이 문제의 전부야." 그는 말했다. "당신은 이미 너무 많이 알고 있어. 당신은 거의 전부를 알지."

글을 읽지 않기란 정말 어려운 일이었다. 어떨 때 나는 케첩 병에 붙은 상표를 읽고 있는 자신을 발견하기도 했다. 나는 영어 단어에 너무도 굶주려 있었다. 하지만 나는 그의 충고를 따랐고 1년 내내 책 한 권도 읽지 않았다. 그것은 나를 해방시키는 일이었다. 그후로 읽는다는 것은 내게 매우 다른 차원의 일이 되었다. 훨씬 가볍고, 덜 집착하는 일이 된 것이다.

비슷한 맥락에서 통찰명상수행원에서 안거를 할 때, 우리는 수행자들에게 읽지 말 것을 요구한다. 심지어는 불교 서적도 허락하지 않는다. 그리고 쓰지 말라고 한다. 그들의 경험을 적는 일기도 접어두라고 한다. 이 2가지 활동을 제한하는 것은 끊임없는 생각과 언어의 활동을 줄여나가고, 더 깊은 침묵의 세계로 관통해가는 하나의 방법이다.

2. 침묵이 당신을 끌어안을 때

침묵은 대단히 수줍어한다. 그것은 자기가 원할 때, 오직 침묵 자체를 위해서 침묵을 사랑하는 사람들에게만 나타난다. 그것은 계산이나 집착 또는 요구에 응답하지 않는다. 만약 당신이 그에 대한 계획을 갖고 있거나, 그것으로 뭔가 하기를 원한다면 침묵은 응답하지 않을 것이다. 그것은 명령에도 따르지 않는다. 당신이 누군가에게 당신을 사랑하라고 명령할 수 없는 것처럼, 당신은 침묵에게 명령할 수 없다.

마음집중으로 얻는 침묵이 있다. 하지만 그 침묵은 상대적으로 거칠고, 의도적이고, 일시적이고, 깨지기 쉬우며, 조건의 영향을 훨씬 더 받기 쉽다. 내가 말하는 침묵은 훨씬 더 깊다. 그것은 우리를 기다리지만, 손으로 잡을 수 없는 것이다. 우리는 그것을 만들어낼 수 없고, 그것을 향해 가는 길을 찾는다. 우리는 부드러움과 겸손함, 그리고 순수함으로 그것에 다가가야 한다.

침묵으로 가는 길은 장애로 가득 차 있다. 그중 주요 장애는 무명이다. 우리는 침묵이 존재한다는 사실을 모르기 때문에 그것을 경험하지 못한다. 비록 내가 그 어려움을 강조한다고 해도, 침묵은 모든 인간이 도달할 수 있는 상태임을 이해하는 것이 중요하다. 그것은 히말라야의 높은 곳, 동굴에 사는 은자들만을 위한 것이 아니다. 그것은 모두에게 열려 있다.

그 길의 첫 번째 부분은 호흡을 알아차리는 수행이다. 으레 초보 수행자가 호흡을 지켜보기 위해서 앉아 있을 때 알아차리는 것은 엄청난 소음이다. 그것은 내가 말하는, 더할 나위 없는 고요함과는 상당히 거리가 먼 듯하다. 티베트인들은 이 단계를 '폭포같이 떨어지는 마음 알기'라고 표현한다. 당신은 마음이 떨어지는 폭포와 같다는 사실을 알아차린다. 그것은 쉼 없이 소란스럽게 흘러간다.

실제로 모든 사람의 마음이 그와 같다. 그러나 대부분의 사람들은 그 사실을 알지 못한다. 호흡을 알아차리는 것은 그것을 보기 위한 중요한 한 걸음이다. 이 세상은 자기 마음이 출퇴근 시간의 지하철역과도 같다는 사실을 깨닫지 못하는 사람들에 의해 운영되고 있는 것 같다. 우리가 지금 처한 이 상황에 있다는 것이 의아한 일인가? 사물이 그렇게 보이고, 그렇게 들리는 것이 의아한 일인가?

오래된 유태인의 농담 하나가 있다. 그것은 아름다운 천으로 양복을 만들고 싶어 한 어느 남자에 대한 얘기다. 그는 훌륭한 재단사를 찾아간다. 재단사는 몇 번이나 치수를 재고는 모든 게 다 잘될 테니 며칠만 있다가 오라고 그에게 이른다. 하지만 그가 돌아왔을 때 재단사는 말한다. "아직 안 됐어요. 며칠 더 있다 오세요."

이러기를 네다섯 번, 손님은 슬슬 걱정이 되기 시작한다. 마침내 어느 날, 그는 재단사가 만들어놓은 아주 아름다운 양복을 보게 된다. "아주 멋지군요." 남자가 말했다. "하지만 신이 세상을 창조한 것보다 당신이 이 양복을 만드는 데 시간이 더 걸렸다는 사실을 아십니까?"

"그럴 수도 있겠지요." 재단사가 말했다. "하지만 당신은 내가 만든 양복을 지금 보고 있어요. 당신은 최근에 세상을 본 적이 있나요?"

폭포같이 떨어지는 마음을 보고 그것이 쇼를 만들어낸다는 사실을 깨닫고 나면, 우리는 더 이상 세상의 모양에 의문을 갖지 않는다. 하지만 그것을 깨닫는 데 조급할 필요는 없다. 조급함은 아무런 도움이 되지 않는다. 당신이 오랫동안 앉아서 들숨 날숨과 함께 머물러 있으려고 노력할 때, 마음은 고요히 가라앉을 것이다. 호흡이 잔잔하고 부드러운 순간을, 단지 호흡과 함께 머물러 있는 그 순간들을 당신은 알아차리게 될 것이다. 당신은 아마도 호흡이 잠시 멈췄을 때의 고요함을 알아차릴 수도 있다.

그것은 침묵의 맛이다. 당신은 그 안에서 신선함을 발견할 수도 있다. 그것은 매우 순수한 종류의 에너지와 만나는 일이다. 훨씬 더

많은 에너지가 거기 있지만, 처음 그 짧은 만남은 당신에게 계속 수
행할 수 있는 믿음을 심어준다. 침묵을 다루는 데 어느 정도의 믿음
은 대단히 중요하다.

이제 훨씬 더 깊은 종류의 침묵이 열려 있다. 그것은 얻으려고 노
력해서 얻을 수 있는 것이 아니다. 삼매수행으로 어느 정도의 고요함
을 성취한 다음에 침묵으로 가는 길은; 소음과 친구가 되고 그것을
진정으로 이해하는 것이다. 가장 큰 소음을 만들어내는 것은 바로 당
신의 자아며, 사물을 나 또는 나의 것으로 집착하는 경향이다. 자아
는 침묵의 세계에 자신이 깃들 곳이 없다는 사실을 안다. 왜냐하면
침묵은 그 누구에게도 속하지 않은 것이기 때문이다. 그것은 아무것
도 자기 것으로 취할 수 없다. 침묵은 자아가 없는 곳에 있다.

그러므로 당신이 준비만 되어 있다면, 깊은 침묵에 다가가는 데
훨씬 효과적인 접근은 선택 없는 알아차림이다. 어느 정도의 침묵은
마음집중을 통해 열린다. 하지만 다른 종류의 침묵은 이해를 통해서
온다. 이해는 침묵을 만들지 않고 이미 거기에 있는 침묵을 발견한
다. 긴 안거를 통해 마음을 여유롭게 할 수 있는 충분한 시간을 가질
때 그와 같은 침묵을 쉽게 만날 수 있다.

당신은 호흡과 함께 앉아 있으며, 모든 것이 오고 가게 내버려둔
다. 생각, 느낌, 소리, 감각, 정신적인 상태, 신체적인 상태들을 그냥
그대로 둔다. 선택 없는 주의집중을 처음부터 할 수는 없을 것이다.
당신은 이것에도 주목하고, 저것에도 주목할 것이다. 하지만 시간이
흐르면 그 경향은 사라진다. 호흡도 더 이상 특별히 강조되지 않는
다. 그리고 완전한 수용의 상태에서 완전한 현재와 더불어 앉아 있는

무엇인가를 알아차리게 될 것이다. 당신은 그것이 무엇이 되었든 찬성하거나 반대하지 않는다. 단지 그것에 친절하고, 관심을 갖고, 받아들이는 태도를 취할 뿐이다.

그렇게 마음이 자유롭게 흘러가도록 내버려둘 때, 그것은 마침내 스스로에게 싫증이 난다. 그것은 결국 똑같은 것을 거듭 말할 뿐이다. 그것은 모든 소음에 싫증이 나고, 이내 고요해지기 시작한다. 이때 당신은 광대한 침묵의 세계의 문 앞에 서게 된다.

가끔 안거에서 이제 막 선택 없는 알아차림에 대해 알게 된 수행자들은 이렇게 말한다. "아무 일도 일어나지 않아요." 우리는 삶에서 뭔가가 일어나는 것에 너무도 익숙해서, 아무것도 일어나지 않는 것의 가치를 알지 못한다. 하지만 그것은 극히 소중한, 침묵의 세계로 가는 첫 번째 관문이다. 당신은 뭔가를 할 필요가 전혀 없고 그저 그와 함께 머문다.

침묵에 다가가는 또 다른 방법을 생각해보자. 그것은 진정한 위빠사나 수행에서, 즉 열세 번째 관법에 중심을 둘 때 깊어진다. 당신은 무엇이 일어나든 마음속으로 들어가도록 내버려둔다. 그 모든 것이 무상함을 본다. 바라봄에 내려놓음이 있고, 내려놓음을 넘어서면 거기 침묵이 있다. 우리는 고요한 마음의 명징함으로부터 무상을 훨씬 분명하게 볼 수 있다. 그 분명한 바라봄은, 내려놓음과 깊은 침묵을 더욱 가능하게 만든다. 내가 지혜라고 부르는 것과 침묵이라고 부르는 것은 서로에게 양식이 된다. 그리고 서로를 더 깊어지게 한다.

사람들은 침묵의 문 앞에서 흔히 두려움을 경험하게 된다. 두려워하는 것은 자아다. 당신이 선택 없는 알아차림에 바치는 파노라마

같은 주의집중에서, 자아는 핵심적인 자리, 스스로 자기가 속해 있다
고 생각하는 그 자리를 차지하도록 허락되지 않는다. 자아는 자신이
전혀 존재하지 않는 침묵 속에 있는 것이란 과연 어떤 것일까 궁금해
하기 시작한다. 이 두려움은 죽음에 대한 두려움을 닮았다. 왜냐하
면 침묵으로 들어가는 것은 자아의 일시적인 죽음이기 때문이다. 위
대한 침묵은 자아의 영원한 죽음이다. 따라서 자아는 두려워할 수밖
에 없다.

이 두려움은 장애나 방해가 아니다. 그것은 단지 소음의 또 다른
측면일 뿐이다. 당신이 이러한 두려움과 만나는 것은 매우 가치 있는
일이다. 필요한 것은 단지 그것과 함께 머무는 능력이다. 다른 모든
현상들이 그렇듯이, 시간이 흐르면 두려움도 사라질 것이다. 그럴 때
남는 것이 침묵이다.

나는 수행과 가르침을 통해, 침묵을 얻는 일이 외로움을 다루는
능력이나 죽음의 수용과 어느 정도 관련이 있다는 것을 알게 되었다.
특히 자아의 입장에서 그들은 밀접하게 연결되어 있다. 우리는 혼자
있는 것을 두려워하며 죽는 것을 두려워한다. 그래서 스스로 우리의
생각과 친구가 된다. 그리고 그 생각들은 우리가 침묵으로 가지 못하
게 만든다.

그래서 수행자가 죽음을 알아차리는 수행을 하는 것은 종종 도움
이 된다. 그것은 본래적인 가치를 갖고 있을 뿐 아니라 우리가 침묵
의 세계로 들어가는 것을 돕기도 한다. 우리는 그 세계를 마치 죽음
처럼 두려워한다. 왜냐하면 그것은 알려지지 않은 세계이기 때문이
다. 실제로 이 세계는 매우 경이로우며, 거대한 안도의 세계다. 하지

만 마음은 그것을 알지 못한다. 준비됐다고 느낀다면 오랫동안 혼자 안거를 하는 것도 도움이 된다. 거기서 우리는 매우 깊은 차원의 외로움을 만난다. 우리가 외로움과 친구가 되면 침묵은 훨씬 더 다가가기 쉬워질 것이다.

이런 맥락에서 조금은 개인적인 이야기를 하나 해야겠다. 나의 아버지는 오랫동안 병을 앓다가 최근에 돌아가셨다. 아버지와 아주 가까웠던 나는 몹시 슬펐다. 나는 그 슬픔을 잘 견디고 있다고 생각했을 때도 있었지만, 어떤 때는 그렇지 못하다고 생각했다. 나 역시 다른 모든 사람과 똑같은 인간이다. 부정하고, 억누르고, 도망치고, 지적으로 분석하는 것에서 자유롭지 못하다.

나는 아버지를 화장하고 남은 재를 매사추세츠 뉴베리포트로 가져갔다. 거기는 내가 자주 혼자서 안거하며 지내는 곳이었다. 나는 파커 강을 지나, 그가 사랑했던 대서양에 그 재를 흘려보냈다. 그러고는 내가 안거하는 곳으로 갔다. 나는 이미 나의 슬픔과 오래 함께 해왔었다. 하지만 어떤 면에서 나는 시작조차 하지 않았다. 그날 나는 예상하지도 못했던 더 큰 슬픔을 만났다.

이전에 나의 슬픔에는 자기연민의 요소가 들어 있었다. 내 아버지에 대한 연민의 요소도 있었다. 나에게는 흔들리지 않는 중심이 있었고, 그것은 슬픔이 차오르지 않도록 도와주었다. 하지만 이제 억눌리지 않은, 직접적인 슬픔의 경험이 시작되었다. 그것은 긴 시간 동안 슬픔을 관통하는 경험이었고, 슬픔과 진정으로 친밀해지는 경험이었다. 마침내 그 슬픔은 끝이 났다. 그 너머에 거대한 침묵이 있었다.

나는 그날, 자아의 요소들이 어떻게 우리가 온전히 자유로워지는 것을 가로막는지에 대해 많은 것을 배웠다. 그리고 만약 우리가 그것들을 내려놓을 수 있다면, 어떤 것이 우리 앞에 열릴 수 있는지에 대해서도 배웠다. 그러한 침묵에 대한 또 하나의 개념은 절대적인 현존이다. 그것은 자아가 전적으로 부재하는 경우에만 가능하다.

수행자들은 침묵에 이르렀을 때 어떻게 해야 하는지를 자주 묻는다. 우리는 으레 다양한 아젠다를 가지고 있다. 간혹 우리는 침묵을 두려워하면서, 그것을 짧게 맛본 다음 거기서 나오고 싶어 한다. 때로는 뭔가 일어나기를 잔뜩 기대하면서 침묵 속에 앉아 있다. 우리는 침묵을 다른 어떤 것으로 가는 문쯤으로 생각한다. 그것은 절대적인 것의 문이다. 하지만 우리가 어딘가로 가기 위해서 이 문을 이용한다면, 그 문은 열리지 않는다.

만약 우리가 뭔가 특별한 일이 일어나기를 고대하고 있다면 침묵은 무너질 것이다. 또한 그것을 개인적인 경험으로 만들거나, 이름을 붙이거나, 따져보거나, 평가하거나, 우리가 가졌던 다른 경험들과 비교하거나, 친구들에게 그것에 대해 뭐라고 말할지 궁리하거나, 또는 그것을 어떻게 가다듬어 시로 만들까를 고민함으로써 그것이 사라지게 할 수도 있다.

우리에게 필요한 것은 침묵에 온전히 투항하는 일이다. 그 침묵이 거기 있도록 내버려두는 것이다. 그것은 마치 공이나, 삶으로부터의 휴식임에 틀림없는 어떤 것처럼 들린다. 하지만 그것은 언어의 실패다. 침묵은 그 이상이다.

나는 수행자들에게 침묵을 만날 때 어떻게 하라고 조언할 것이 없다. 오직 침묵에 몸을 담그라. 침묵이 알아서 하게 내버려두어라.

침묵은 에너지가 응축된 상태다. 그것은 생명으로 넘친다. 그에 깃든 힘은 미세하고 정화되었지만, 대단히 강력하다. 그것은 행동에 사과할 필요가 없다.

침묵은 사랑과 자비로움으로 가득 차 있다. 침묵이 당신을 친밀하게 끌어안으면, 당신은 세상을 향해 훨씬 더 열려 있는 느낌을 갖게 된다. 이상하게 들리겠지만 당신은 더 명석해진다. 물론 당신은 어떤 정보도 얻지 않았다. 나는 다른 종류의 명석함, 내면적인 지혜를 말하는 것이다. 당신은 더 친절하고, 더 섬세하며, 더 자비로워진다. 당신은 노력함으로써 이런 것들을 성취할 수 없다. 하지만 침묵을 그 자체로 소중히 여기면 당신은 그것을 발견하게 될 것이다.

3. 나는 없다, 밥을 먹고 차를 마실 뿐

아마 명상수행을 한 사람이라면 누구나 어느 정도 침묵을 맛보았을 것이다. 어쩌면 앉아 있다가 갑자기 고요하고 차분해졌을 때, 한 10초쯤 맛보았을지도 모른다. 그리고 생기에 넘치고, 새로운 에너지로 채워졌을 것이다. 좌선을 하고 나오면, 아주 잠시 동안 세상이 달라 보이고 다르게 느껴진다. 수행자들은 종종 안거 후에 자신이 더 자비로워졌음을 느낀다고 말한다. 그들은 자비로움을 닦으려고 노력했던 것이 아니다. 그 일은 그냥 일어났다.

하지만 내가 말하는 침묵은 방석 위에서 그냥 일어나지 않는다. 그리고 당신이 거기 두고 가야만 하는 것도 아니다. 그것은 사실 소음에 의해 손상되는 것이 아니다. 이것은 소음의 반대인 그런 침묵이 아니다. 우리에게 그것은 고유한 특성이고 지칠 줄 모르는 힘이다. 그것은 다른 사람들의 인정이나 바깥세상에서 우리에게 일어나는 일에 의존하지 않는다. 그것은 우리가 가끔 하는 경험이다. 우리는 그 침묵을 세상으로 가져가서 그것으로 행동할 수 있다.

행동에서의 침묵은 우리가 전에 이야기했듯이, 하는 사람이 없는 '함'이다. 당신은 그저 접시를 닦고 마루를 청소한다. 자아는 존재하지 않는다. 무엇을 하든지 우리는 으레 거기 나를 가져가고, 그것을 나 또는 나의 것으로 집착한다. 하지만 침묵에는 자아가 없다. 행동에서의 침묵은, 그 행동을 나 또는 나의 것으로 만들지 않는 행동을 수반한다. 특정한 활동과 하나가 되는 과정에서, 우리는 최소한 일시적으로나마 자아를 잊고 거기 있는 것의 생생함과 친밀해진다.

다양한 전통들은 서로 다른 방식으로 이 진리를 향해간다. "무엇이 깨달음입니까?"라는 질문에 "밥을 먹고 차를 마시는 것"이라고 응답한 중국 선사들의 일화가 있다. 사실 당신은 무엇이든 먹고 마실 수 있지만 그들은 오직 먹고 마실 뿐임을 말한 것이다. 그때는 먼저 스스로에게 빠져 있는 자아가 정지한다. 그리고 당신은 일상적인 세계에서 침묵의 깊이를 현현한다. 당신은 어떤 행동으로도 똑같은 일을 할 수 있다. 그것이 바로 선에서 무심, 또는 맑은 마음이라는 말로 표현하는 것이다. 당신은 과거의 조건들에서 물러나 바로 그 순간 활기차고, 살아 있으며, 천진무구하다.

"무엇이 깨달음입니까?"에 대한 또 하나의 답변은 "수풀은 푸르고 하늘은 파랗다"다. 물론 우리 모두가 그 사실을 안다. 하지만 마음이 침묵에 잠겨 있던 경험에서 나올 때, 그 마음은 정말로 그 사실을 본다. 그것은 비교할 수 없는 경험이다.

수행을 한 지 얼마 안 되었던 어느 날, 나는 캠브리지에 있는 내 아파트에 앉아 있었다. 잠시 후 거리로 나온 나는 모퉁이에 서 있는 노란 택시를 보았다. 나는 호흡을 지켜보며 친구를 기다리고 있었다. 이윽고 나는 택시에 주목했다. 그리고 나는 정말로 그것을 보았다. 나는 그 노란 색을 본 것이다. 나는 비로소 사람들이 왜 그것을 노란 택시라고 부르는지 이해했다. 그것은 나를 눈물나게 했다. 그 상태에서는 노란 택시가 아닌 다른 어떤 것이라도 똑같은 영향을 끼쳤을 것이다. 아마 찌그러진 맥주 캔도 그랬을 것이다.

마음에 나 또는 나의 것이라는 모든 집착이 사라졌을 때, 삶은 그저 거기에 있다. 말로는 그것을 설명할 수 없다. 그것은 우리에게 엄청난 영향을 미친다. 그리고 우리는 그것을 훨씬 더 깊이 경험한다. 노력하고 애쓰는 것은 우리를 그곳에 데려가지 않는다. 활짝 열린 분명한 바라봄만이 우리를 그곳으로 데려간다.

그러므로 내가 말하는 핵심은 우리 문화를 버리자거나, 세상과 우리의 관계를 끊자는 것이 아니다. 단지 사물을 좀더 균형 있게 배치하자는 것이다. 나는 나 혼자서 또는 다른 수행자들과 함께 오랫동안 안거하는 것 외에 침묵과 만날 수 있는 다른 길을 찾지 못했다. 나에게는 아무 책임도 없는 시간이 필요하다. 그 가운데서, 마음이 스스로 열중하고 있었던 것들을 다 비운 채 그것의 고유한 본성에 머물 수 있는 시간이 필요하다. 하지만 나는 이 안거가 내 삶에서 유일하게 보람 있는, 또는 가장 보람 있는 순간들이라고는 생각하지 않는다. 그것은 내 삶을 일년에 단 한달, 더 심하게는 특별한 통찰이 있는 몇 순간들로 축소시킬 것이다. 안거 바깥에 매우 활동적인 나의 삶이 있다. 나에게 중요한 것은 내가 방석 위에서 배운 것을 세상으로 가져가는 일이다. 진리에 대한 탐구는 나와 내 인생의 이야기들을 뒤에 남겨놓을 수 있는 더욱 큰 마음으로 성장하는 것이다. 내 이야기 대신 남겨진 것은 분명함이다.

우리는 이 상태를 갈망할 수 없다. 우리는 자유로워지기 위해서 공부하고 있다. 그렇게 될 수 있는 유일한 길은 우리를 노예로 만든 그 습관을 보는 것이다. 가끔은 우리에게 커다란 통찰이 생긴다. 하지만 더욱 자주 그것은 미미한 것일 뿐이다. 우리가 그것들을 들여다보고 관통하면 자기에 빠져 있던 순간들은 자유의 순간이 된다.

어떤 면에서 이 모든 진리들은 불교의 가장 유명한 이야기인, 달마와 양무제의 이야기 안에 다 들어 있다. 달마는 위대한 인도의 스승이었고 선을 중국에 전한 사람으로 알려져 있다. 그가 도착했을 때 중국인들은 이미 불교의 가르침을 접하고 있었고, 대단한 업적들을 이루어냈다. 하지만 그들의 관심은 대부분 이론적이고 학문적인 데 있었다. 그들은 번역과 주석에 뛰어났다. 하지만 그 누구도 자유로워지지는 못했다. 한편 달마는 위대한 수행의 스승이었다. 그는 중국에 온 후로 9년 동안을 혼자 수행하며 보냈다.

그를 몹시 만나고 싶어 했던 황제는 달마를 보자마자 질문을 던졌다.

"나는 절들을 짓고, 스님들을 지원하고, 그들의 건강을 살피는 데 엄청난 돈을 보시했습니다. 그 모든 것들로 인해 내가 얼마나 많은 공덕을 얻겠습니까?"

달마는 황제가 나 또는 나의 것이라는 집착으로 말한다는 것을 볼 수 있었다. 만약 그가 그 모든 일들을 다른 마음으로 했더라면 결과는 아마 달라졌을 것이다.

"아무런 공덕이 없습니다." 달마가 말했다.

황제는 깜짝 놀랐다. 그는 이런 종류의 생각, 또는 생각하지 않음에 익숙하지가 않았다. 그는 다른 식의 접근을 시도했다.

"당신은 성스러운 법에 대해서 내게 무슨 말을 해줄 수 있습니까?" 황제가 물었다.

그는 달마가 공부한 불교 이론에 대해서 묻고 있었다. 그것은 중국 학자들이 끝도 없이 계속 이야기할 수 있었던 주제였다.

"성스러운 것은 아무 것도 없습니다." 달마는 대답했다. "단지 광활한 우주뿐."

달마는 침묵에 머물며 오랜 시간을 보낸 사람이었다.

황제는 당황했다. 그는 아무것도 얻지 못했다. 그리고 모욕감을 느꼈다.

"내 앞에 서서 이런 말을 하고 있는 것은 누구입니까?" 황제가 물었다.

달마는 그의 눈을 똑바로 쳐다보았다. "모릅니다." 달마가 대답했다.

그것은 우리가 사물을 있는 그대로 볼 때, 마침내 아무 생각도 없어지는 바로 그 순간이다.

감사의 글

고마움을 체험하고 표현하는 것은 수행의 중요한 측면이다. 인간이라면 그 누구도 이 세상을 홀로 살아갈 수 없다. 인간이 살아가기 위해서는 음식, 의복, 의약품, 집은 물론이고 친구의 도움도 필요하다. 세상의 모든 존재는 자기 아닌 다른 것에 의존할 수밖에 없다. 내가 이 책을 저술할 때도 예외는 아니었다. 많은 훌륭한 분들로부터 도움을 받았다. 이 자리를 빌어 도움을 주신 분들에 대한 얘기를 하고자 한다.

크리슈나무르티, 비말라 타카, 그리고 숭산 선사는 내가 처음으로 선수행을 시작할 때 정신적인 스승이 돼주었던 분들이다. 비록 이 책을 저술하는 데 직접적인 도움을 주지는 않았지만, 그 분들은 내 삶 전체에 깊은 영향을 주었다. 따라서 내가 무슨 일을 하든 그 속에는 그 분들의 가르침이 스며 있으며, 지금도 여전히 크리슈나지는 무덤에서, 비말라지는 인도의 아부 산에서, 숭산 스님은 세계 도처에서 끊임없이 내게 영감을 주고 나를 지도하고 있다.

비말로 쿨바즈(Vimalo Kulbarz)는 특유의 학문적인 태도와 유머로 붓다가 가르치신 호흡관법수행을 내게 가르쳐주었다. 이 수행은 내 삶을 질적으로 변화시켰다.

이 경에 대한 주석서를 쓰면서 나는 호흡관법과 그 외 붓다의 가르침에 대한 정확한 이해를 도모하는 데 있어, 존경하는 두 스승, 붓다다사 스님과 틱낫한 스님으로부터 실질적인 도움을 많이 받았다. 두 스승의 가르침은 이 책 전반에 드러나고 있으며, 이 자리를 빌어 스승님께 깊은 감사의 말씀을 올린다.

산티카로(Santikaro) 스님은 붓다다사 스님께서 남긴 《호흡관법경》의 강의 테이프와 출판되지 않은 자료들을 이용할 수 있도록 기꺼이 허락해주었다. 또한 그는 지난 수년 동안 붓다다사의 가르침을 명확하게 이해할 수 있도록 내게 상당한 도움을 주었다.

타니싸로(Thanissaro) 스님은 자신의 글이나 면담을 통해서, 호흡관법수행의 이론과 실제에 있어 또 하나의 중요한 갈래인 타이의 아잔 리 계통의 수행법을 접하게 해주었다. 아울러 이 책의 초기 원고를 꼼꼼히 읽고 예리한 안목으로 미숙한 점들을 정확히 지적해주었다. 그의 제안들은 대부분 이 책에 반영되었다.

구나라타나(Gunaratana) 스님은 내가 2시간에 걸쳐 이 책의 핵심내용을 설명할 때 매우 진지하게 경청해주었다. 그의 아낌없는 격려와 이 책에 대한 열렬한 관심이 내게 얼마나 소중했는지 모른다.

다이닌 카타기리(Dainin Katagiri) 선사, 죠지 바우맨(George Bowman) 선사와 가진 여러 차례 토론을 통해서, 나는 참선수행에 있어서의 몸의 자세와 호흡, 그리고 '그냥 앉아 있음(just sitting, 只管打坐)'에 대한 이해를 깊게 할 수 있었다. 나는 그 과정을 통해 참선의 이런 면에 호흡관법과 상당한 유사성이 있음을 알 수 있었다.

존 카바트 진, 나라얀 리벤손 그라디(Narayan Liebenson Grady)와 코라도 펜사(Corrado Pensa)의 원고 전체에 대한 진지한 논평은 이 책의 질을 높이는 데 상당한 도움이 되었다. 나라얀, 코라도(Corrado), 사라 도어링(Sarah Doering)과 마이클 리벤손 그라디(Michael Liebenson Grady)는 매사추세츠 주 캠브리지에 있는 캠브리지통찰명상수행원과 매사추세츠 주 배리에 있는 통찰명상수행원에서 나와 함께 명상을 지도했던 도반들로서, 여러 해 동안 가졌던 이들과의 수행에 관한 진지한 탁마는 명상의 이론과 실제를 정확히 이해하는 데 소중한 원천이 되었다. 위빠사나 명상에 관한 나의 이해는 붓다의 가르침에 따라 수행하는 이 참신한 도반들과의 만남을 통해 더욱 명확해졌다. 호흡관법을 가르치던 처음 몇 해 동안 나는 용솟음치는 열정을 주체할 수 없었다. 이런 괴벽스러운 나의 태도를 우호적인 마음으로 지켜보며 인내해준 것이 고마울 따름이다.

캠브리지통찰명상수행원과 통찰명상수행원에 있는 많은 수행자들은 실제 수행과 관련된 깊이 있는 질문을 해주었고, 호흡관법수행에 대한 자신들의 생생한 경험을 진솔하게 나누었다. 나는 그러한 나눔을 통해 많은 것을 배웠고, 대부분 이 책에 그 흔적을 남겨놓았다.

나는 지난 3년 동안 캠브리지통찰명상수행원, 통찰명상수행원, 그리고 배리 불교연구소에서 40회 이상 《호흡관법경》에 관해 강의했다. 그리고 그 강의록을 토대로 이 책을 집필했다. 나는 그 산더미처럼 많은 원고뭉치에 파묻혀 있다가도, 때때로 다른 긴급한 일이 생기면 일손을 놓아야만 했다. 이처럼 바쁘고 힘든 일정 속에서도 집필을 중단하지 않고 계속할 수 있도록, 도로티어 바우언(Dorothea

Bowen), 루스 넬슨(Ruth Nelson)과 톰 잭슨(Tom Jackson) 등 많은 사람들이 많은 시간과 노력, 심지어는 자신들의 숙련된 편집 기술까지 동원하여 성심껏 도와주었다.

데이비드 가이는 마치 뇌 전문의가 뇌수술을 하듯이 이 방대하고 복잡한 자료를 기술적으로 잘 정리해주었다. 또한 원래의 뜻과 풍미를 담아내기 위해서 생동감 있는 강의 형식을 그대로 잘 살려냈다. 그러면서도 이 강의록에 자신의 문학적인 취향이 가미되지 않도록 각별히 신경 썼다. 통찰명상수행원에 있는 수행자들도 소중한 시간을 할애해 내 모든 강의들을 녹취해주었다.

그 많은 내용이 모여 하나의 책이 되기까지 샴발라 출판사의 편집인 데이브 오닐(Dave O′Neal)의 노고가 컸다. 베테랑 전문 편집인이지만 동네 아저씨처럼 편안하고 겸손한 태도로 좋은 책을 만드는 데 필요한 원칙들을 충실히 지켜나갔다. 이 분과 함께 일하는 것은 매우 즐거웠다. 제칼린 베네트(Jacalyn Bennett)는 이 명상 강의를 책으로 출판하도록 여러 번 권유했으며, 이 책이 세상에 나올 수 있도록 재정적인 지원을 아끼지 않았다. 앤드류 하이어(Andrew Hier)는 고맙게도 때맞춰 컴퓨터를 선물해주었다.

통찰명상수행원의 회장과 부회장인 콜레트 보라싸(Colette Bourassa)와 패쉬 보이노(Pash Voynow)는 이 책이 무사히 출간될 수 있도록 다방면에서 지원과 성원을 아끼지 않았다.

나는 이 책의 제목에 대해 한참 고심하다가 샤론 솔쯔버그(Sharon Salzberg)에게 도움을 요청했다. 그녀와 에릭 메코드(Erik McCord)가 제안한 것은 ‘Breath By Breath’였다. 이것은 지난 몇 년 동안 《호흡관법경》을 강의할 때 내가 즐겨 사용하던 말이다(책의 주 제목 'Breath By Breath'와 부제 'The Liberating Practice of Insight Meditation'를 참고해 한국어판 제목은 '일상에서의 호흡명상 숨'이라고 했다 – 옮긴이).

내 아내 갈리너(Galina)는 내 건강에 각별히 신경을 썼다. 컴퓨터를 끄고 쉬어야 할 때와 다시 집필을 시작해야 할 때를 적절하게 알려주는 세심함을 보여주었다. 글을 쓰느라 긴장과 부담감이 고조될 때마다 애정 어린 지원과 이해로 보살펴주었다. 매우 고맙게 생각한다. 마지막으로 이 책의 공덕이 있다면, 그 모두를 나탄 로젠버그(Nathan Rosenberg)와 메리 베네트(Mary Bennett)의 정신적 향상을 위한 여정에 바치고 싶다. 두 분 다 이 책이 완성되기 전에 돌아가셨다.

나는 타이의 사원에서 수행을 마치고 떠나기 직전에 스승 붓다다사 스님을 찾아뵈었다. 그리고 붓다의 가르침을 서양인들에게 전할 때 도움이 될 만한 말씀이 있는지 여쭈었다. 그는 2가지 상반된 태도, 즉 보수적으로 전통을 철저히 지키는 것과 전통의 틀을 과감히 부수고 진보적으로 그것을 계승·발전하는 것이 중요하다고 말했다. 다시 말해, 붓다의 근본 가르침은 매우 소중하기 때문에 전통을 계승·보전하는 일도 중요하지만, 이 가르침을 새로운 문화에 효율적으로 전달하기 위해서는 어느 정도 진보적이고 급진적일 필요가 있다는 것이다. 붓다의 근본 가르침과 수행법을 본질적으로 왜곡하지 않으면서, 그 이론과 실제를 서양인들의 취향에 맞는 언어와 정서로 표현하고 설명하는 것은 그리 쉬운 일이 아니다. 붓다다사 스님이 남긴 그 소중한 말씀은 이 책을 집필하는 데 좋은 나침반이자, 영감의 원천이 돼주었다. 스님의 지혜로운 가르침에 부응했기를 진심으로 바란다.

빨리어 《호흡관법경》 우리말 번역 [1]

1. 이와 같이 나는 들었다. 한때 세존께서는 잘 알려진 많은 장로 제자들과 함께 사왓티에 가까운 동쪽정원(東園)의 미갈라마따(鹿母) 강당에 머무셨다. 사리뿟따 존자, 마하 목갈라나 존자, 마하 까샤빠 존자, 마하 까짜야나 존자, 마하 꼬티따 존자, 마하 까삐나 존자, 마하 쭌다 존자, 아누룻다 존자, 레와따 존자, 아난다 존자와 그 외 잘 알려진 여러 장로 제자들과 함께하셨다.

바로 그때, 장로 비구들은 신참 비구들을 훈계하고 가르쳤다. 어떤 장로 비구들은 10명의 신참 비구들을 훈계하고 가르쳤고 어떤 장로 비구들은 20명의 ⋯ 30명의 ⋯ 40명의 비구들을 훈계하고 가르쳤다. 그들 신참 비구들은 장로 비구들의 훈계와 가르침을 받아서 이전 보다도 더욱 뛰어난 특별한 경지를 알게 되었다.

....

1) 이 경전을 번역할 때, 《들숨날숨에 마음챙기는 공부》(대림 스님 옮김, 초기불전연구원, 2005), 《호흡관법경의 수행이론과 실제》, 〈들숨날숨의 마음챙김이라는 경〉(김재성 옮김, PP. 76~86, 근본불교 수행도량 홍원사, 2005), 《초기불전》, 〈*Ānāpānasati Sutta*의 우리말 번역〉 (오상/성환 스님 옮김, 중앙승가대학교 역경학과, 2005)을 참조하였음. - 옮긴이

2. 바로 그때 세존께서는 그날, 15일의 포살일, 자자(自恣)의 날인 보름날 밤에, 비구 승가에 둘러싸여 마당에 앉아 계셨다. 그때 세존께서는 묵묵히 있는 비구 승가를 둘러보시며 말씀하셨다.

"비구들이여, 나는 이런 실천수행에 만족한다. 비구들이여, 나는 이런 실천수행에 흡족하다. 따라서 비구들이여, 얻지 못한 것을 얻고 증득하지 못한 것을 증득하고 실현하지 못한 것을 실현하기 위해서 지금 더욱 더 정진하라. 나는 바로 여기 사왓티에서 [우기의] 네 번째 달인 꼬무디 보름날을 맞을 것이다.

지방에 머무는 비구들도 "세존께서 바로 그곳 사왓티에서 [우기의] 네 번째 달인 꼬무디 보름날을 맞을 것이다."라고 전해 들었다. 그들 지방에 거주하는 비구들은 세존을 뵙기 위해서 사왓티를 방문했다. 그 장로 비구들은 한층 더 신참 비구들을 훈계하고 가르쳤다. 어떤 장로 비구들은 10명의 신참 비구들을 훈계하고 가르쳤고 어떤 장로 비구들은 20명의 … 30명의 … 40명의 비구들을 훈계하고 가르쳤다. 그들 신참 비구들은 장로 비구들의 가르침을 받아서 이전보다도 더욱 뛰어난 특별한 경지를 알게 되었다.

3. 바로 그때 세존께서는 그날, 15일의 포살일, 즉 네 번째 달인 꼬무디 보름날 밤에 비구 승가에 둘러싸여 마당에 앉아 계셨다. 그때 세존께서는 침묵하고 있는 비구 승가를 둘러보시며 말씀하셨다.

비구들이여, 여기 대중들은 쓸데없이 담론하지 않는다. 비구들이여, 이 대중은 쓸데없이 담론하지 않으므로 청정함과 진지함에 확고히 머문다. 비구들이여, 이 비구 승가는 다음과 같고 이 대중은 이러하다. 즉 비구들이여, 이 대중은 공양을 받을 만하며, 제일 먼저 공양을 받을 만하며, 보시를 받을 만하며, 존경을 받을 만한 이와 같은 대중이다. 세상의 위없는 복의 밭(福田)이다.

비구들이여, 이 비구 승가는 다음과 같고 이 대중은 이러하다. 즉 비구들이여, 이 대중은 적은 보시를 해도 많은 [결실이] 있고, 많이 보시하면 더 많은 [결실이] 있는 그와 같은 대중이다. 비구들이여, 이 비구 승가는 다음과 같고 이 대중은 이러하다. 즉 비구들이여, 이 대중은 세상에서 만나기 어려운 그러한 대중이다. 비구들이여, 이 비구 승가는 다음과 같고 이 대중은 이러하다. 즉 비구들이여, 이 대중은 몇 요자나(yojana, 由旬. 고대 인도의 거리의 단위 - 옮긴이)의 먼 거리를 먹을 것을 지니고서라도 만나러 가기에 충분한 그러한 대중이다.

4. 비구들이여, 이 비구 승가는 비구로서 아라한이며, 번뇌가 다 했고, 삶을 완성했으며, 해야 할 바를 다했고, 짐을 내려놓았으며, 자신의 목적을 이루었고, 생존의 속박을 끊고 바르게 알아 해탈했다. 비구들이여, 이 비구 승가에는 이러한 비구들이 있다.

비구들이여, 이 비구 승가에는 비구로서 5가지 낮은 [세계에 붙들어 매는] 속박(五下分結)을 완전히 끊어, [色界天인 淨居天에] 화생(化生)하여, 그곳에서 완전히 열반에 들어 그 세계에서 다시는 [이 욕계로] 돌아오지 않는 자들이 있다. 비구들이여, 이 비구 승가에는 이러한 비구들이 있다.

비구들이여, 이 비구 승가에는 비구로서 3가지 속박을 완전히 끊고, 탐욕과 성냄과 어리석음이 엷어져서, 한 번만 돌아오는 자가 되어, 단 한 번만 이 [욕계의] 세상에 돌아와서 괴로움의 끝을 이룰 자들이 있다. 비구들이여, 이 비구 승가에는 이러한 비구들이 있다.

비구들이여, 이 비구 승가에는 비구로서 3가지 족쇄를 완전히 끊고, [바른 법의] 흐름에 들어선 자(預流)가 되어, [4가지 惡趣에] 떨어지지 않고, 결정된 자로서, 바른 깨달음으로 나아가는 자들이 있다. 비구들이여, 이 비구 승가에는 이러한 비구들이 있다.

비구들이여, 이 비구 승가에는 비구로서 4가지 마음챙김(四念處)의 실천수행에 몰두하여 머무는 자들이 있다. 비구들이여, 이 비구 승가에는 이런 비구들이 있다.

비구들이여, 이 비구승가에는 4가지 바른 노력(四正勤)의 실천수행에 몰두하여 머무는 자들이 있다. 비구들이여, 이 비구 승가에는 이런 비구들이 있다.

비구들이여, 이 비구 승가에는 비구로서 4가지 성취의 토대(四如意足)의 실천수행에 몰두하여 머무는 자들이 있다. 비구들이여, 이 비구 승가에는 이런 비구들이 있다.

비구들이여, 이 비구 승가에는 비구로서 5가지 기능(五根)의 실천수행에 몰두하여 머무는 자들이 있다. 비구들이여, 이 비구 승가에는 이런 비구들이 있다.

비구들이여, 이 비구 승가에는 비구로서 5가지 힘(五力)의 실천수행에 몰두하여 머무는 자들이 있다. 비구들이여, 이 비구 승가에는 이런 비구들이 있다.

비구들이여, 이 비구 승가에는 비구로서 7가지 깨달음의 요소(七覺支)의 실천수행에 몰두하여 머무는 자들이 있다. 비구들이여, 이 비구 승가에는 이런 비구들이 있다.

비구들이여, 이 비구 승가에는 비구로서 성스러운 8갈래의 길(八支聖道)의 실천수행에 몰두하여 머무는 자들이 있다. 비구들이여, 이 비구 승가에는 이런 비구들이 있다.

비구들이여, 이 비구승가에는 비구로서 자애(慈)의 수행실천에 몰두하여 머무는 자들이 있다. 비구들이여, 이 비구 승가에는 이런 비구들이 있다.

비구들이여, 이 비구 승가에는 비구로서 연민(悲)의 수행실천에 몰두하여 머무는 자들이 있다. 비구들이여, 이 비구 승가에는 이런 비구들이 있다.

비구들이여, 이 비구 승가에는 비구로서 더불어 기뻐함(喜)의 수행실천에 몰두하여 머무는 자들이 있다. 비구들이여, 이 비구 승가에는 이런 비구들이 있다.

비구들이여, 이 비구 승가에는 비구로서 평온(捨)의 실천수행에 몰두하여 머무는 자들이 있다. 비구들이여, 이 비구 승가에는 이런 비구들이 있다.

비구들이여, 이 비구 승가에는 비구로서 부정(不淨)의 실천수행에 몰두하여 머무는 자들이 있다. 비구들이여, 이 비구 승가에는 이런 비구들이 있다.

비구들이여, 이 비구 승가에는 비구로서 무상(無常)의 지각(無常想)의 실천수행에 몰두하여 머무는 자들이 있다. 비구들이여, 이 비구 승가에는 이런 비구들이 있다.

비구들이여, 이 비구 승가에는 비구로서 호흡관법의 실천수행에 몰두하여 머무는 자들이 있다. 비구들이여, 이 비구 승가에는 이런 비구들이 있다.

비구들이여, 들숨 날숨의 마음챙김을 수행하고 자주 닦아, 큰 결실이 있고 큰 이익이 있다. 비구들이여, 들숨 날숨의 마음챙김을 수행하고 자주 닦아, 4가지 마음챙김을 성취한다. 4가지 마음챙김을 수행하고 자주 닦아, 7가지 깨달음의 요소를 성취한다. 7가지 깨달음의 요소를 수행하고 자주 닦아 지혜와 해탈을 성취한다.

5. 비구들이여, 들숨 날숨의 마음챙김을 어떻게 수행하고 어떻게 많이 닦아야 큰 결실이 있고 큰 이익이 있는가?

비구들이여, 여기 수행자들은 숲으로 가서 나무 아래나 빈방에 결가부좌를 하고 앉아, 몸을 곧추 세우고 전면에 마음챙김을 확고히 한다. 그는 마음을 챙겨 숨을 들이쉬고 마음을 챙겨 숨을 내쉰다.

1) 숨을 길게 들이쉬면서 '숨을 길게 들이쉰다'고 알아차리고,
　숨을 길게 내쉬면서 '숨을 길게 내쉰다'고 알아차린다.
2) 숨을 짧게 들이쉬면서 '숨을 짧게 들이쉰다'고 알아차리고,
　숨을 짧게 내쉬면서 '숨을 짧게 내쉰다'고 알아차린다.
3) 온 몸을 감지하면서 '숨을 들이쉬리라' 하고 수련하며,
　온 몸을 감지하면서 '숨을 내쉬리라' 하며 수련한다.
4) 몸의 작용(身行)을 편안히 하면서 '숨을 들이쉬리라' 하고 수련하며,
　몸의 작용을 편안히 하면서 '숨을 내쉬리라' 하며 수련한다.
5) 희열을 느껴 알면서 '숨을 들이쉬리라' 하고 수련하며,
　희열을 느껴 알면서 '숨을 내쉬리라' 하며 수련한다.

6) 행복을 느껴 알면서 '숨을 들이쉬리라' 하고 수련하며,
   행복을 느껴 알면서 '숨을 내쉬리라' 하며 수련한다.

7) 마음의 작용을 느껴 알면서 '숨을 들이쉬리라' 하고 수련하며,
   마음의 작용을 느껴 알면서 '숨을 내쉬리라' 하며 수련한다.

8) 마음의 작용을 고요히 하면서 '숨을 들이쉬리라' 하고 수련하며,
   마음의 작용을 고요히 하면서 '숨을 내쉬리라' 하며 수련한다.

9) '마음을 경험하면서 들이쉬리라' 며 수련하고,
   '마음을 경험하면서 내쉬리라' 며 수련한다.

10) '마음을 기쁘게 하면서 들이쉬리라' 며 수련하고,
    '마음을 기쁘게 하면서 내쉬리라' 며 수련한다.

11) '마음을 집중하면서 들이쉬리라' 며 수련하고,
    '마음을 집중하면서 내쉬리라' 며 수련한다.

12) '마음을 해탈케 하면서 들이쉬리라' 며 수련하고,
    '마음을 해탈케 하면서 내쉬리라' 며 수련한다.

13) '무상을 관찰하면서 들이쉬리라' 며 수련하고,
    '무상을 관찰하면서 내쉬리라' 며 수련한다.

14) '이욕을 관찰하면서 들이쉬리라' 며 수련하고,
    '이욕을 관찰하면서 내쉬리라' 며 수련한다.

15) '소멸을 관찰하면서 들이쉬리라' 며 수련하고,
    '소멸을 관찰하면서 내쉬리라' 며 수련한다.

16) '놓아버림을 관찰하면서 들이쉬리라' 며 수련하고,
    '놓아버림을 관찰하면서 내쉬리라' 며 수련한다.

비구들이여, 들숨 날숨의 마음챙김을 이렇게 수행하고 이렇게 많이 닦으면 큰 결실이 있고 큰 이익이 있다.

6. 비구들이여, 들숨 날숨의 마음챙김을 어떻게 닦고 어떻게 많이
지으면 사념처를 성취하는가?

비구들이여, 비구는 길게 들이쉬면서 '나는 길게 들이쉰다' 고 분
명히 알고, 길게 내쉴 때 '나는 길게 내쉰다' 고 분명히 안다. 짧게 들
이쉴 때 '나는 짧게 들이쉰다' 고 분명히 알고, 짧게 내쉴 때 '나는 짧
게 내쉰다' 고 분명히 안다. '온 몸을 느껴 알면서 들이쉬리라' 며 수
련하고 '온 몸을 느껴 알면서 내쉬리라' 며 수련한다. '몸의 작용(身
行)을 가라앉히며 들이쉬리라' 며 수련하고 '몸의 작용을 가라앉히
며 내쉬리라' 며 수련한다.

비구들이여, 그때 그 비구는 몸들에서 몸을 거듭 관찰하는 수행
을 하면서 지낸다. 열심히 분명한 앎을 지니고, 마음챙김을 지니고,
세간에 대한 탐착과 싫어함을 제어하면서. 비구들이여, 이것을 몸 가
운데서 한 가지 몸이라고 나는 말한다. 그것은 들숨 날숨이다. 비구
들이여, 그러므로 여기서 비구는 그때 열심히 분명한 앎을 지니고,
마음챙김을 지니고, 세간에 대한 탐착과 싫어함을 제어하면서 몸에
서 몸을 거듭 관찰하는 수행을 하면서 지내는 것이다.

비구들이여, 비구는 '기쁨을 느껴 알면서 들이쉬리라' 며 수련하
고, '기쁨을 느껴 알면서 내쉬리라' 며 수련한다. '행복을 느껴 알면
서 들이쉬리라' 며 수련하고, '행복을 느껴 알면서 내쉬리라' 며 수련
한다. '마음의 작용(心行)을 느껴 알면서 들이쉬리라' 며 수련하고,
'마음의 작용을 느껴 알면서 내쉬리라' 며 수련한다. '마음의 작용을
가라앉히며 들이쉬리라' 며 수련하고, '마음의 작용을 가라앉히며 내
쉬리라' 며 수련한다.

비구들이여, 그때 그 비구는 느낌들에서 느낌을 거듭 관찰하는 수행을 하면서 지낸다. 열심히 분명한 앎을 지니고, 마음챙김을 지니고, 세간에 대한 탐착과 싫어함을 제어하면서. 비구들이여, 이것을 느낌들 가운데서 한 가지 느낌이라고 나는 말한다. 그것은 모든 들숨 날숨에 대해서 주의를 잘 기울이는 것이다. 비구들이여, 그러므로 여기서 비구는 그때 열심히 분명한 앎을 지니고, 마음챙김을 지니고, 세간에 대한 탐착과 싫어함을 제어하면서 느낌들에서 느낌을 거듭 관찰하는 수행을 하면서 지내는 것이다.

비구들이여, 비구는 '마음을 느껴 알면서 들이쉬리라' 며 수련하고, '마음을 느껴 알면서 내쉬리라' 며 수련한다. '마음을 기뻐하면서 들이쉬리라' 며 수련하고, '마음을 기뻐하면서 내쉬리라' 며 수련한다. '마음을 집중하면서 들이쉬리라' 며 수련하고 '마음을 집중하면서 내쉬리라' 며 수련한다. '마음을 해탈시키면서 들이쉬리라' 며 수련하고 '마음을 해탈시키면서 내쉬리라' 며 수련한다.

비구들이여, 그때 비구는 마음에서 마음을 거듭 관찰하는 수행을 하면서 지낸다. 열심히 분명한 앎을 지니고, 마음챙김을 지니고, 세간에 대한 탐착과 싫어함을 제어하면서. 비구들이여, 마음챙김을 놓치고, 분명한 앎이 없는 자에게 들숨 날숨의 마음챙김의 수행을 나는 말하지 않는다. 비구들이여, 그러므로 여기서 비구는 그때 열심히 분명한 앎을 지니고, 마음챙김을 지니고, 세간에 대한 탐착과 싫어함을 제어하면서 마음에서 마음을 거듭 관찰하는 수행을 하면서 지내는 것이다.

비구들이여, 비구는 '무상을 거듭 관찰하면서 들이쉬리라' 며 수련하고 '무상을 거듭 관찰하면서 내쉬리라' 며 수련한다. '탐욕을 멀리함(離貪)을 거듭 관찰하면서 들이쉬리라' 며 수련하고 '탐욕을 멀리함을 거듭 관찰하면서 내쉬리라' 며 수련한다. '소멸을 거듭 관찰하면서 들이쉬리라' 며 수련하고 '소멸을 거듭 관찰하면서 내쉬리라' 며 수련한다. '놓아버림을 거듭 관찰하면서 들이쉬리라' 며 수련하고 '놓아버림을 거듭 관찰하면서 내쉬리라' 며 수련한다.

비구들이여, 비구는 그때 열심히 분명한 앎을 지니고, 마음챙김을 지니고, 세간에 대한 탐착과 혐오를 제어하면서 법들에서 법을 거듭 관찰하는 수행을 하면서 지낸다. 그는 그 탐욕과 혐오가 끊어짐을 지혜로 보고, 내적으로 잘 평정된 상태가 된다. 비구들이여, 그러므로 여기서 비구는 그때 법들에서 법을 거듭 관찰하는 수행을 하면서 지내는 것이다. 열심히 분명한 앎을 지니고, 마음챙김을 지니고, 세간에 대한 탐착과 혐오를 제어하면서. 비구들이여, 들숨 날숨의 마음챙김을 이와 같이 닦고 이와 같이 많이 지으면 사념처의 확립을 성취한다.

7. 비구들이여, 4가지 마음챙김을 어떻게 수행하고 어떻게 많이 닦으면 7가지 깨달음의 요소(七覺支)를 성취하는가?

비구들이여, 비구가 몸에서 몸을 거듭 관찰하면서, 세간에 대한 탐욕과 혐오를 제어하면서 열심히 분명한 앎을 지니고 마음챙김을 지니고 머물 때, 그때 그에게 마음챙김이 확립되어 있어 [마음챙김을] 놓치지 않는다. 비구들이여, 비구에게 마음챙김이 확립되어 놓치지 않으면, 그때 비구의 마음챙김의 깨달음 요소가 시작된 것이다.

그때 비구는 마음챙김의 깨달음의 요소를 수행하게 된다. 그때 비구의 마음챙김의 깨달음 요소는 수행을 성취하게 된다.

그는 그와 같이 마음챙김을 지니고 머물면서, 그 법을 지혜로 고찰하고 사유하며 철저하게 사색한다. 비구들이여, 비구가 그처럼 마음챙김을 지니고 머물면서, 그 법을 지혜로 고찰하고 사유하고 철저하게 사색할 때, 그때 비구의 법에 대한 고찰의 깨달음의 요소(擇法覺支)가 시작된 것이다. 그때 비구는 법에 대한 고찰의 깨달음의 요소를 수행하게 된다. 그때 비구의 법에 대한 고찰의 깨달음의 요소는 수행을 성취하게 된다.

그가 그 법을 통찰지로써 고찰하고 사유하며 철저하게 사유할 때, 흔들림 없는 정진이 시작된 것이다. 비구들이여, 비구가 그 법을 지혜로 고찰하고 사유하며 철저하게 사유하여 흔들림 없는 정진이 시작되면, 그때 비구의 정진의 깨달음의 요소(精進覺支)가 시작된 것이다. 그때 비구는 정진의 깨달음의 요소를 수행하게 된다. 그때 비구의 정진의 깨달음의 요소는 수행을 성취하게 된다.

정진이 시작되면 세간적 욕망이 없는 기쁨이 일어난다. 비구들이여, 비구의 정진이 시작되고, 세간적 욕망이 없는 기쁨이 일어나면 그때 비구의 기쁨의 깨달음의 요소(喜覺支)가 시작된 것이다. 그때 비구는 기쁨의 깨달음의 요소를 수행한다. 그때 비구의 기쁨의 깨달음의 요소는 수행을 성취하게 된다.

기쁜 마음을 가진 자는 몸도 편안해지고 마음도 편안해진다. 비구들이여, 기쁨 마음을 가진 비구가 몸도 편안해지고 마음도 편안해질 때, 그때 비구의 경안의 깨달음의 요소(輕安覺支)가 시작된 것이다. 그때 비구는 경안의 깨달음의 요소를 수행하게 된다. 그때 비구의 경안의 깨달음의 요소는 수행을 성취하게 된다.

몸이 편안하고 행복한 자의 마음은 집중된다. 비구들이여, 비구가 몸이 편안해지고 행복해지고 마음이 집중될 때, 그때 비구의 마음집중의 깨달음의 요소(定覺支)가 시작된 것이다. 그때 비구는 마음집중의 깨달음의 요소를 수행하게 된다. 그때 비구의 마음집중의 깨달음의 요소는 수행을 성취하게 된다.

그처럼 비구의 집중된 마음은 내적으로 평온(捨)하게 된다. 비구들이여, 비구가 그처럼 집중된 마음으로 내적으로 평온하게 될 때, 그때 비구의 평온의 깨달음의 요소(捨覺支)가 시작된 것이다. 그때 비구는 평온의 깨달음의 요소를 수행하게 된다. 그때 비구의 평온의 깨달음의 요소는 수행을 성취하게 된다.

8. 비구들이여, 비구가 느낌에서 느낌을 거듭 관찰하면서 (중략) 마음에서 마음을 거듭 관찰하면서 (중략) 법에서 법을 거듭 관찰하면서 (중략) 세간에 대한 탐욕과 싫어함을 제어하면서 열심히 분명한 앎을 지니고 마음챙김을 지니고 머물 때, 그때 그에게 마음챙김이 확립되어 있어 [마음챙김을] 놓치지 않는다. 비구들이여, 비구에게 마음챙김이 확립되어 놓치지 않으면 그때 비구의 마음챙김의 깨달음의 요소(念覺支)가 시작된 것이다. 그때 비구는 마음챙김의 깨달음의 요소를 수행하게 된다. 그때 비구의 마음챙김의 깨달음의 요소는 수행을 성취하게 된다.

1) 마음챙김의 깨달음의 요소 …(중략)…

2) 법에 대한 고찰의 깨달음의 요소 …(중략)…

3) 정진의 깨달음의 요소 …(중략)…

4) 기쁨의 깨달음의 요소 …(중략)…

5) 평안의 깨달음의 요소 …(중략)…

6) 마음집중의 깨달음의 요소 …(중략)…

7) 평온의 깨달음의 요소 …(중략)…

비구들이여, 4가지 마음챙김은 이렇게 수행되고 많이 닦아져 7가지 깨달음의 요소를 성취한다.

9. 비구들이여, 7가지 깨달음의 요소를 어떻게 수행하고 어떻게 자주 많이 닦아 지혜와 해탈을 성취하는가? 비구들이여, 여기 어떤 비구가 탈속함에 의거하고, 탐욕을 멀리함에 의거하며, 소멸에 의거하고, 놓아버림으로 향하는 마음챙김의 깨달음의 요소, 법에 대한 고찰의 깨달음의 요소, 정진의 깨달음의 요소, 기쁨의 깨달음의 요소, 평안의 깨달음의 요소, 마음집중의 깨달음의 요소, 평온의 깨달음의 요소를 닦는다. 비구들이여, 이와 같이 7가지 깨달음의 요소를 닦고 자주 익히면 지혜와 해탈을 성취한다.

세존은 이와 같이 말씀하셨다. 마음이 흡족해진 그 비구들은 세존의 말씀에 크게 기뻐하였다.

용어해설

(별다른 언급이 없으면 모든 용어는 빨리어임을 밝힌다)

- *Anapanasati*(아나빠나사띠 *ānāpānasati*, 安般守意) _ 들숨과 날숨에 대한 마음챙김(呼吸觀法). 붓다가 가르친 명상법 가운데 호흡을 통해 집중(*samatha*, 止)과 통찰(*vipassanā*, 觀)을 함께 닦아가도록(雙修) 고안된 독특한 행법이다. 호흡관법의 수행은 16단계의 관찰을 통해 점진적이고 자연스러운 방법으로 몸과 마음의 상호 과정을 충분히 탐구해 해탈에 이르게 한다.

- *Anicca*(아니짜, 無常) _ 덧없음, 불안정함, 유전(流轉), 항상(恒常)하지 않음. 조건에 의해서 존재하는 것(有爲法)들은 계속해서 변한다. 즉 생성, 존속, 소멸을 끊임없이 반복하며, 모여서 생성된 모든 것들은 반드시 흩어져 소멸되기 마련이다. 무상은 조건에 의해서 존재하는 것들에 공통되는 3가지 특성(三法印) 중 첫 번째다.

- *Anatta*(아나따 *anattā*, 無我) _ 모든 존재는 '자아'라고 할 만한 무엇이 따로 있지 않고, 연기(緣起)해 있다는 가르침. 즉, 자아라는

영원불변의 실체나 궁극적인 본질과 같은 것은 없다는 뜻. 이러한 가르침은 상대적이고 일상적인 의미의 존재 자체에 대한 부정이 아니라, 소유하고 통제할 만한 어떤 것이 있다거나 이것들에 대한 소유자나 통제자가 될 수 있다는 우리들의 잘못된 견해를 부인하는 것이다. 조건에 의해서 존재하는 것들에 공통되는 3가지 특성 중 세 번째며, 그 외 2가지인 무상, 괴로움(*dukkha*)과 긴밀한 관계를 갖고 있다.

• *Arahant*(아라한뜨, 阿羅漢)_ 완전한 깨달음을 성취한 성자. 모든 집착으로부터 온전히 자유로워져 그 어느 것도 '내게 속한 것' 또는 '내 것'이라고 생각하지 않는다. 번뇌를 모두 제거했기 때문에 더 이상 정신적인 고통을 겪지 않으며 지고한 행복(涅槃)을 성취한 사람. 수행계위의 네 번째, 즉 아라한과(阿羅漢果)인 깨침의 마지막 단계에 도달한 성자.

• *Bhikkhu*(빅쿠, 比丘)_ 붓다의 가르침을 따라 수행하는 남자 승려로, 승단의 227가지의 계율을 지키며 신도들의 보시로 생활한다. 해탈을 실현하기 위해 슬기로운 행동을 익히고 슬기롭지 못한 행동을 버리는 수행자.

• *Buddho*(붓도, 佛)_ 깨달음, 깨치신 분이란 뜻으로 모든 것에 대해 완전한 앎을 지닌 자.

- *Citta*(찌따, 心) _ 마음 속의 의식 활동. 즉 생각하고, 알고, 체험하는 것. 좀더 좁은 의미로는 생각하는 기능이다. 번뇌(*kilesas*)에 의해서 더럽혀질 수 있지만, 수행을 통해 맑아질 수 있으므로 마침내 열반(*nirvana*)을 실현할 수 있다.

- *Dharma*(다르마, 法) _ 진리, 자연법, 의무, 질서, '있는 그대로의 현상'. 또한 *dharma*는 그러한 것들을 가르치는 교의(敎義)를 뜻하기도 하는데 팔리어로는 담마(*Dhamma*)라고 한다. 그러므로 붓다의 *dharma*란 그분의 가르침과 그 가르침이 본질적으로 지향하는 바인 열반에 대한 직접적인 체험을 가리킨다.

- *Dukkha*(둑카, 苦) _ 불만족, 고통, 아픔. 말 그대로 '견디기 힘들고 참기 어려운 것'. 이것은 마음이 무지로 인해서 탐욕스러워지고, 탐착하고, 자기중심적이고 이기적으로 될 때 겪게 되는 괴로운 체험이다. 조건에 의해서 존재하는 모든 것들에 공통되는 3가지 특성 중 두 번째다.

- *Ekaggata*(에까가따 *ekaggatā*, 心一境性) _ 마음이 한곳에 몰입됨. 정신 에너지의 흐름이 한곳에 모여 하나의 대상에 초점이 정확히 맞혀진 상태.

- *Gatha*(가따 *gāthā*, 偈頌) _ 늘 현재의 순간에 깨어 있어 일상에서 수행하는 것을 돕기 위해 조용히 암송할 수 있는 짧은 법구(法句).

- *Jhana*(자아나 *jhāna*, 禪定) _ 한 가지 대상(예를 들면 단순한 감정이나 정신적인 개념)에 몰입하여 이를 관찰할 수 있는 마음의 상태. 그러한 지속적인 정신집중에서 생기는 한결같은 마음은 평화와 행복을 가져다준다. 몰입에는 8단계가 있는데, 각 단계가 심화됨에 따라 마음은 점점 더 정화된다.

- *Kilesa*(낄레사, 煩惱) _ 마음의 번뇌. 여러 가지 형태의 탐욕(貪), 혐오(嗔) 그리고 미혹(癡)을 뜻한다. 즉 탐욕, 분노, 오만, 시기(猜忌), 인색, 부정직, 폭력, 자존심, 자만, 혼란 같은 부정적인 심리상태를 말한다.

- *Nirodha*(니로다, 滅) _ 적멸, 소멸. 열반(*nirvana*)과 동의어로 집착과 고통의 끝을 가리킨다. 붓다의 가르침에서 *nirodha*는 언제나 사람의 죽음이 아니라 무지와 집착의 소멸을 가리킨다. 이것은 《호흡관법경》의 열다섯 번째 관법이다.

- *Nirvana*(니르바나 *nirvāṇa*, 涅槃) _ 해탈, 불교수행의 궁극적 목표. 팔리어로는 *nibbāna*라고 한다. *nirvana*는 번뇌, 집착, 이기심의 불길이 완전히 꺼졌을 때 훤히 드러난다.

- *Nivarana*(니와라나 *nᵢvaraṇa*, 蓋) _ 정신적 향상을 방해하는 5가지 장애. 즉 1) 감각적 욕망 2) 악의 3) 해태(懈怠. 게으름), 혼침(昏沈. 정신이 혼미함) 4) 들뜸과 회한 5) 회의.

- *Pali*(빨리 *Pāli*) _ 상좌부(*Theravada*)에 의해서 보존된 경전. 넓은 의미로는 남방불교 경전에 사용된 언어로써, 《호흡관법경》은 이 언어로 전승된 원전들 중 하나다.

- *Panna*(빤냐 *paññā*, 般若) _ 지혜, 통찰, 식별. 즉 괴로움의 소멸로 이끄는 진리에 대한 바른 이해.

- *Parikamma*(빠리깜마, 豫備) _ 처음 명상을 시작할 때 집중력 향상을 위한 예비적 명상 주제. 마음을 한곳에 모으기 위해 '붓도'라는 말을 반복해서 염송(念誦)한다. 명상이 일단 본궤도에 오르면 염송을 그만둔다. 타이의 포리스트 명상 전통에서는 그러한 정신 집중 상태에 이르기 위해 경우에 따라서 들숨과 날숨의 리듬에 맞추어 붓도 염송을 한다.

- *Pavarana*(빠와라나 *pavāraṇā*, 自恣) _ 매년 하안거가 끝날 때 실행하는 의식으로, 스님들이 안거 동안 자신들이 저지른 잘못된 행위에 대해서 대중들에게 고백하고 참회한다.

- *Piti*(삐띠 *p ti*, 喜悅) _ 황홀경, 기쁨. 마음이 청정해지기 때문에 느끼게 되는 몸과 마음의 경쾌함과 민첩함. 《호흡관법경》의 다섯 번째 관법 단계에서 나타나는 고양된 행복감.

- *Samadhi*(사마디 *samādhi*, 三昧) _ 집중, 몰입, 정신적 고요, 안정

감. 즉 함께 모음, 초점의 일치, 정신적 흐름의 통일성을 의미한
다. 바른 삼매는 청정성, 투명성, 안정성, 정진성, 유연성 등의 특
성을 지닌다. 이것은 심일경성(*ekaggatā*)과 선정(*jhāna*)의 상태에
서 완성된다. 최고의 삼매경은 열반(涅槃)을 유일한 목적으로 하
여 한 가지 대상에 집중된 마음이다.

- *Samatha*(사마타, 止) _ 정신 집중으로 인한 마음의 고요. 사마타
  수행은 마음을 고요하게 해주지만, 통찰력을 갖춘 지혜(위빠사나)
  를 직접 얻게 하지는 못한다.

- *Sangha*(상가 *saṅgha*, 僧伽) _ 붓다의 가르침을 직접적으로 철저히
  실천하는 바르고 통찰력 있는 제자들의 모임. 상가가 교단(敎團)
  의 의미로 쓰일 때는 비구, 비구니, 남신도 그리고 여신도들의 4부
  중(四部衆)을 가리키지만, 승단(僧團)이라는 좁은 뜻으로 쓰일 때
  는 비구와 비구니의 2부중(二部衆)을 의미한다. 또한 성자의 계위
  에 들어간 모든 사람을 의미하기도 한다.

- *Sati*(사띠, 念) _ 사띠가 내포하는 의미를 적절하게 나타내는 역어
  를 찾는 일은 쉽지 않다. 한역에서는 주로 '념(念)'이나 '수의(守
  意)'를 쓰고, 영역에서는 보통 'mindfulness'나 'awareness'로
  번역된다. 최근에 나온 우리말 번역어들을 보면 '알아차림' '주
  시' '관찰' '각성' '깨어 있음' '마음챙김' '마음지킴' '마음집
  중' '수동적 주의집중' '새김' 등 다양하게 번역되고 있다. 초기

불교 수행의 핵심을 나타내는 중요한 의미를 지닌 사띠는, 산스끄
리뜨어로는 *smṛti* 라 하는데 원래는 '기억' 이라는 뜻이다. 그러나
수행의 맥락 속에서는 이런 일반적인 뜻 말고도 매우 전문적인 의
미를 지닌다. 즉 명상 주제를 늘 챙기고 지켜서 깨어 있는 상태를
나타낸다. 이 책에서는 사띠(*mindfulness*)를 주로 '마음챙김' 혹
은 '깨어 있음' 이라 번역했다.

• *Satipanna*(사띠빤냐 *satipaññā*, 念慧) _ 분별력, 있는 그대로 봄,
통찰의 지혜를 수반한 깨어 있음.

• *Satipatthana Sutta*(사띠빠따나 수따 *Satipaṭṭhāna Sutta*, 四念處經) _
사념처 수행에 대한 붓다의 가르침. 이 경은 몸(身), 느낌(受), 마음
(心)과 이러한 현상들의 본성(法)을 깊이 관찰하는 법을 구체적으
로 가르친다. 《호흡관법경》은 호흡을 이용해서 사념처 행법을 체
계적으로 수행하여 같은 목적(열반)을 성취하도록 한다.

• *Sila*(실라 *s la*, 戒) _ 붓다의 가르침에 따른 도덕적인 언행(言行).
실라의 본질은 다른 사람과 자신에게 해를 끼치지 않는 것이다.
불교의 재가신자들은 이러한 윤리적 행위에 대한 지침으로 5계를
지켜야 한다. 즉 죽이는 일, 훔치는 일, 간통, 거짓말, 정신을 흐리
게 하는 음주와 마약을 금하는 생활을 해야 한다.

• *Sukha*(수카, 樂) _ 기쁨, 행복, 지복(至福). 말 그대로 '견디기 쉬워

편안한' 이라는 뜻이다. 수카는 《호흡관법경》의 여섯 번째 관법 단계에서 나타나는 행복감이다.

• *Sunnata*(순냐따 *suññatā*, 空性) _ 비어 있음. 모든 것에는 예외 없이 '자아' 나 '자아에 속해 있는 것' 것과 같은 실체가 공(空)하다. 순냐따는 모든 사물의 고유한 특성을 나타내는 말로 탐욕, 분노, 미혹으로부터 자유로운 마음을 말한다. 열반은 '최상의 비어 있음' 이다.

• *Sutta*(수따, 經) _ 경전이란 뜻으로, 산스끄리뜨어로는 수트라(*sūtra*)라고 한다. 붓다와 그의 몇몇 제자들에 의해서 행해졌던 법문을 암송하여 결집해놓은 문헌.

• *Theravada*(테라와다 *Theravāda*, 上座部) _ '장로들의 가르침' 이라는 뜻으로 현재까지 존속하는 유일한 초기부파불교 학파 중 하나. 현재 타이, 스리랑카, 캄보디아, 미얀마와 같은 남방불교 국가들은 상좌부불교 전통을 잘 보존하고 있다.

• *Vedana*(웨다나 *vedanā*, 受) _ 느낌. 감각적 경험에 대한 심리적 반응. 느낌에는 좋은 것, 나쁜 것, 중립적인 것의 3가지 유형이 있다. 심적인 요소(心所) 중 하나인 웨다나를 감정(emotion)과 혼동해서는 안 된다. 감정은 훨씬 더 복합적인 사고 활동과 관련되어 있기 때문이다.

- *Vicara*(위짜라 *vicāra*, 伺) _ 몰입수행의 한 측면. 명상 대상을 놓치지 않고 지속적인 관찰을 유지하는 심적인 능력을 말한다.

- *Vipassana*(위빠사나 *vipassanā*, 觀) _ 통찰. 모든 것을 명백하게, 왜곡됨 없이 있는 그대로 보는 것. 정신적이든 물질적이든 모든 현상을 대상화하여 그것의 본질을 무상, 고, 무아로 보는 바른 관찰수행을 말한다.

- *Viraga*(위라가 *virāga*, 離貪) _ 점차 사라지는 것. 집착이 붕괴되고, 해체되어 없어지는 것. 열네 번째 호흡관법의 주제.

- *Vitakka*(위따까, 尋)_ 위짜라와 함께 몰입수행의 한 측면. 명상 대상에 마음의 초점을 맞추는 심적 능력을 말한다. 위짜라가 이미 초점을 맞춘 상태를 계속 유지하는 것이라면, 위따까는 마음을 명상 대상에 주력하려는 것이다.

참고문헌

- 김재성 옮김,《붓다의 말씀》, 고요한소리, 2003
- _________, 〈호흡관법경에 나타난 수행법〉,《호흡관법경의 수행 이론과 실제》, 근본불교 수행도량 홍원사, pp. 63~86, 2005
- 대림 스님 옮김,《들숨날숨에 마음 챙기는 공부》, 초기불전연구원, 2005
- 미산 스님, 〈호흡관법경 주석문헌의 이해〉,《호흡관법경의 수행이론과 실제》, 근본불교 수행도량 홍원사, pp. 91~116, 2005
- 일중 스님, 〈호흡관법경에 나타난 초기불교의 호흡관 수행법〉,《한국불교학결집대회논집》, Vol. 2, No.2, pp. 1088~1099, 2004
- 오상·성환 스님 옮김, 〈*Ānāpānasati Sutta*의 우리말 번역〉,《초기불전》, 중앙승가대학교 역경학과, 2005
- Bodhi, Bhikkhu, and Bhikkhu Nanamoli, trans. "Anapanasati Sutta : Mindfulness of Breathing", In 《The Midddle-Length Discourses of the Buddha》. Boston : Wisdom Publications, 1995

• Buddhadasa, Ajahn. 《Anapanasati》. Translated by Nagasena Bhikkhu. Bangkok : Sublime Life Mission, 1980

• 《Mindfulness with Breathing》. Translated by Santikaro Bhikkhu. Boston : Wisdom Publications, 1997

• Buddhaghosa, Bhadantacariya. "Mindfulness of Breathing" In 《The Path of Purification》. Kandy, Sri Lanka : Buddhist Publication Society, 1979

• Fuang, Ajahn. "Breathing" In 《Awareness Itself》. Valley Center, Calif. : Metta Forest Monastery, 1993

• Gunaratana, Bhante. 《Mindfulness in Plain English》. Boston : Wisdom Publications, 1993

• Hart, William. "The Training of Concentration" In 《Vipassana Meditation as Taught by S,N. Goenka》. New York HarperCollins, 1987

• Kamalashila. "Mindfulness of Breathing" In 《Meditation》. Glasgow Windhorse Publications, 1992

• Lee, Ajahn. "Beginning Concentration" and "The Basics of Breathing" In 《The Skill of Release》. Valley Center, California : Metta Forest Monastery, 1995

• ________. 《Keeping the Breath in Mind》. Translated by Thanissaro Bhikkhu. Valley Center, Calif. : Metta Forest Monastery.

• ________. "Quiet Breathing" In 《Food for Thought》.

Translated by Thanissaro Bhikkhu. Valley Center, Calif. : Metta Forest Monastery, 1989

- Maha Boowa, Ajahn. "The Tracks of the Ox" In 《Things as they Are》. Translated by Thanissaro Bhikkhu. Udorn Thani, Thailand : Wat Pa Baan Taad, 1988

- Nanamoli Thera. 《Mindfulness of Breathing》. Kandy, Sri Lanka : Buddhist Publication Society, 1982

- Nanamoli, Bhikkhu. "Treatise on Breathing" In 《The Path of Discrimination》. London : Pali Text Society, 1982

- Nanayon, Upasika Kee. "Every In-and Out-Breath" and "Breath Meditation Condensed" In 《An Unentangled Knowing》. Translated by Thanissaro Bhikkhu. Kandy, Sri Lanka : Buddhist Publication Society, 1996

- Nhat Hanh, Thich. 《Breathe! You are alive》. revised edition. Berkeley, Calif. : Parallax Press, 1996

- _________________. 《Blooming of a Lotus》. Boston : Beacon Press, 1993

- _________________. 《Miracle of Mindfulness》. Boston : Beacon Press, 1987

- Nyamgal Rinpoche. 《The Breath of Awakening》. Kinmont, Ontario : Bodhi Publishing, 1992

- Nyanaponika Thera. "Mindfulness of Breathing" In 《The Heart of Buddhist Meditation》. York Beach, Maine : Samuel Weiser, 1993

- Sumedho, Ajahn. "Mindfulness of the Breath" 《The Mind and the Way》. Boston : Wisdom Publications, 1995

- ______________. "Only One Breath" In 《The Way It Is》. Hertfordshire, England : Amaravati Publications, 1991

- ______________. "Watching the Breath" In 《Mindfulness: The Path to Deathless》. Hertfordshire, England : Amaravati Publications, 1987

- Suzuki, Shunryu. "Breathing" 《In Zen Mind Beginner' s Mind》. New york : Weatherhill, 1970

- Thanissaro Bhikkhu. 《The Wings to Awakening》. Barre, Mass. Barre Center for Buddhist Studies, 1996

- Vimalaramsi, Yen. U. 《The Anapanasati Sutta》. Kelong, Malaysia, 1997

- Webu Sayadaw. "Dhamma Discourse III" 《In Selected Discourses of Webu Sayadaw》. Wiltshire, England, 1992

- Woodward, F. L., trans. "Kindred Sayings about In-Breathing and Out-Breathing" In 《The Book of the Kindred Sayings》. London : Pali Text Society, 1979

지은이 소개

래리 로젠버그 _ 래리 로젠버그는 대학에서 심리학을 강의하다 불교 수행에 심취하여 명상 지도자로 거듭났다. 종교적 영성이 뛰어난 크리슈나무르티를 만난 것을 계기로 정신세계로의 여행이 시작된 이래 약 30여 년 동안 타이의 선지식 붓다다사 스님, 베트남의 틱낫한 스님 등 세계의 여러 스승들로부터 수행 지도를 받았다. 한국에도 1년 동안 머물면서 수행한 적이 있고 숭산 선사의 지도 하에 5년 동안 수행 정진하였다. 최근에는 일본 조동종 계통의 카타기리 선사의 문하에 참문한 적도 있다. 현재 미국의 주요 명상센터 중 하나인 메사추세츠 주 베리에 있는 통찰명상수행원(Insight Meditation Society)과 캠브리지통찰명상수행원(Cambridge Insight Meditation Center)의 지도법사로 있으면서 수행 지도에 전념하고 있다. 저서로는 《죽음에 비추어 살아가기 Living in the Light of Death》 등이 있다.

옮긴이 소개

미산스님 _ 미산스님은 1972년 백양사로 출가한 이래 선수행과 교학에 전념해왔다. 봉암사와 백양사 운문선원 등에서 간화선 수행을 하였으며, 인도와 미얀마에서 초기불교 선수행을 했다. 동국대학교 불교대학 선학과를 졸업한 후 스리랑카와 인도에서 불전언어인 빨리어와 산스끄리뜨어 문헌을 연구하여 인도 뿌나대학교에서 석사학위를 받았다. 영국 옥스퍼드대학교 동양학부에서 〈남방불교의 찰나설의 연구〉로 철학박사학위를 취득한 후, 미국 하버드대학교 세계종교연구소 선임연구원과 대한불교조계종 사회부장을 역임했다. 현재 중앙승가대학교 교수로 재직 중이다.

권선아 _ 고려대학교 사범대 및 동 대학원 국문과를 졸업하고 뉴욕 New School에서 영화를 공부했다. MBC, 불교TV, 문화예술TV에서 작가ㆍ프로듀서로 일했고 내셔널 지오그래픽, 국제 불교 전문지 Lotus Lantern 등의 잡지와 디스커버리 채널 등을 번역했다. 뉴욕 마하리쉬 아쉬람에서 3년간 머물렀고, 프랑스의 플럼 빌리지 등 해외 명상수행센터를 순례했으며, 2003년 틱낫한 스님 방한 프로그램을 기획ㆍ진행하고 통역했다. 다수의 템플스테이 프로그램과 세계여성불자대회, 근본불교학술대회 등 국제 불교 행사의 통역과 번역 작업에 참여했다. 현재는 대학에서 강의하며 불교 공부와 다양한 수행 전통의 번역에 관심을 기울이고 있다.

해외 호흡관법수행처 안내

● 호흡관법에 대해 더 많은 것을 알고 싶다면, 아래 나와 있는 수행센터로
연락하면 된다.

Abhayagiri Monastery
16201 Tomki Rd.
Redwood Valley, CA 95470
(707) 485-1630

Barre Center for
Buddhist Studies
149 Lockwood Rd.
(508) 355-2347

Bhavana Society
Rt.1, Box 218-3
High View, WV 26808
www.bhavanasociety.org

Cambridge Insight
Meditation Center
331 Broadway
Cambridge, MA 02139
(617) 441-9038

Insight Meditation Society
1230 Pleasant St.
Barre, MA 01005
(508) 355-4646

Metta Forest Monastery
P.O.Box 1409
Valley Center, CA 92082
(619) 988-3474

Spirit Rock Meditation Center
P.O.Box 909
5000 Sir Francis Drake Blvd.
Woodacre, CA 94973
(415) 488-0164

● 래리 로젠버그와 다른 호흡관법수행 지도자들의 오디오 테이프 구입 문의

Dharma Seed Tape Library
Box 66
Wendell Depot, MA 01380
(508) 544-8912

한언의 사명선언문

Our Mission ─· 우리는 새로운 지식을 창출, 전파하여 전 인류가 이를 공유케 함으로써 인류문화의 발전과 행복에 이바지한다.

─· 우리는 끊임없이 학습하는 조직으로서 자신과 조직의 발전을 위해 쉼없이 노력하며, 궁극적으로는 세계적 컨텐츠 그룹을 지향한다.

─· 우리는 정신적, 물질적으로 최고 수준의 복지를 실현하기 위해 노력하며, 명실공히 초일류 사원들의 집합체로서 부끄럼없이 행동한다.

Our Vision 한언은 컨텐츠 기업의 선도적 성공모델이 된다.

저희 한언인들은 위와 같은 사명을 항상 가슴 속에 간직하고
좋은 책을 만들기 위해 최선을 다하고 있습니다.
독자 여러분의 아낌없는 충고와 격려를 부탁드립니다.
· 한언 가족 ·

HanEon's Mission statement

Our Mission ─· We create and broadcast new knowledge for the advancement and happiness of the whole human race.

─· We do our best to improve ourselves and the organization, with the ultimate goal of striving to be the best content group in the world.

─· We try to realize the highest quality of welfare system in both mental and physical ways and we behave in a manner that reflects our mission as proud members of HanEon Community.

Our Vision HanEon will be the leading Success Model of the content group.